人類に突きつけられた21世紀最悪の難問

シリア難民

The New Odyssey
The Story of Europe's
Refugee Crisis

パトリック・キングズレー 著

藤原朝子 訳

ダイヤモンド社

……親が子供を船に乗せるのは
陸より海のほうが安全だからだ

——ワーサン・シャイア『故郷』より

たとえ神が再び私のいかだを難破させたとしても
私は強い意志でそれに耐えよう
海で、戦闘で、苦難を受けてから長い月日がたった
新たな試練を受けて立とうではないか

——ホメロス『オデュッセイア』より

THE NEW ODYSSEY
by Patrick Kingsley

Japanese translation rights arranged with Faber and Faber Ltd., London
through Tuttle-Mori Agency, Inc., Tokyo

1

©Sima Diab

2

1　ハーシムの家族。(左から)ハーシム、ミラード、モハメド、ウサマ、妻のハイアム

2　ハーシムがイタリア行きの船に乗ったときバックパックに詰めたもの。(左上から時計回りに)日記帳、シリアの身分証明書と故郷の被害状況を伝えるヒューマン・ライツ・ウォッチのレポート、シリアのパスポート、救命胴衣、家族証明書、腹ごしらえ用のチーズ、酔いどめ薬、日焼け防止用の野球帽。写真には映っていないが、破壊されたシリアの自宅の鍵も持参した

3

©Issouf Sanogo/AFP/Getty Images

4

©Patrick Kingsley

3　アガデスから移民たちを乗せてサハラ砂漠を越える旅に出る車。地中海を越える旅より過酷とも言われる

4　サハラ砂漠の「道」。乾いた地面にかすかに轍が見える程度で、道に迷ったり車が故障したりして、飢えと渇きで死ぬ者も少なくない

5

©Maasimo Sestini

6

©Sean Smith

5　リビアからヨーロッパに向かう船

6　ギリシャ沿岸でゴムボートから下りて上陸しようとする人たち

7

© Alexander Zemlianichenko/AP

8

© Facebook

9

©Patrick Kingsley

10

©Patrick Kingsley

7　定員を大幅に超える難民を乗せてギリシャを目指すゴムボート

8　ある密航業者のフェイスブックに掲載されている宣伝写真。実際に難民たちを乗せるボートとは似ても似つかぬ豪華客船だ

9　トルコの港町イズミルのショーウィンドウ。ほとんどの商店が救命胴衣を目玉商品として扱っているが、多くが偽物だ

10　ローマの海事救援調整センター（MRCC）にある緊急司令室でリビア沖での救援活動を手配するレオポルド・マンナ大佐

11

©Patrick Kingsley

12

©Patrick Kingsley

11　リビア沖で救助され、国境なき医師団（MSF）のブルボン・アルゴ号で安心した表情を見せるエリトリア難民

12　リビア沖で漂流していた密航船に近づくMSFの救援船

13

©Robert Atanasovski/AFP/Getty Images

14

© Antonio Olmos

13　ギリシャ・マケドニア国境。この父親はずっと子供を抱いてバルカン半島を北上してきた

14　ハンガリー警察の許可を受けて国境を越える難民一家

15　妊娠中のファティマはお腹の子の状態を心配しながら、夫ナセルと長男ハムダとともにマケドニアを目指して歩きつづけた

16　レスボス島の高台からトルコ沿岸を出発する難民船を数えるエリック・ケンプソン

17　オーストリア最後のさすらいの羊飼いハンス・ブロイアーは2015年夏、密かに難民親子を安全な場所まで車に乗せてやった

15

©Patrick Kingsley

16

© Sima Diab

17

©Patrick Kingsley

18

©Patrick Kingsley

19

©Patrick Kingsley

20

©Sima Diab

18　列車がフランスからドイツに入る前、南ドイツ新聞で顔を隠すハーシム

19　ついに列車がスウェーデンに入り喜ぶハーシム

20　ハーシムの日記帳と船の上で書いた日記

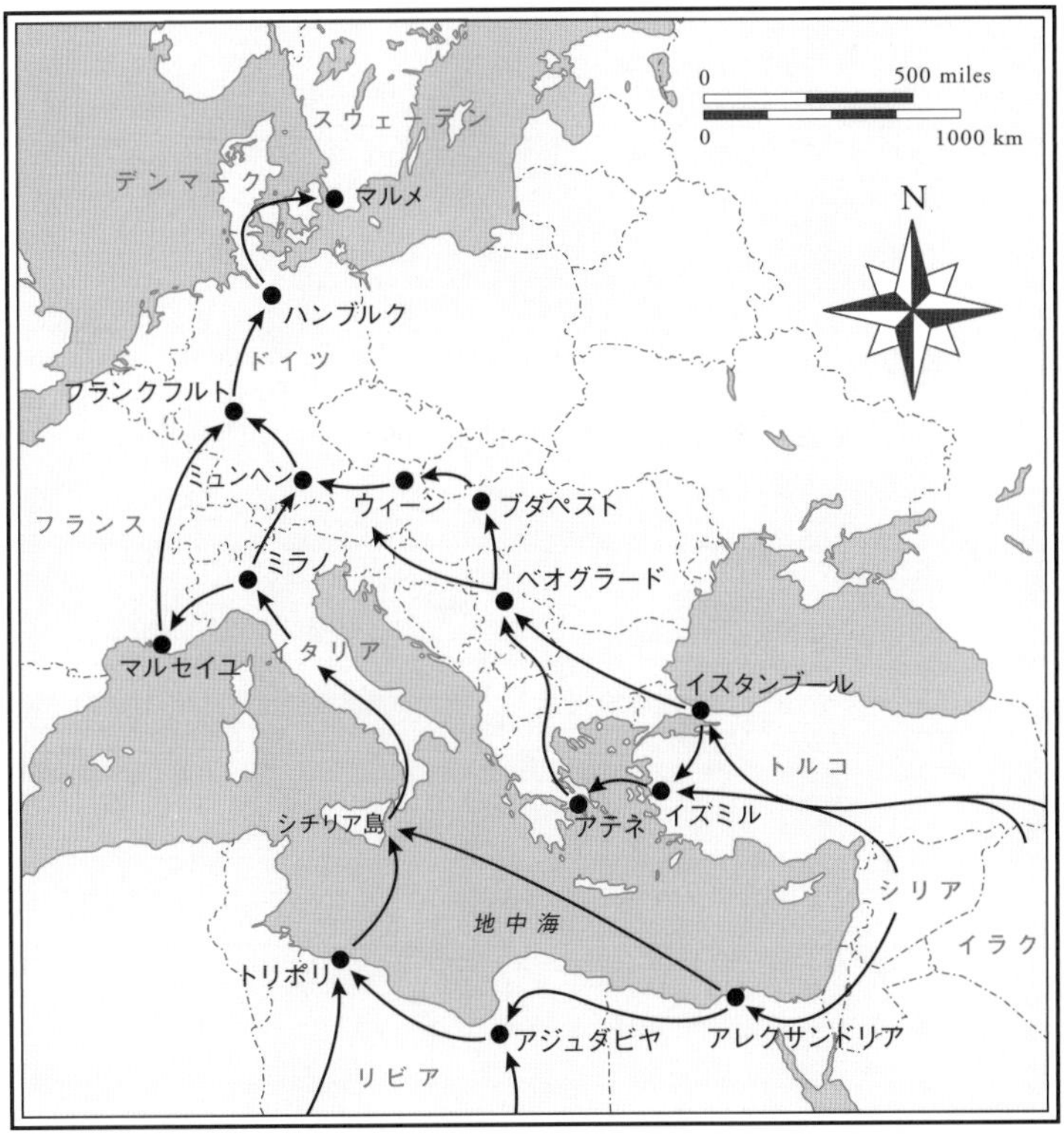

0
500 miles
0
1000 km
N
スウェーデン
デンマーク
マルメ
ハンブルク
ドイツ
フランクフルト
ミュンヘン
ウィーン
ブダペスト
フランス
ミラノ
ベオグラード
マルセイユ
イタリア
イスタンブール
トルコ
イズミル
アテネ
シチリア島
シリア
地中海
イラク
トリポリ
アレクサンドリア
アジュダビヤ
リビア

ヨーロッパへの道

プロローグ ハーシムの「旅」のはじまり

２０１５年４月15日 水曜日 午後11時

陸地から遠く離れた、真っ暗な海の上。

ハーシム・スーキには、隣にいる人の顔は見えなかった。けれど、その人物が悲鳴を上げているのはわかっていた。悲鳴の原因が自分であることも。

ハーシムは２人のアフリカ人女性（ソマリア人のようだったが、それを確かめる余裕はなかった）の上に倒れ込んでいたのだ。体を起こそうにも、彼女たちを踏みつけなくてはいけない。すぐにもどいてほしいと、彼女たちが思っているのはわかったし、ハーシムもそうしたかった。でもそれは不可能だった。彼の上にも誰かが倒れ込んでいて、おそらくその上にも何人かが覆いかぶさっていたからだ。

その木造船には数十人が押し込められていて、場所を動こうとすると、密航業者に蹴とばされた。船のバランスが崩れたら、転覆してしまうためだ。

おそらく夜の11時頃だったが、正確にはわからない。ハーシムは時間と場所の感覚を失っていた。エジプト北岸で船に乗り込んだのが夕方だったから、まだ地中海の南東部だろう。暗闇の中、船が大きく揺れるたびに、人々は悲鳴を上げた。

その悲鳴は、アラビア語もあれば、そうでない言葉もあった。「乗客」にはハーシムのようなシリア人やパレスチナ人などの中東出身者もいれば、スーダンやソマリアなどのアフリカ諸国から来た人もいた。彼らが目指していたのは、スウェーデンやドイツなどの北ヨーロッパの国だ。いや、崩壊した母国よりましな未来があるならどこでもよかった。だから彼らは、イタリアを目指す危険な船の旅に出た。うまくいけばあと5~6時間で到着するはずだが、ハーシムも船の上の誰も、その晩を持ちこたえる自信はなかった。

1時間後、一行はもう少し大きな船に移った。さらにしばらくして、もっと大きな船に乗り換えた。乗り換えるといっても、密航業者がハーシムたちをジャガイモの袋みたいに投げ移しただけだ。大きな船になって、ようやくスペースに余裕ができたけれど、みんなびしょ濡れだった。エジプトで最初のボートに乗るとき、浜辺から少し離れたところに泊まっているボートまで水の中を歩かなければならなかったし、2番目の船は最初から水びたしだった。みんな濡れた服を着て、ぶるぶると震えていた。吐き気もした。

突然、ハーシムの左側に割り込んできた男が、ハーシムの顔に吐き、ハーシムは自分の右側の人に吐いた。誰もがそんな状態だった。1人2000ドル以上払ってようやく乗った船で、他人の吐《と》瀉物《しゃぶつ》を浴びて震えていたわけだ。

「まるでゲロ・パーティーだな」と、ハーシムは苦笑した。

戦後最悪の難民危機は「誰」が引き起こしたのか？

何より異常なのは、今はこれがありふれた光景になったことかもしれない。現在世界では、第二次世界大戦後で最大の難民が生まれている。それが最も劇的に見られるのが地中海だ。２０１４～２０１５年、ハーシムが乗ったようなおんぼろ船で地中海を越えた人は約１２０万人[1]。内戦中のシリア、アフガニスタン、イラクから前例のない数の人がヨーロッパに押し寄せており、欧州連合（EU）によると、その数は２０１６～２０１８年には計３００万人を超えそうだ。

これまでは、世界のどこかで難民危機が起きると、対応に追われるのは近隣の途上国であることが多かった（国連によると世界の難民の86％は途上国にいる）。だが今、ヨーロッパにもその危機が及ぼうとしている。

移民がヨーロッパを目指すこと自体は珍しくない。アフリカでは長年、モロッコからスペインへ、またはセネガルからカナリア諸島（スペイン領）へ入ろうとする人が後を絶たない。リビア、トルコ、エジプトはもう長い間、イタリアやギリシャ、ブルガリアを目指す人の中継地になってきた。だがその規模がこれほど大きくなったのは、初めてのことだ。

まず２０１４年、シリア、エリトリア、サハラ以南のアフリカからの難民が急増した。その多くは、「アラブの春」後に法秩序が崩壊したリビアかエジプトから、船でヨーロッパを目指した。その結果、この年密航船でイタリアに到着した人は約17万人と、前年の3倍に増えた[2]。

２０１５年も同じペースで、サハラ以南の国を出てきた人々が、リビアやエジプト経由でヨーロッパを目指した。ところがこの年、難民の流れに劇的な変化が起きた。イタリアに代わって、ギリシャがヨーロッパ最大の「難民の玄関口」になったのだ。まず、北アフリカ諸国がシリア人へのビザ発給を制限したため、シリア難民がエジプトやリビアから船に乗るのが難しくなった。それに難民たちも、内戦が激化するリビアには行きたくなかった。そこでシリア難民（と国内が不安定化するアフガニスタンとイラクを逃れてきた人々）は、トルコ経由でギリシャの島を目指すようになった。のどかなバカンス先だったエーゲ海の小さな島々は、突然ヨーロッパ難民危機の発火点となったのだ。だが、財政危機への対応でてんてこまいのギリシャ政府には、とても対応する余裕などなかった。

こうして、西ヨーロッパの頭痛の種だった難民問題は、東ヨーロッパを巻き込む問題へと発展した。2015年、85万人以上がトルコ沿岸を出発し[3]、その大部分がバルカン半島を北上して、北ヨーロッパの国々を目指した。その5年前、セルビア・ハンガリー国境を越えた難民は2400人しかいなかったが[4]、2015年にはその100倍の数が押しよせた。慌てたハンガリー政府がフェンスを設置すると、難民たちはクロアチア経由でハンガリー入国を試みたため、クロアチア・ハンガリー国境も閉鎖された。

難民危機は、EUに亀裂をもたらした。イタリアとギリシャは、莫大な数の密入国者に両国だけで対応するなんて非現実的だとして、EU全体での責任分担を求めた。EUの現行規則（ダブリン条約）では、すべての難民認定希望者は最初に足を踏み入れたEU圏の国で、申請を行わなければならない。ところがイタリアとギリシャは、ボートで到着した人々に申請を促さず、彼らが次の国に向かうのを黙認した。

イタリアとギリシャは、他のＥＵ加盟国に一定数の難民の引き取りを求めたが、他の加盟国は、形ばかりの受け入れを表明するばかり。２０１５年9月に、ＥＵ全体でギリシャとイタリアから難民12万人を受け入れることが決まると、ブリュッセルのＥＵ官僚たちは自画自賛したが、加盟国の反応は鈍かった。それに12万人という数は、２０１５年に両国に到達した人の9分の1にすぎず[5]、問題の解決にはほど遠かった。加盟国の連帯というＥＵの基本理念の一つは、失われてしまったようだ。

秋に入ると国境にフェンスを設ける国が増加し、国境の完全封鎖をほのめかす国さえ出てきた。これは域内の移動の自由という、ＥＵのもう一つの重要な基本理念を揺るがした。この理念を法制化した１９８５年のシェンゲン協定は、ヨーロッパ統合の最大の成果の一つと考えられている。同じ時期に進行していた、ギリシャの財政危機の余波と合わせて、難民危機はヨーロッパの一体性を揺るがすＥＵ史上最大の脅威とみなされるようになった。

同時にそれは、確実に避けることのできた危機でもあった。そもそも「難民危機」という表現が、ある意味で間違っている。たしかに危機は存在する。だがそれは基本的に難民が引き起こしたのではなく、ヨーロッパの対応が引き起こしたものだ。

85万人の難民と聞くと大変な数に思えるかもしれない。たしかに歴史的に見ればそうだろう。だがそれは、約5億人のＥＵ人口の０・２％程度にすぎない。もし（この「もし」が問題なのだが）適切に対処すれば、世界一豊かな大陸が現実に吸収できる数だ。難民危機のために社会的インフラが破綻寸前に陥っている国があるが、それはヨーロッパの国ではない。その最たる例はレバノンだ。

レバノンは人口450万人ほどの小国だが、2015年の時点で、約120万人ものシリア難民を受け入れている。(6) つまりレバノンに住む人の5人に1人が、シリア難民なのだ。この数字に、ヨーロッパの指導者たちは恥じ入るべきだろう。

だが、残念ながら彼らは恥じ入ってなどいない。それどころか、地中海難民の問題を解決できたかのような外観を必死でつくろうとした。この問題を実際に管理するための措置はそっちのけだ。あるときは、難民を誘引する原因になっているとして、南地中海で転覆寸前の密航船の救援活動を打ち切った。ところが、それでも海を渡る難民が減らないとわかると、救援活動を再開する一方で、海軍にリビアの密航業者を取り締まらせるという突拍子もない作戦を打ち出した。当然ながら、これも失敗に終わった。

政治家は対策に躍起になる一方で、ヨーロッパが歓迎しようがしまいが難民はやってくる、という現実を無視しつづけた。だから、難民の流入を食い止められない以上、その流れを管理する必要があることに気づかなかった。中東から来る人向けに大規模な第三国定住システムを立ち上げて、急ピッチで動かしていれば、多くの人はそれを信じて、危険な海の旅に出ずに中東で自分の番を待っただろう。そうすれば、ヨーロッパへの難民流入はもっと秩序だてて管理できたはずだ。トルコ政府も、ヨーロッパに出発しようとする人たちに労働許可を与えるなどして、*第三国定住の順番が回ってくるのをトルコで待つよう説得したかもしれない。

しかし少なくとも2015年の時点で、この種の措置が取られたことは一度もなく、多くの人は唯一の現実的な選択肢（つまりギリシャに行くこと）を取らざるをえなかった。難民たちには中東にとどまるべき理由がなかったし、中東諸国には難民が出て行くのを引き止めるべき理由がなかった。そしてヨーロッパには彼らがやってくるのを止める方法がなかった。大混乱が起きるのは当然だった。

その混乱が最悪の結果となって表れたのが、2015年11月のパリ同時多発テロ事件だった。実行犯9人のうち2人は、おそらくその1か月前にボートでギリシャに到着したことが明らかになったのだ。一部のコメンテーターや政治家は、難民流入がヨーロッパを危険にさらしているとして、難民を完全に締め出すべきだとパニック気味に訴えた。

こうした被害妄想は理解できるし、予測もできたが、実のところ理にかなっていない。

第1に、そうした反応はテロリストの思うつぼだ。欧米の基本理念が崩壊した決定的な証拠とみなされ、イスラム国（ISIS）の勧誘に利用されるだろう。

第2に、ヨーロッパが門戸を閉ざしたくても、現実としてそんなことは不可能だ。ヨーロッパはよくも悪くも、「ストップ・ザ・ボート」政策を実行するオーストラリアとは違うのだ（「ストップ・ザ・ボート」はオーストラリアの難民追い返し政策）。オーストラリアと、同国行きの船の多くが出発するインドネシアは何百キロも離れているが、トルコの西岸からヨーロッパの東端までは約8キロしかない。

トルコからギリシャまでの海の旅には安全上の懸念がある。その懸念を小さくするには、前述のとおり、相当数の難民に合法的で秩序だった定住を認めるしかない。こうした措置が取られていれば、エーゲ海を越える人はもっと少なかっただろうし、実際にヨーロッパに来た人は身元を確認で

＊トルコは2016年1月、シリア人に労働許可の申請を認めた。

きて、管理しやすくなっていただろう。しかしこうしたビジョンを事前に持っていた政治家は皆無だった。それどころか、自分たちの怠慢を隠すために、「ヨーロッパ社会が崩壊する」という不安を煽った。実際には彼らの怠慢こそが、大混乱を生み出していくのだが。

ヨーロッパが手をこまねいている間に、海を越える難民は記録的な数に達し、記録的な数の犠牲者が生まれつづけた。そもそもボートに乗るまでに、ほとんどの人たちは現代版『オデュッセイア』とも呼ぶべき苦難の道を歩んできた。

多くの現代人にとって、旅行は気軽にできる癒やしの経験になったが、難民たちにとっては違う。あるときは歩き、あるときは定員オーバーの木造船の船倉で、またあるときはピックアップトラックの荷台で、サハラ砂漠やバルカン半島や地中海を越える。その旅は、アイネアスやオデュッセウスら古代の英雄の旅に匹敵する壮大なものだ。

実際、両者の間に共通点はある。アイネアスとオデュッセウスも現代の難民の多くも、中東の戦争を逃れるために旅に出た。古代ギリシャの海で旅人を誘惑して破滅させる妖精セイレーンは、現代なら難民たちに空約束《から》をする密航業者だ。そして、古代ギリシャで旅人を襲う怪物キュクロプスは、現代の乱暴な国境警備隊員だ。ヨーロッパの基礎となる神話がつくられてから3000年たった今、現代の旅人たちは、よくも悪くも今後長きにわたりヨーロッパに影響を与える新しい物語を紡いでいる。

3大陸17か国を難民と同じ目線で歩く

本書は、この現代の旅人たちの素顔に迫る。彼らはなぜヨーロッパを目指すのか。どんな道をたどってくるのか。密航業者と沿岸警備隊はどんな役割を果たすのか。旅人たちに食べ物を与えるボランティア、宿を提供するホテル経営者、そして門戸を閉ざす国境警備隊員はどんな人たちなのか。現実から目をそらす政治家は何をしているのか。

本書は、3大陸17か国での出会いやインタビューに基づき、地中海を越えるルート、サハラ砂漠を越えるルート（援助職員たちはこの砂漠を「リビアの第2の海」と呼ぶ）、そしてヨーロッパを縦断するルートをレポートする。それは、ベルベル人の運び屋が営む劣悪な環境の待機所、シチリアの港、西ヨーロッパの鉄道、そしてバルカン半島の道なき道で私が見聞きしたことの記録だ。その過程で、ヨーロッパの対応を批判し、よりよいと思われる対策を提案したい。この危機はこれから何年も何らかの形で続くだろう。本書で私は、それが前代未聞のピークに達した2015年という年に何が起き、そこから何を学べるかを述べたいと思う。

本書には、私の個人的な思いも少しばかり混じっている。難民危機がその年のヨーロッパ最大のニュースになるとは誰も思いもしなかった2015年初め、ガーディアン紙の上司は、私を同紙初の移民担当記者にした。その肩書きのおかげで、私はほとんどの人よりも難民危機を広く深く目撃することができた。あるときなど、1週間のうちにサハラ砂漠と地中海、さらにはハンガリー国境を取材した。一つの国境を越えるために、1300人が溺死する危険をおかしていたとき、私は1

週間で九つの国境を越えたこともある。難民たちと一緒に歩いていて、私自身が難民と間違われて、思わぬ経験をしたこともある。

しかし何よりも本書は、ハーシム・スーキという1人のシリア人の物語だ。本書は、ハーシムの旅と、難民危機全般の解説を、ほぼ1章おきに織り込んだ構成になっている。

なぜハーシムなのか。彼は自由を求める戦士でも、スーパーヒーローでもない、普通のシリア人だ。しかしだからこそ、私はハーシムの物語を伝えたいと思った。それはごく普通の人の物語であり、私たちの誰もがいつかたどるかもしれない道のりなのだ。

ハーシムが吐瀉物にまみれ、寒さに震えていたその晩は、すでに3年を超えていた彼の旅《オデッセイ》に新たに加わった屈辱的経験にすぎない。大柄で温かい笑顔の持ち主のハーシムは40歳だが、白髪が目立つぶん、実際よりも高齢に見える。彼がダマスカスを出たのは2012年4月のこと。自宅は政府軍に吹き飛ばされ、残ったのはハーシムのポケットにある鍵だけになった。

ハーシムはいつも、遠く離れたエジプトに残してきた3人の子供たち、ウサマ、モハメド、ミラードのことを思っている。彼がヨーロッパを目指すのは、子供たちが同じ道をたどらなくていいようにするためだ。ヨーロッパに到達して、さらにスウェーデンまで行くことができれば、3人の息子と妻ハイアムを合法的に呼び寄せることができる。

故郷を破壊されて、自分の夢と希望は失われたと、ハーシムは思っている。でも子供たちは違う。「私は自分の命よりも大きなもの、もっと大きな夢のために命の危険をおかすんだ」と、ハーシムはエジプトを出発する前に言った。「失敗するなら、私1人で失敗したほうがいい。でも、うまくいけば、私は3人の子供たちの夢を叶えられるかもしれない。子供たち、そして孫たちの夢を」

ハーシムがとくに考えるのは、長男ウサマのことだった。エジプトを出発した2015年4月15日は、ウサマの誕生日だった。ウサマにとって14歳の最初の日は、父親の涙で始まったのだ。ハーシムは、もうすぐ出発しなければいけないことをウサマに詫びると、家を出た。もう二度と会えないかもしれない、と思いながら。

シリア難民

人類に突きつけられた21世紀最悪の難問

The New Odyssey
The Story of Europe's Refugee Crisis

目次
contents

プロローグ　ハーシムの「旅」のはじまり……iii
2015年4月15日　水曜日　午後11時
■戦後最悪の難民危機は「誰」が引き起こしたのか?……v
■3大陸17か国を難民と同じ目線で歩く……xi

第1章　祝えなかった誕生日　ハーシム、シリアから脱出す
A Birthday Interrupted
2012年4月15日　日曜日　午後6時　シリア
■強制連行・監禁・拷問――アサド政権下のシリアの真の姿……002
■イスラム国の勃興、そして2度目の逮捕……007
■祖国を〝捨てる〟決意……009

第2章

その「荷」は生きている

The Second Sea

「第2の海」サハラを越える砂漠ルート

ニジェール、スーダン

■ニジェールからリビアへ——「運び屋」が産業と化した西サハラルート……014
■「人」を扱う商人と、拡大する「市場規模」……018
■スーダンからリビアへ——身代金ビジネスが跋扈する東サハラルート……024
■寛容なヨーロッパの不寛容な主張……029
■エリトリア——史上最も平等主義的な解放闘争は、なぜ独裁国家に墜ちたのか?……032
■難民と移民を分けることが無意味である3つの理由……039

第3章

魂の取引

Trading in Souls

密航業者のモラルとネットワーク

リビア、エジプト

■10年の「キャリア」を持つ密航業者ハッジ……044
■リビアからイタリアへ——アラブの春、カダフィ、イスラム国に彩られた海の道……048

■内戦中の国で「元締め」を探して……052
■すべての「移民」はリビアで「難民」になる……054
■「自分が人間であることを憎んだ」──「待機所」で繰り返されるおぞましき所業……056
■密航業者の思考回路と先進国の「共犯関係」……059
■密航ビジネスはいかにして莫大な利をもたらすのか？……062
■鳴り物入りのヨーロッパの作戦、その滑稽な顛末……065
■「密航業者に頼るしかなかった」──難民たちの悲壮な本音……068
■もう一つの「外玄関」エジプトに君臨する密航業者「ハマダの父」……070
■いったい誰が誰を搾取しているのか？……074
■密航業者たちの堂々たるSNSマーケティング……078

第4章

SOS

屈辱からの出航　ハーシム、密航船に詰め込まれる

2015年4月20日　月曜日　正午　地中海のまんなか

■「船には女子供もいる。どうすればいいかわからないんだ」……084
■暗雲漂うエジプトで待っていた屈辱の日々……086

■2ポンド札1枚と秤にかけられたハーシムの命……090
■「あれは不運な出来事だらけの1か月」……092
■家族を残して、たった1人の「出航」……095
■はたして、「約束の地」イタリアにたどり着けるのか？……098

第5章

Shipwreck
転覆か、救助か
なぜ危険だとわかっている航海に乗り出すのか

地中海、イタリア

■900人が溺死した最悪の事故……106
■「救援活動が移民を呼び寄せている」は本当なのか？……112
■たとえ見殺しにされようとも、彼らの決意は揺らがない……115
■間違いだらけのEUの「仮説」……118
■地中海を漂うおびただしい数の人の運命を背負う凸凹コンビ……120
■「国境なき医師団」による救援活動、緊迫の瞬間……125
■「あなたを見て、私たちは動物から人間に戻れた」……129
■誰にも見つけられなかった密航船はどうなるのか？……131

・かつて同じ道をたどったエリトリア人通訳に起きた奇跡……134
・イタリアで待ち受ける無情な仕打ち――再び、人から「数字」に……138

第6章

Promised Land?

ストレスだらけの「約束の地」 ハーシム、ヨーロッパで戸惑い逃げる

2015年4月26日 日曜日 午前11時30分 イタリア、フランス

・ハーシムに訪れた最大の危機……144
・新たな大陸がもたらした新たな問題……147
・オーストリア経由？ フランス経由？……150
・ニースの地で――安全を求めて逃げる難民と観光客が交錯する……155
・独仏国境で訪れた再びの危機……159

第7章

Between the Woods and the Water

運命を司る「見えない線」 国境に翻弄される難民とEU

トルコ、ギリシャ、セルビア、マケドニア、ハンガリー

・ギリシャ・レスボス島に上陸した「現代のアイネアス」……164

■ひょんなことから緊急対応チームを率いることになった老夫婦……169
■そこには反感も排斥もなかった……172
■イスラム国とアサド政権、どちらが難民危機の原因なのか……175
■「シリア人が安全かつ無料で安全圏に到達するルート」……177
■資金援助で問題を解決できるのか?……180
■救命胴衣とブローカーの街となったイズミルで……181
■密航業者となったシリア人難民が明かした儲けのしくみ……185
■ギリシャ・コス島で逃げた市長を追う……189
■封鎖されたマケドニア国境の実態……195
■戦略的拠点「ハラ・ホテル」――難民危機が生んだ皮肉な活況……199
■1歳の子を連れて放浪する夫婦の物語……203
■「行くしかないんだ。家族を守らなくちゃいけない」……207
■ドラマチックな景色の中を歩く「葬列」……209
■誰かが引いた「見えない線」に命がかかっている……212
■ハンガリー国境のフェンスは何を守っているのか?……215
■アフガニスタン難民がたどる厳しい「旅路」……219

■優秀なビジネスマンたちの陽気な逃避行……223
■難民からヨーロッパはどう見えているのか?……230
■「そんな壁、認めるもんか」……233

第8章

To Sweden?
訪れた最後の試練
ハーシム、待ちわびた瞬間まであと一息
2015年4月27日　月曜日　午前11時50分　ドイツ、デンマーク

■ハーシム、警察に怯えながらドイツを北へ……240
■コペンハーゲンで直面した最後の試練……244

第9章

A Gate Clangs Shut
「門戸」を閉ざされて
根本から解決する方法はあるのか
ハンガリー、オーストリア、セルビア、クロアチア

■オーストリアの老ユダヤ人は、なぜ国境越えを手伝うのか?……250
■世論の潮目が変わった3歳の男の子の遺体写真……253
■難民流入は抑え込めない――悟りはじめたEUのバラバラな対応……258

■過去の難民危機のサバイバー、現代の難民危機のサバイバー……263
■「私たちはみんな人間よ」……267
■国境封鎖の瞬間、何が起こったか……271
■クロアチア国境で引き裂かれる家族……275
■「きちんと管理すればいいじゃないか。そうしないから……」……281
■パリ同時多発テロ事件が明らかにした抑止策の失敗……282
■解決策は一つしかない……285

第10章 ハーシム、難民認定を待つ

Status Pending

世界に「居場所」を求めて

2015年10月23日　金曜日　正午　スウェーデン

■スウェーデンに来て半年がたつのに……292
■世界における自分の居場所……295
■エジプトに残した家族の苦境……300
■「これ以上ベッドがない」——混乱するスウェーデン……304
■受け取ったカード、そこに書かれていたものは……309

エピローグ　そのあと起きたこと……313
■ハーシム・スーキからのメッセージ……315
■著者による注釈……318
■謝辞……321
日本の読者のために――難民危機の最新情報……327
訳者あとがき……331
参考文献……342

本書に登場する人物や団体の情報は、原著が刊行された2016年5月時点のものです。
本文中の〔　〕は、訳者による注記です。

第1章

祝えなかった誕生日

ハーシム、シリアから脱出す

A Birthday Interrupted

2012年4月15日　日曜日　午後6時　シリア

強制連行・監禁・拷問
――アサド政権下のシリアの真の姿

ハーシムの旅は3年前、やはり長男ウサマの誕生日に始まった。その日は日曜日。シリアでは安息日が終わり、新しい1週間が始まる日だ。ハーシムは夕方6時頃に仕事から帰宅すると、息子たちとテレビを見た。２歳年下の妻ハイアムは教師で、今は夕食の仕度をしている。ハーシムはウサマの誕生日ケーキを出すタイミングをなんとか引き延ばそうとしたけれど、ついに立ち上がってケーキを取りに行った。

そのとき、誰かがドアをノックした。いや、ノックというより、ハンマーで叩くような音だった。変だな、とハーシムは思った。

ハーシムは37歳の公務員で、とりたてて政治に関心はなかった。勤務先は地元の水道局。コンピューター部門の責任者として、毎月ダマスカスと近隣地区の住民に請求書を発行するのが仕事だ。それ以外は、自分と家族のことくらいしか関心はなかった。

だがその日、そんな個別の事情はどうでもよかった。政府の使者が各戸を訪問して、男性を手当たりしだいに連行していたのだ。バシャル・アサド大統領がアラウィー派〔イスラム教シーア派の一派〕で、自分はスンニ派だからだろうか……ハーシムは思った。そんな推測をするのには、それなりの理由があった。シリア内戦は、宗派抗争の様相が強くなっていたのだ。

子供たちは、ハーシムがドアを開けるのを見守った。外には20人ほどの男が立っていた。軍か警察か体制派の民兵かはわからない。ただ、彼らがハーシムと、同じ通りの住民の半分を連行しにき

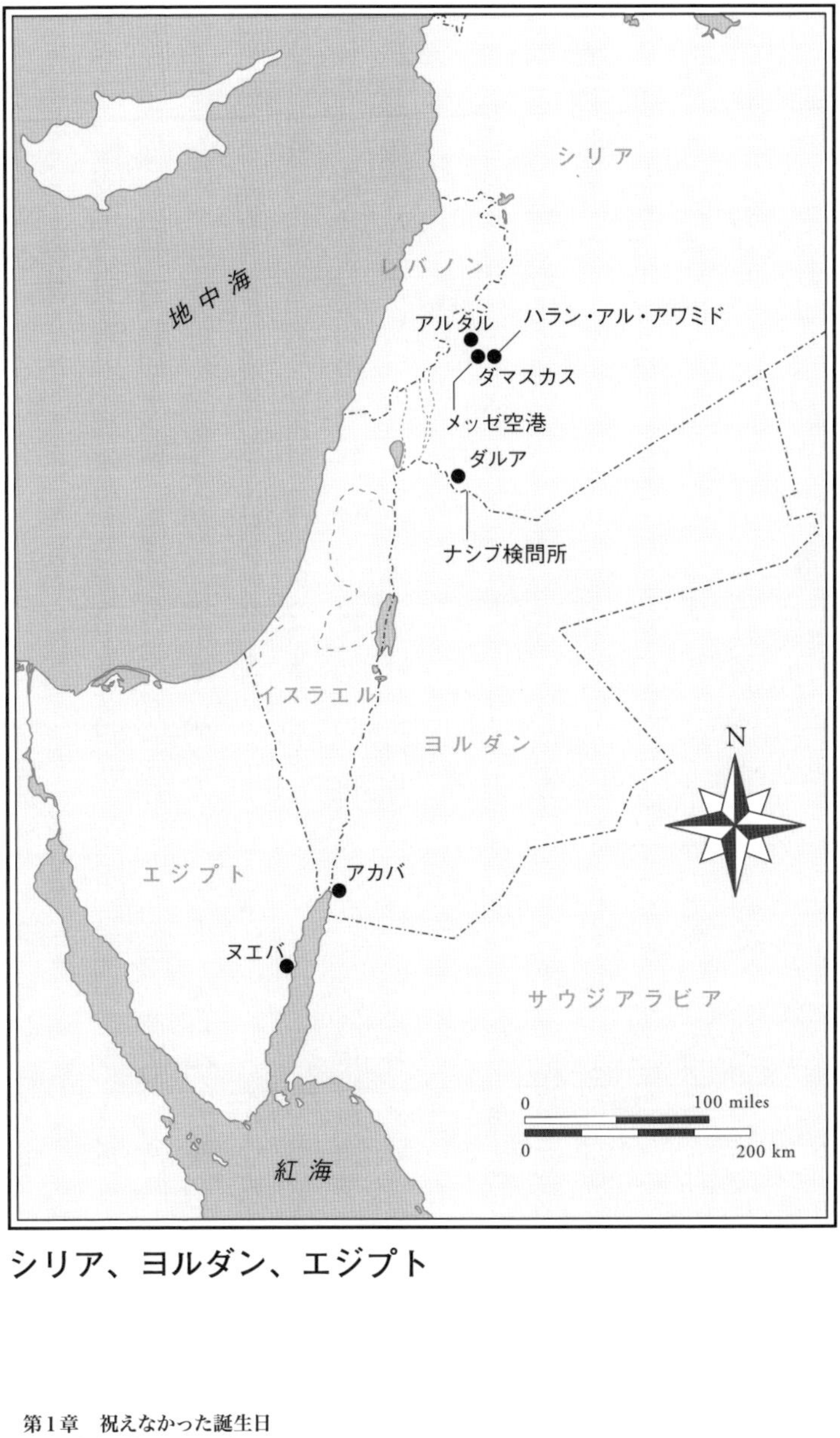

シリア、ヨルダン、エジプト

たのは間違いなかった。

紛争が始まったのは、ここからずっと離れた場所だった。2010年末から2011年初めにかけて、アラブ世界では独裁体制に反対するデモが相次ぎ、チュニジア、エジプト、リビア、バーレーン、イエメンで体制が崩壊するか、崩壊寸前に追い込まれた。

その波がシリアに到達したのは、2011年2月。ダマスカスの市場で行われた抗議デモが最初だったが、人々の記憶に鮮明に残っているのは、3月半ばの小さな事件だった。シリア南部の町ダルアで、複数の少年が学校の壁に民主化を求める落書きをした。アサド大統領はもともと眼科医で、2000年に死去した父親の後を継いで大統領に就任し、父親が確立した独裁体制を維持してきた。そんな政治環境で、現体制を公然と批判することは絶対に許されない。少年たちは逮捕され、拷問を受けた。

この事件をきっかけにデモが拡大し、アサドはそれを武力で押さえつけたため、多くの死者が出た。こうしてシリアの反体制デモは、周辺のアラブ諸国（最終的に4人の大統領が退陣を強いられた）に匹敵する規模に拡大していった。シリア全土で、怒った群衆がアサドの辞任を求めた。3月も後半に入ると、無数の人々が抗議の声を上げ、政府側の弾圧で数十人が命を落とした。

それでも抗議の声は鳴りやまなかった。夏までにシリア全土でデモ参加者は増えつづけ、政府側の取り締まりも残虐になっていった。とりわけ反抗的な街は軍に包囲され、住民が虐殺された。すると、本来守るべき市民に銃を向けることに嫌気を起こして、政府軍から離脱する兵士が現れた。その多くが自由シリア軍に集まり、秋までに反政府武力闘争を始めた。こうして騒乱は戦争へと発展し、翌2012年初めまでに、反政府勢力は、国内の一部地域を実効支配下に置いた。

ハーシムが住んでいたダマスカス南東部の町ハラン・アル・アワミドは、2012年4月までは比較的平和だった。ローマ時代の遺跡がある静かな町で、人口約1万5000人の多くが公務員だ。昔は農家が多かったが、近年の少雨と国際空港の建設を受け、農業をやめて公務員になる人が相次いだ。週末になると、近隣の公園には家族連れが多く訪れ、アンズの木の下でピクニックやバーベキューを楽しんだ。だが、そんなハラン・アル・アワミドにも緊迫した空気が漂うようになる。あるとき、体制派が若者2人を殺して車にくくりつけ、町を引きずり回した。多くの人は怖気づいて何も言えなかったけれど、2人の家族と友達は抗議のデモをした。

ハーシムたちが連行されたのは、それに対するリベンジだった。息子たちが見守るなか、ハーシムはバンに押し込まれた。そしてまず連れていかれたのは、ダマスカス国際空港にある秘密の地下牢にだった。管理しているのは、シリア軍でも有力とされる空軍情報部だ。その活動は空や市民の監視にとどまらない。ハーシムも含めて誰一人、取り調べや起訴といった手続きは取られず、ひたすら殴られ、監禁された。3日後、近隣地域からも男たちが連行されてくると、全員ダマスカス市内の空軍情報部本部に移送された。

ここでは数百人が地下深くの一部屋に押し込められた。毎日4～5人ずつ拷問室に連れ出され、独身男性は性器に電気ショックをかけられた。ハーシムのように結婚している男性は、その屈辱を逃れられる場合もあったが、代わりに手首を縛られて吊るされた。ハーシムは12時間。それでも肌にロープが食い込む程度で済んだが、もっと長時間吊るされた人の中には、後に手首を切断しなければならなくなった人もいた。

それは珍しい出来事ではなかった。むしろ、ハーシムたちは生き延びられただけでも運がよかった。後にわかったことだが、２０１１～２０１３年、シリアの地下牢で１万１０００人以上が拷問死した。それを記録するよう命じられた写真家シーザー（偽名）[1]によって、遺体写真５万５０００枚のデータが密かに国外に持ち出され、それがアサド政権の残忍性を物語る証拠となった。多くの遺体には殴られたり、首を絞められたり、電気ショックを受けたりした跡があった。目をくりぬかれた遺体もあった。

ハーシムはそんな運命を逃れることはできたが、監禁は長引いた。約３か月後、今度は飛行機の格納庫のような場所に移された。後に、そこはアサド家が使うアルマザ空軍基地だったことがわかった。その格納庫は飛行機が数機おさまるほどの大きさがあったが、監禁された人があまりに多かったため、ハーシムたちは交代でしか横になれなかった。

といっても、今が朝なのか晩なのかはわからなかった。みんな最初に連行されたときに腕時計を取り上げられていたし、格納庫には自然光が入ってこなかったからだ。だから、どのくらい時間がたったのかは誰にもわからなかった。数か月たったかもしれないし、季節が変わったかもしれない。ラマダンが始まり終わったけれど、ハーシムたちにはわからなかった。ただ、はっきりしていたのは、監視員たちが暴力を振るうことに飽きたため、拷問が減ったことだ。それでも、いつ解放されるのかを聞く勇気のある者はいなかった。新たな拷問を恐れて、みんな質問をしないことを学んでいたのだ。

イスラム国の勃興、そして2度目の逮捕

10月のある日、1人の将校がやってきて、大統領からの釈放命令を伝えた。ハーシムたちはダマスカスの中心部に運ばれると、車から放り出された。その日は、イスラム教最大の祝祭の一つイード（犠牲祭）だった。半年にわたる監禁を経て、彼らは太陽の光に目をしばたたかせながら、シリアはこれからどうなるのだろうかと不安に駆られた。

ハーシムが連行されたとき、反政府勢力は誕生して約1年しかたっておらず、ハラン・アル・アワミドはまだ平和だった。だが、ハーシムがいない間に状況は大きく変わっていた。ハーシムを車で迎えに来てくれた友達が、奇妙な遠回りをするので理由を聞くと、「戦線を避けないといけないから」と言う。さらに帰宅すると、ハイアムの兄弟2人が射殺されたと聞かされた。1人は狙撃手に撃たれ、その遺体を運ぼうとしたもう1人も同じ狙撃手に撃たれたのだという。

国際赤十字は、今後この紛争は内戦と呼ぶべきだと正式に表明した。アサドが樽爆弾を使いはじめ、アサドを支援するレバノンのシーア派武装組織ヒズボラがシリアに介入してくると、内戦はますます宗派抗争の様相が強くなった。クルド人がトルコ国境に近いシリア北部を実効支配下におき、自由シリア軍とアサド政権はシリア全土で衝突を繰りひろげた。ハーシムの未来は暗かった。

２０１２年末になると、ハラン・アル・アワミドはその危険を拡大させていた。ハーシムとハイアムは、3人の子供たちの安全を考えて避難することにした。まず、ダマスカスの東隣の町ホズロマに越したものの、ある日、下校途中の子供たちの近くに爆弾が落下。この町も安全ではないと判

断して、すぐにダマスカスの北隣の村アルタルに引っ越すことにした。

シリアは見わたすかぎり音を立てて崩れつつあった。ハーシムの家もそうだった。ダマスカス国際空港の周囲に緩衝地帯を設けたかった政府は、2013年2月、ハラン・アル・アワミドの家屋を手当たりしだいに破壊したのだ。ハーシムは今も、自宅の鍵を持っている。その鍵で開けた家は、もうなくなってしまったけれど。

自宅が瓦礫の山と化し、シリアにハーシム一家の居場所はますますなくなっていった。アルタルでの生活も安定せず、結局5月にダマスカス市内に引っ越した。でもそこで、もうこれ以上は無理だ、シリアには住みつづけられないと、ハーシムは判断した。アサドがスンニ派原理主義者を多数釈放したせいもあり、反政府勢力はジハード主義者たちに乗っ取られつつあった。反政府勢力が過激化すれば、中立的な市民の間では、悪いのは反体制派だというイメージが広がるし、対立の焦点を政治から宗教にすりかえられる――アサドはそう考えたようだ。[2]少なくともハーシムたちはそう思っていた。アサドのたくらみ（らしきもの）は、2013年春までに効果を発揮しはじめた。後にイスラム国と自称するようになる勢力が、シリア北部で大きな成長を遂げはじめたのだ。

その頃、ハーシムはダマスカスで2部屋のアパートを4家族でシェアしていた。みなハーシム一家のように故郷から避難してきた家族だ。シリアに行き場はないと判断して、ハーシムはパスポート（旅券）の申請をすることにした。ところがその判断が、悲惨な事態を招いてしまう。子供たちと旅券局に行ったハーシムは、再び逮捕されてしまったのだ。今回入れられた監獄には、子供や老人もいた。何か月も監禁されている人もいた。ハーシムはまたも殴られたが、今回の監獄には横になって休めるスペースがあっただけでも、前回よりましだった。期間も1度目よりはるかに短くて済んだ。監禁されている間に、ハーシムの素性について聞き込み調査を受けた水道局の元同僚が、アサドと同じアラウィー派で、ハーシムは何の政治活動もしていないと証言してくれたのだ。

ハーシムは数日で釈放された。そこで不安はあったものの、もう一度パスポートの申請を試みることにした。旅券局に行き、建物の外にいた警官に恐る恐る近づくと、思いきって聞いてみた。「私の名前は、まだお尋ね者リストにあるでしょうか」。ハーシムをかわいそうに思った警官は、旅券局に調べに行ってくれた。そして数分後に出てくると、「問題なし」と教えてくれた。そこでハーシムは建物に入り、パスポートの申請をした。すると申請はちゃんと受理されたのだった。

祖国を〝捨てる〟決意

それは言葉にならないほど幸運な瞬間だった。だが、その喜びをゆっくりかみしめている時間はなかった。シリアから逃げださなくてはいけない。でもどこへ？　ハーシムとハイアムが最初に思ったのはヨルダンだった。ヨルダンなら人口の1割がシリア難民というほど寛容だ。ただ、キャンプの状況は劣悪だという噂だし、シリア人は働くことが許されなかった。では、レバノンはどうか。レバノンには人口の5分の1に匹敵する100万人以上のシリア難民がいた。だが、ハーシムたちは、アサドを支持するヒズボラの存在を警戒していた。もう一つの選択肢はエジプトだ。2013年6月の時点では、エジプト政府はシリア人の入国を制限していなかった。

こうしてエジプト行きが決まった。問題はその資金をどう工面するかだ。もう売る家はないし、飛行機のチケットを買うだけの貯金もなかった。ハイアムは結婚指輪以外、すべての貴金属を売り払ったが、それでも航空運賃には足りなかった。でも、ヨルダン行きのバス代（約1万1000シリア・ポンド〔約2200円〕）なら払えるし、エジプト行きのフェリー代（約65ドル〔約6900円〕）も払える。そこで一家はヨルダンのアカバ港までバスで行き、そこからエジプトまでフェリーで行くことにした。

ハーシム一家の心の準備はできた。しかし、ただ1人、説得しなければいけない人がいた。ハーシムの父親だ。母親は、家族を安全な場所に連れていきたいというハーシムの気持ちを理解してくれた。しかし父親は、息子一家が遠くに行ってしまうと聞いて取り乱した。ハーシムがいなくなったら、誰が老夫婦の面倒を見てくれるのか。

「どうして私を置いていってしまうんだ」と、父親はあるとき聞いた。

「ごめん、父さん」と、ハーシムは答えた。「でも、ここにいることはできない。僕のためでなく、子供たちと妻のために行かなくちゃいけないんだ」

2013年6月26日の正午近く、ハーシムたちはバスがずらりと並ぶダマスカスのマルジェ広場にやってきた。すでに多くの人でごった返している。近くには多くの旅行会社があって、動乱前は観光客相手に繁盛していたが、今はシリアを出て行く人たちが商売相手だ。

ハーシムたちのバスは満席だった。ヨルダンまでの道のりは、内戦の縮図を垣間見るようだった。動乱の発火点になったダルアも通った。政府側の検問所では、「どうして祖国を捨てるんだ」と兵士たちに怒鳴りつけられ、笑われたりした。反政府勢力の検問所でも、「祖国を出て行くのか！」と怒号を浴びた。ジハード主義組織であるヌスラ戦線（その一部が後にイスラム国をつくった）だけは違った。「ジハードを捨てるのか」と彼らは叫んだ。「ムジャヒディン（イスラム義勇兵）になりたくないのか」

検問所でつらいのはそれだけではなかった。乗客は毎回、バスから荷物を降ろして検査を受けなくてはならなかった。全員の荷物検査が終わるまでには数時間かかり、その間に荷物が盗まれることもあった。ハーシム一家も、スーツケースが三つなくなった。

ある政府側の検問所では、乗客の1人（若い男性だった）の名前がお尋ね者リストにあることがわかり、バスから引きずり降ろされた。ほかの乗客たちは震えあがった。その若者は殺されてしまうにちがいないと思ったのだ。そこで彼らはバスの運転手に懇願した。「毎週このルートを運転しているなら、あの兵士たちとも顔見知りだろう？　いくら払えば若者を解放してくれるか聞いてくれ」と。やがて運転手が戻ってきた。「2000シリア・ポンドだ」。「みんなでカンパしよう」という声が上がり、誰もがなけなしの蓄えの一部を差し出した。ハーシムもほとんど無一文になってしまった。でも、おかげでその若者は命拾いした。

最悪だったのは、最後の検問所だ。シリアとヨルダンの国境にあるナシブ検問所にバスが到着したのは午前3時。そこで職員が乗客の身元を確認しようとしたが、コンピューターがダウンして動かない。仕方なく乗客は、コンピューターが直るまでバスの中で待たなければならなかった。本当にシリアを出られるのだろうか……。ハーシムは不安になった。太陽の光が差してきたが、コンピユーターは相変わらず動かない。一行がようやくヨルダンに入れたのは6時間後のことだった。

その晩ハーシムたちは、紅海沿岸の港町アカバにいた。そして深夜出発のフェリーに乗り、6月28日午前4時、一家はエジプトのシナイ半島の小さな街ヌエバに到着した。この国境は数日後に閉鎖されてしまったから、ハーシムたちはここを越えた最後のシリア人だった。

ようやく安全な場所に来て、ハーシムの胸にたくさんの思いがこみ上げてきた。子供たちを戦場から連れ出せたことには安心したが、残してきた両親や友達のことが気になった。彼らとはもう二度と会うことも、抱きしめあうこともできないかもしれない。

第2章

その「荷」は生きている

「第2の海」サハラを越える砂漠ルート

The Second Sea

ニジェール、スーダン

ニジュールからリビアへ ――「運び屋」が産業と化した西サハラハート

ニジェール中央部に位置する町アガデス。泥壁の家が並ぶこの古い町は、北隣のリビアを経て地中海以北を目指す西アフリカ人の重要な中継地だ。だが、ここからリビアまでの間に、これといった道はない。飛行場の先端まで車を走らせたら、左に曲がり、分かれ道に来たら右に行き、地平線上に見える建物（警察の検問所だ）を目指す。それでおしまいだ。そこから先に舗装路はなく、砂の中にいくつかの轍《わだち》が見えるだけだ。地元の一握りのドライバーだけが、どの砂丘がサハラ砂漠の向こうへ導いてくれるか、どの砂丘が迷宮に導くかを知っている。その迷宮の入り口は、3日間のドライブで何度も訪れる。

だが、西アフリカからヨーロッパを目指すほとんどの人にとって、この砂漠は通らなければならない道だ。彼らがリビア内戦の戦線を横切り、命の危険をおかして地中海を渡り、（ごく一握りだが）英仏海峡トンネルのフランス側の入り口カレーに到達するためには、まずこの砂漠を越えなくてはいけない。そしてその過程で、多くが命を落とす。

ヨーロッパの難民危機の中核をなすのは、戦争や宗教的過激主義を逃れてきたシリア人やイラク人、アフガニスタン人だ（つまりハーシム・スーキのような人たちだ）。メディアも彼らを中心に報じ、政府の対策も彼らを念頭に置いている。もし中東の紛争が魔法のように終われば、難民の流入が衰えるのは間違いない。しかし、たとえそんな奇跡的なことが起こったとしても、エリトリア人やニジェール人、セネガル人がヨーロッパを目指すのを止めることはできないだろう。

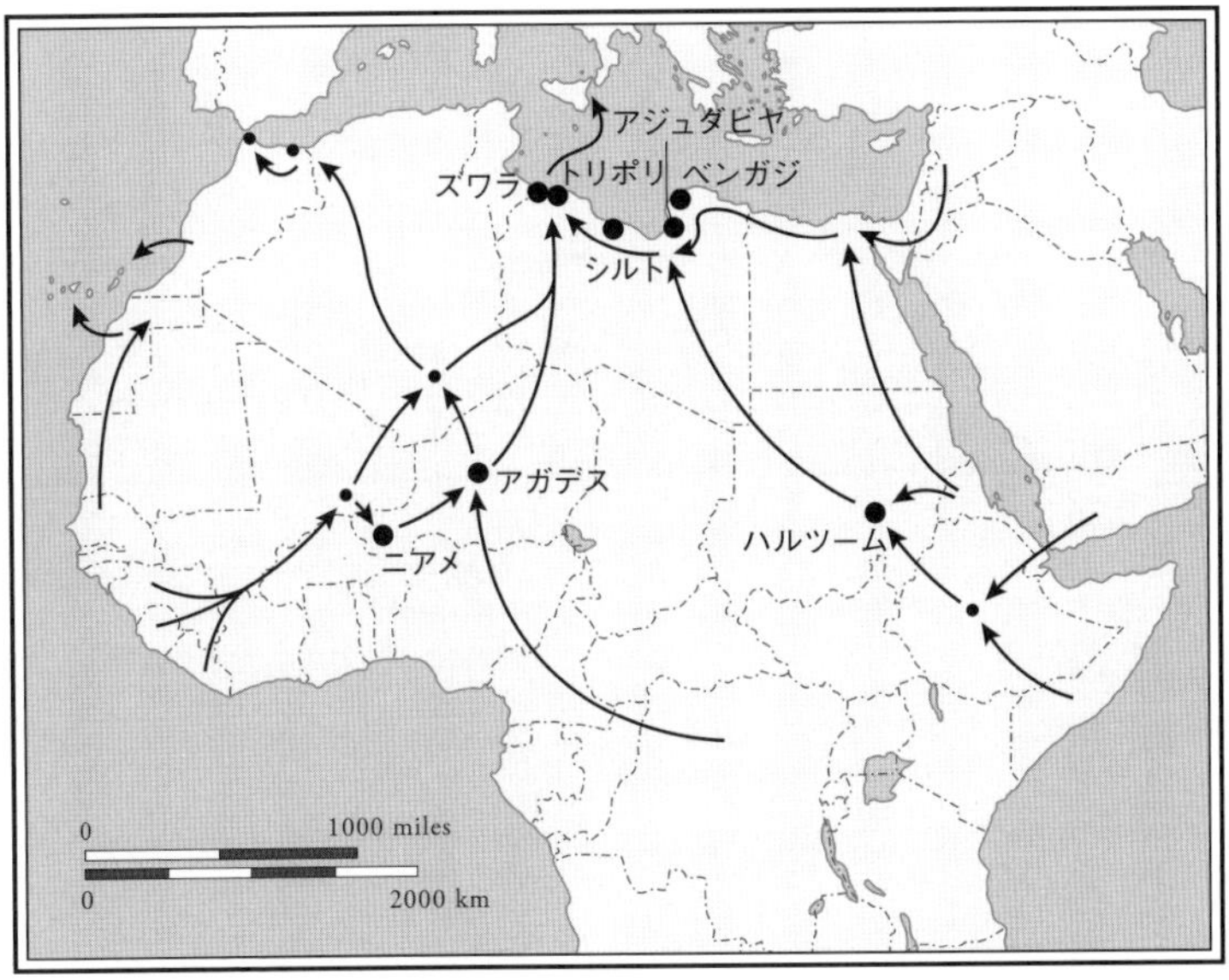

リビアまでの砂漠の道

だからこの難民危機の全容を理解するためには、アガデスからの道なき道をたどる必要がある。スーダンの首都ハルツームからリビアに至る東側のルートもたどる必要がある。これは、「アフリカの角」諸国からヨーロッパを目指す人が通る主要ルートだ。リビアから地中海を渡る旅がいかに危険かは、多くの報道がなされてきた。船の転覆事故のほとんどはここで起きる。ではなぜ、人々はそんな危険をおかすのか。その理由を理解するためには、リビアで船に乗るまでの間に、彼らが「何」をくぐり抜けてきたのか知る必要がある。

「リビアには二つの海がある」と、私が移民担当記者になったばかりの頃、ある援助職員が言った。「まず地中海がある。でもリビアの南には、サハラという海があるんだ」

その意味を理解しようと、私はここアガデスにやってきた。そして1人の青年に出会った。本名は明かさないという約束なので、ここでは仮にシスと呼ぼう。シスは25歳で、地学の学士号を持っている。冷静で、雄弁で、身なりもきちんとしている。大学卒業後、北部のウラン鉱山で事務員として働いた後、観光客相手にサハラのガイドを始めた。ところが反政府勢力の活動が拡大して観光客が途絶えたため、シスは第3の仕事を始めた。「移民の運び屋」だ。

その結果、シスはアガデスからリビアまでの見えない道と、その旅の危険とを知る数少ない1人になった。シスは毎週、ピックアップトラックに30人の「客」を乗せてその旅をする。砂嵐が起きると砂漠の形は変わるから、そのルートは毎回違って見える。でも、シスはサハラを「自分の寝室みたいに」熟知していた。もちろん、ほかのドライバーではこうはいかない。だから嵐になると道に迷う。道に迷うとガソリンがなくなる。次に水がなくなる。「水がなくなると、せいぜい3日しかもたない」と、シスは言う。

私はアガデスの比較的安全な場所で、こうした砂嵐を経験した。３年間住んでいたカイロでも砂嵐は経験していたが、それとは比較にならなかった。アガデスは地面にへばりついたような町だ。高い建物は一つだけ（高さ27メートルのミナレット）で、それを囲むように泥壁の低い建物がひしめいている。砂嵐が来ると、ミナレットはもちろん、向かい側の家さえ見えない。濃い砂煙が路上で渦巻き、さっきまで見えた店先を飲み込む。どんなに窓をきっちり閉めても、小さな隙間から砂が入り込んできて、部屋じゅうがザラザラになる。嵐のとき海岸に打ち寄せる波のように、砂の波が何度も町に打ち寄せる。だが、海水と違って、砂は引いていかない。町に残り、大気中を渦巻き、少し前まで見えたスルタンの宮殿を黄色い霧で飲み込む。砂漠でこんな嵐に遭ったら、車など１時間で埋もれてしまうだろう。

砂漠には嵐のほかにも、無法者に出会う危険がある。別の運び屋もいれば、イスラム原理主義組織もいるし、車だけ盗んで人々を砂漠に置きざりにしていく盗賊もいる。私がアガデスに来る２週間前に、こうした盗賊に遭い、砂漠に置きざりにされて死んだ家族がいたという。「運がよければ助けてもらえるが、運が悪ければ、連中は運び屋も客も見殺しにする」と、シスは言う。

こうしたやり方で、いったい何人が犠牲になったかは誰にもわからない。サハラには、実際に発見された遺体（２０１５年は40体以上）の５倍から50倍の遺体があるとされる。[1]「サハラは地中海よりも危険だと思う」と、かつてカメルーンでサッカー選手を目指していたというジョエル・ゴメスは言う。にもかかわらず、その危険をおかす人は記録的な数に達している。

「人」を扱う商人と、拡大する「市場規模」

私が初めてシスとジョエルに会ったのは、ある8月の深夜のことだ。2人はアガデスのバス停の近くをうろついていた。このサハラ南端のバス停には、毎晩、数百人が合法的な手段でやってくる。2015年は10万人以上、と地元当局はみている。ニジェールは西アフリカ諸国経済共同体（ECOWAS）の北側の国だ。〔マリやセネガルなど計15か国からなる〕ECOWASは、EUのように域内を国境検査なしで移動できる経済圏だ。つまりお金さえあれば誰でも、ナイジェリアの海辺の町からアガデスまで、バスで来ることができる。そしてアガデスから先は、非合法な運び屋の出番だ。

毎晩、真夜中を過ぎると何台ものバスがアガデスに到着する。でこぼこ道を20時間揺られてきた人々は、しばしば吐き気をもよおしながら、よろよろとバスから降りてくる。それを待ちかまえているのが、シスのような運び屋だ。たいていの旅人には、すでに知り合いから勧められた運び屋がいる。そういう当てがない人は、到着してから探す。そして運び屋が手配した待機所に連れていかれる。

アガデスに2階建て以上の建物は数えるほどしかない。いちばん背が高いのはモスクと隣接する「アイルのスルタン」の宮殿だ（スルタンは今もアガデスの司法システムで一定の役割を担っている）。それ以外は、ほとんどが1階建てで、複数の建物が中庭を囲むように配置されて一つのブロックをつくっている。こうしたブロックの50個ほどが、運び屋たちの待機所として使われている。道路側の壁には窓がないから、リビアに向けて出発するまでの間、何百人もの人「客」を隠しておくにはぴったりだ。

待機所に到着すると、値段交渉が始まる。2015年現在、アガデスからリビアまでの「相場」は、15万西アフリカ・フラン（CFA）〔約2万7000円〕前後。なかには500ユーロ〔約5万9000円〕払ったと言う人もいるし、シスは30人のグループなら1人わずか5万CFA〔約9000円〕だという。

これほど需要があれば、表向きは禁止されても、この商売が絶好調なのは不思議ではない。2015年5月、ニジェール政府はEUからの圧力を受けて、運び屋の営業を禁止した。そこで私は、8月にアガデス警察署長を訪ねて、実際に営業を禁止することが可能なのか聞いてみた。すると、署長はもちろん可能だし、すでに実行されていると胸を張った。そして担当者を呼びつけると、これまでの逮捕者数を集計してこいと命じた。30分後、担当官が1枚の紙を持ってやってきた。その手書きの表によると、彼のチームは過去3か月間に計14人の運び屋を逮捕したという。逮捕はしていないが、転職させることに成功した者もいるという。

では、賄賂はどうですかと、私は聞いてみた。運び屋たちは今も、検問所をスムーズに通過するため、警察に賄賂を渡しているのではないか。

「たしかに2年前まではそうだった」と署長は認めた。「しかしあの件以来……」。あの件とは、複数の警官が運び屋から日常的にカネを受け取っていることが、2年前の政府の調査報告書で告発されたことだ。「あれに関わった者は全員異動させた。新たに赴任してきた者は、（同じような目に遭うことを）非常に恐れている。だから今、警察の検問所を通過できる車はない」

ここまでくると、笑わないようにするのが大変だ。警察署を一歩出れば、多くの運び屋が今も警察の保護下で商売をしているのは明白だ。シスを見るといい。運び屋の営業禁止法が施行されて以来、たしかに行動は慎重になった。バス停で会った翌日、私がもう一度会いたいと連絡すると、シスはおとり捜査ではないかと疑い、待ち合わせ場所に指定した市場の麻布店に、ひと足先に友達を送り込み、私が不審人物と一緒にいないかチェックさせた。

ところがその「友達」は、シスが雇った私服警官だった。「心配するな」と、その警官はシスに電話で伝えた。「こいつは大丈夫だ。警察署長の部屋で見かけた」

運び屋から賄賂を受け取っているのは、この警官だけではない。リビアまでの三つの検問所で、シスは警官に、乗客1人あたり1万CFA（約1800円）を支払った。「あの法律ができても何も変わってない」と、シスは笑った。「警察にある程度の賄賂を払えば、待機所の運営も続けられる」

アガデスの町自体が、運び屋のスケジュールに沿って動いている。1週間のほとんどは静まりかえっているが、運び屋たちが出発する月曜日が近づくと、町はにわかに慌ただしくなる。運び屋たちが好んで使う車は、トヨタの白いピックアップトラック。たいてい窓には黒いフィルムが貼られ、ナンバープレートは取りはずされている。週末にもなると、町は大量のトヨタ車であふれかえる。整備工のところに立ち寄り、予備のガソリンと水を調達する。シスはガソリンを470リットル、水を250リットル積み込んだ。何十人もの運び屋が同じことをする。ぼんやりしている人は1人もいない。

月曜日の午後、慌ただしさはピークに達する。運び屋たちはそれぞれの待機所から30人の客を選び、トラックの荷台に乗せる。運転手はリビア人で、ニジェール人の待機所所有者と利益を山分けする場合もあれば、シスのように運転までニジェール人が担う場合もある。

いずれにしろ、運び屋は客から最後の一滴までカネを絞りとろうとする。荷台はぎゅう詰めで、いちばん外側の人は荷台の外に足を出して座る。全員乗り込むと、乗客は車のフレームに固定された棒につかまる。そうしないとスピードが出たとき、放り出されてしまうからだ。

ようやく出発だ。飛行場の滑走路を走り抜け、遠くにぽつんと立つ検問所を目指す。検問所では、運び屋と警官が、だらだらと時間をかけて「通行料」を確認する。1人がアガデスの待機所に確認の無線連絡を入れて、「行け」と指示を出す。「問題なしだ」。これでようやく運び屋のトラックは猛スピードで走り出す。警官たちは明後日の方向を向いていて、むしろ私の車をジロジロ見ていた。やはり警察署長の言ったことは、嘘っぱちだったのだ。

見て見ぬふりをするのは警察だけではない。多くの運び屋が月曜日に出発するのは、毎週この日に砂漠に向かう軍の隊列についていくためだ。軍でも誰も気にする気配はない。「軍が町から（砂漠への道を）先導してくれた」と、後に出会ったニジェール人は語った。「軍は（運び屋を）止めようとしなかった」

こうした証言は、ヨーロッパへの移民のスケール、それを後押しする要因、そしてそれを食い止める努力がいかに無益かを理解する助けになった。理論的には、シリア内戦に終止符を打つことは可能かもしれない。また、リビアに平和が訪れて密航業者が減ることも、理論的にはありうる。そうれでも、ニジェールを経由してリビアやヨーロッパを目指す人は毎年10万人もいる。そして彼らを押しとどめる要因は、ほとんどない。

ニジェールは世界最貧国の一つであり、アガデスはこれといった産業のない町だ。だから運び屋ビジネスは、多くの地元住民（と当局者）の重要な収入源となる。数字を見るといい。ニジェールの世帯所得は、平均500ポンド〔約7万7000円〕以下だが、アガデスからリビアまでの1回の旅で、運び屋は450万CFA〔約81万円〕を売り上げる。1年で25万ポンド〔約3865万円〕だ。アガデスの運び屋ビジネスの「市場規模」は、年1600万～1700万ポンド〔約24億7000万～26億3000万円〕。そこに（私の計算では）警察の賄賂100万ポンド〔約1億5500万円〕が加わる。(2)

これは、多くの旅行代理店が閉鎖に追い込まれた町では重要な意味を持つ。つい2007年までアガデスは観光の町で、小さな飛行場は国際空港だった。そこにベルベル人反政府勢力の活動が拡大し、さらにアルカイダ系組織が台頭して、観光業は壊滅的な打撃を受けた。平和が戻っても、観光客は戻らず、ホテルはどこもガラガラで、荒れはてている。国連職員が定宿にしている、町で一番のホテル「オーベルジュ・ド・アゼル」でさえ、オーナーは生活のために副業を始めた。

こうした状況について、私はスルタンの話を聞きたかったのだが、インタビュー当日になって、彼は葬儀のために別の町に行かなければならなくなった。そこで首席顧問モハメド・ツワラの話を聞くことになった。ツワラはミナレットの陰に腰を下ろすと、運び屋ビジネスの活況は、アガデス経済の崩壊という視点から見る必要があると語りはじめた。「これは現在ニジェールで起きていることのごく一部にすぎない」と、ツワラはため息をついた。「反政府活動のせいで、観光客はアガデスまで来なくなり、手工芸品は売れなくなった。多くの人が転職を余儀なくされた。職人は庭師になった。運び屋になった者もいる」

これは新しい現象ではない。アガデスは何世紀も前から、サハラを越える旅人や商人の重要な中継地だった。中世には、〔黄金郷と呼ばれた西隣の〕トンブクトゥと地中海を行き来する商人たちが、しばしばアガデスを経由した。15世紀までに、アガデスはスルタンと立派なモスク、そして入り組んだ路地を持つ町になっていた。つまり現代の旅人は、５００年も昔から存在するルートをたどっているにすぎない。

ただ、現代はそのスケールが違う。近年、ニジェールにどのくらいの数の人が流入しているのか、正確な記録はない。しかし10年前、リビアから地中海を渡ろうとする人は、現在の3分の1程度だったことを考えると、ニジェールを経由してリビアまで行った人の数も、今よりずっと少なかっただろう。当時は、セネガルからカナリア諸島（スペイン領）に入るか、モロッコに隣接するスペインの飛び地（セウタとメリリャ）に行くことでも、ヨーロッパ到達は達成できた。しかし今は、セネガル、モロッコ、スペインの連携活動によって、これらのルートは封じられた。だから中継地としてのアガデスの重要性は一段と高まった。

「時代によって、いろいろな人たちがやってきた」と、ツワラは語る。「だが昔は『移民』なんて言葉はなかった。私たちの会話に『移民』という言葉が入ってきたのは、ここ4~5年のことだ」

スーダンからリビアへ
――身代金ビジネスが跋扈する東サハラルート

サハラの恐ろしさを理解するには、スーダンからリビアにいたる東側のルートも調べる必要がある。アガデスからリビアを目指す人も、運び屋に誘拐されたり拷問されたりすることがある。だがそれと同じことは、ハルツームからリビアを目指す人たちには、もっと日常的に起きている。このルートを通るのは、アフリカで最悪の独裁体制を逃れてきたエリトリア人や、内戦を逃れてきたソマリア人、そしてダルフールのジェノサイドから命からがら逃れてきた人たちだ。だがサハラで待ち受ける苦難は、故郷の惨状よりもひどい可能性がある。

リビアまでの1週間ほどの旅の始まりは、アガデスと似ている。難民たちは、ハルツームの中心部からナイル川を渡ったところにあるオムドゥルマン地区の待機所に集められる。そして夜が明けると、数百人単位で大型トラックに乗せられ、リビアに向けて砂漠を走る数百キロの旅に出る。リビア国内に入ると、彼らはリビアの運び屋に引き渡される。今度はトヨタのピックアップトラックの小さな荷台に30人が押し込められ、これまでよりももっと長い時間揺られて、リビア北東部の町アジュダビヤに連れていかれる。私が話を聞いた複数のエリトリア人は、その旅路は海の旅よりもつらかったと言っていた。

ニジェールからの西サハラルートもそうだが、スーダンからの東サハラルートでも道に迷って車の燃料が切れ、水がなくなって人が死ぬことが容易に起きる。人々はトラックの荷台で身動きもできずにいるから、どの車でもたいてい1人は脱水症状で死ぬか、荷台から転げ落ちて死ぬ。あるエリトリア人が乗った車では、8人が熱中症で死んだ。車が横転して、骨折したという人もいた。この人は、数週間後に海で救助されたとき、まだそのケガの手当をしてもらっていなかった。

さらに盗賊、民兵、国境警備隊員がいる。エリトリア人の少年アダムは、15歳でサハラを縦断したとき、その種のゴロツキに大勢遭遇したという。その後、彼は地中海で救助され、シチリア島に運ばれた。私が彼に会ったのもシチリアだった。

アダムは自信に満ちた笑みの持ち主で、身の毛のよだつような経験を、驚くほど明快かつよどみなく話してくれた。やせっぽちで身長は152センチほどしかなく、ティーンエイジャーというより子供のように見えたが、彼はその砂漠の旅で、私たちの多くが一生で経験するよりも多くのむごい経験をした。灰色のTシャツ姿のアダムは、まるで友達と1日遠出してきたかのような風情だったが、もう何か月も旅を続けていた。

アダムが最初に乗せられたトヨタは、13台の隊列を組んで、スーダンからリビアを目指していた。ところがエジプト国境に近づいたとき、エジプト警察の発砲を受けたため、トラック隊はそれを逃れようと方向を変えて道に迷ってしまった。アダムの友達の何人かが脱水症状で死んだ。ようやくリビアに入ると、今度はジハード主義者たちに遭遇した。彼らは運び屋から賄賂をもらっていなかったから、やはりトラック隊に向けて発砲しはじめた。もっと多くの死者が出た（うち1人は運び屋の仲間だった）。

ようやく地中海沿岸の町アジュダビヤに到着したものの、今度は政治的な駆け引きに巻き込まれた。リビアでは中央政府が崩壊して以来、各地の民兵による割拠状態が続いていた。彼らは密航業者や運び屋を見て見ぬふりをし、ときには手を貸すこともあった。

ところがこの日にかぎって、アジュダビヤの民兵組織も、スーダン政府も、移民問題に取り組む意欲があることを世界に示そうとした。スーダン政府とアジュダビヤの当局が結んだ合意の一環として、アダムのグループはスーダンに送り返され、記者会見に引っぱりだされ、その姿はテレビ中継までされた。当局は、「見ろ、ちゃんと国境管理をしているだろう」と、世界にアピールしたかったのだ。

もっとひどいことに、アダムのグループは投獄され、さらにエリトリアへの強制送還を言いわたされた。ようやく国連が介入して、スーダン当局に国際法の遵守を求めたため、アダムたちは強制送還ではなく、スーダン・エリトリア国境近くの難民キャンプに移送されることが決まった。だがアダムにとっては、あと少しで地中海というところまで行ったのに、４５００キロ引きずり戻されて、文字どおり振り出しに戻るようなものだった。

だが、アダムにとって最も過酷な経験は、数週間後に再び戻ってきたアジュダビヤで待っていた。ニジェールからリビアまでの西サハラルートでは、旅人が誘拐されて身代金を要求されることはあまりない。だが東サハラルートは違う。誘拐やゆすりやたかりは日常茶飯事であり、このルートを商売の場にする運び屋の重要な「ビジネスモデル」になっている。

「もはや文化と言ってもいい」と、あるエリトリア人の権利活動家は言う。「自分たちがどこで拷問され、いくら支払わなくちゃいけないか、私たちは知っている。もう覚悟はできているんだ。普通のことだと思っている」

その「普通」とは次のようなものだ。アジュダビヤに到着すると、運び屋は家族や親戚にカネを用意させろと移民たちに命じ、その「料金」が支払われるまで、彼らを待機所に監禁する。親戚がイスラエルにいようが、スーダンにいようが、イギリスにいようが、各地に運び屋の協力者がいて、家族はこの協力者に現金を払う。旅の料金を前払いする移民はまずいない。運び屋がちゃんと目的地まで行ってくれる保証はないからだ。それにそんな大金を持っていたら、旅の途中で盗まれてしまう恐れがある。

こうして家族が、旅の代金1600ドルをなんとかして工面することになる。そんなカネはないと言おうものなら、アジュダビヤに監禁されている移民は拷問され、家族は電話でその声を聞かされる。あるソマリア人は、1か月間毎日、棒と銃床で殴られたという。アダムは半年間監禁され、太陽がギラギラ照りつける場所で、毎日12時間片足で立たされたという。

それまで明るく話していたアダムの表情が歪んだのは、そのときだった。急に地面に目を落とすと、しばらく黙ってこらえていたが、ついに体を震わせて泣きはじめた。通訳のアブデルファタハが肩を貸すと、アダムはそこに顔をうずめた。シチリアの晴れた海辺のベンチで、アダムがくぐり抜けてきた恐怖を完全に理解するのは容易ではなかった。彼と同じ年齢のとき、私は何をしていただろう。おそらくAレベル〔大学進学のための統一試験〕を前に、どの大学に行こうか考えていただろう。それに対してアダムは、まともな暮らしができる場所を探していたのだ。

アジュダビヤでは、家族が旅の代金を払ってくれると、移民たちは別の運び屋に引き渡され、もっと西の町（どの町かは業者によって違う）に連れていかれる。私が会った複数のエリトリア人は、ベン・ワリドという町に連れていかれた。密閉されたコンテナで運ばれたグループも多く、脱水症状や窒息により命を落とす人もいた。だが、こうした車が利用されるのには理由があった。アジュダビヤからベン・ワリドまで行くには、イスラム国（ＩＳＩＳ）の支配地域を通過しなければならない。移民を運んでいることが知れたら、ＩＳＩＳはトラックを停めて、キリスト教徒を連れ去ってしまう〔エリトリア人にはコプト教徒やキリスト教徒も多い〕。だから運び屋たちは、タンカートラックのように内部を調べにくい密閉された車を使うのだ。

私がシチリアで会った9人のエリトリア人は、普通のピックアップトラックでシルト付近を通ったという。リビアにおけるＩＳＩＳの首都とされる町だ。するとたちまちＩＳＩＳに捕まり、数週間ＩＳＩＳの収容所に入れられた。さいわいそこで爆破事件が起きたため、脱出に成功したが、それより前に逃亡を試みて、足を撃たれた人もいたという。

ようやくベン・ワリドなどの目的地に到着しても、移民たちの悲惨な状況は変わらない。新たな運び屋の待機所に監禁されて、同じことが繰り返される。家族に「旅行代金」が請求され、それが支払われるまで監禁と拷問が続くのだ。今度は、贅沢な海の旅の前金として２０００ドル。それが支払われると、海の近くにある「マズラー〔牧場という意味〕」と呼ばれる第3の待機所に連れていかれる。ここでも移民たちは悲惨な扱いを受ける。そこで1週間以上、場合によっては数か月待つこともある。食事は1日1回で、しょっちゅう殴られ、女性はレイプされる。

「マズラーでは人間に起こりうるあらゆる苦難が待っていた」と、エリトリア人医師のタデースは地中海を渡る船の上で話してくれた。「もちろんそうなることは、行く前からわかっていた。なのになぜ、そんなところに行こうと思ったのか」

寛容なヨーロッパの不寛容な主張

ヨーロッパでは多くの人が、その問いの答えを知っているつもりでいる。ボートピープルがヨーロッパを目指すのは、寛容な社会福祉制度に寄生したいからだ、と。

ザ・サン紙のコラムニストのケイティ・ホプキンスは、まさにこうした見方の持ち主だ。いわく、地中海を越えてヨーロッパに来る人々はゴキブリ同然で、イギリスの街は「ボードゲームの金券のように社会保障給付をばらまき、移民や難民認定希望者の大群によって腐りかけた傷」になったというのだ。このコメントは、激しい非難を浴びた。

しかしそれは、政府閣僚の上品ぶった見解を、下品な言葉で表現したにすぎない。2015年の難民危機がピークに達するなか、ヨーロッパの政治家たちは、地中海移民は、ヨーロッパの資源を盗み、ヨーロッパの文化を悪用しようとする人々だというイメージを煽った。悪質な発言で知られるチェコのミロシュ・ゼマン大統領は、難民が流入すれば、女性は「顔はもちろん、頭のてっぺんからつま先までブルカに覆われ」て、ヨーロッパから「女性の美しさ」が奪われると言い放った。

東欧・中欧諸国の指導者たちは、ヨーロッパに来る密入国者の90%は経済移民だという主張が気に入ったようだ。イギリス政府も同じような主張をしたが、容易に嘘とわかる数字を示すことはなかった。それでもデービッド・キャメロン首相〔当時〕は、ケイティ・ホプキンスと同じように移民を「大群」と呼び、フィリップ・ハモンド外相〔現財務相〕は、ヨーロッパ文明を乗っ取るのが目的の略奪者と呼んだ。テリーザ・メイ内相〔現首相〕は、「移民たちは安全を求めているにすぎないのでは」という意見をしばしば笑って一蹴した。メイは、BBCラジオのニュース番組「トゥデー」で、「彼らは難民だという声があるけれど、地中海を渡ってくる人たちをよく見ると、大部分はナイジェリアやソマリア、エリトリアから来た経済移民だ」とも語っている。

こうした主張が嘘だと断じるべき理由はたくさんある。第1に、2015年、北アフリカから地中海を渡るルートは、もはやヨーロッパにいたる主要ルートではなくなっていた。トルコからギリシャに渡るルートがその地位に取って代わっていたのだ。第2に、国連によると、海を渡ってヨーロッパに来る人の84％は、世界最大の難民発生国トップ10に入る国の出身者だ。[3] 第3に、これは本章と最も関連性が高いのだが、地中海縦断ルートをたどる人の多くも、逃げるべき十分な理由のある国の出身者だ。

リビアから地中海を渡る人の多くが、エリトリア、ソマリア、ナイジェリアの出身だというメイの指摘は正しい。しかし、この人たちには1951年難民条約に基づく保護を受ける権利がないと決めつけるのは、間違いだ。たしかにナイジェリアの一部地域は安全だ。しかし北部では、ISISに忠誠を誓った武装組織ボコ・ハラムが反政府活動を展開しており、100万人以上が故郷を追われた。ソマリアでも一部の地域は安定してきたが、それ以外の地域ではイスラム原理主義組織アル・シャバブが反政府活動を展開して、100万人が避難を強いられた。

さらに統計を見ると、アフリカで最多の難民を生み出しているのはソマリア人でもナイジェリア人でもなく、エリトリア人だ。２０１５年に地中海を越えた難民のうち、エリトリア人はシリア人、アフガニスタン人、イラク人に次ぐ第４位だった。[4] 総人口に対する難民発生率では、エリトリアは世界一だ。国連難民高等弁務官事務所（ＵＮＨＣＲ）によると、エリトリアは毎月５０００人の難民を生み出しており、すでに人口６００万人の約９％が難民になっている。[5]

なぜか。「アフリカの角」の付け根にあるこの小さな、比較的新しい国の何がそんなに多くの難民を生み出しているのか。ヨーロッパの社会保障だけが目当てで、本当にそんなに多くの人が難民になるものなのか。

その答えは、エリトリアを短期間訪問しただけではわかりにくい。ジャーナリストはめったに入国を許されない（私も入れなかった）し、運よくコネがあって入国できても、政府報道官の話を聞き、首都に残る植民地時代のイタリア風建築についてコメントする以外、たいしたことはできないだろう。生活水準がきわめて低い郊外をうろつくことはめったに許されないし、住民にインタビューしても、何かに怯えていて、問題になりそうなことは話してくれない。だからこの国で何が起きているかを証拠に基づき分析するのは難しい。

エリトリアで本当に何が起きているか知りたいなら、この国を逃れてきた人の話を聞く必要があるだろう。たとえばアダム。アダムは十代半ばだが、彼の人生に起きたことを聞くと、なぜ多くの人がこの国を逃げ出しているのか、わかってくる。

アダムは14歳のとき、家族（今も故郷に住んでいる）で最年長の男性になった。年長の男性はみな無期限の兵役に取られてしまったからだ。残ったきょうだいの面倒を見るため、アダムは学校をやめて、家族が所有する土地を耕す手伝いを始めた。ところがエリトリアでは、学校をやめると外出許可証を失ってしまう。このためアダムはある日、外出したところを逮捕された。通常、兵役は学校の最終年から一生続くが、アダムの場合はこのときから始まった。軍隊では暴力を振るわれ、奴隷のように働かされた。半年後にどうにか逃げ帰ったけれど、再び逮捕され、裁判なしで3か月間拘留され、再び兵役に就かされた。

アダムは再び脱走し、捕まり、刑務所に入れられ、3度目の兵役に送られた。最終的にスーダンに脱出するまでの間に、アダムは2度刑務所に入り、3度子供兵士にされた。ようやくたどり着いたリビアでも運び屋に監禁され、拷問された。しかしついに地中海を渡り、2015年5月、イタリアにたどり着いたのだった。

「ここに着いた日、それが僕の新しい誕生日だ」と、アダムは泣きはらした目で言った。少し落ち着きを取り戻したようだ。「これまでの16年は、人生としてカウントできない。エリトリアでは、未来について考えたことなんてなかった。その日を生き抜くだけで精一杯だったんだ。でも今は、将来を考えるようにしている」

エリトリア ――史上最も平等主義的な解放闘争は、なぜ独裁国家に堕ちたのか？

国外に逃れてきた数十人の話を総合すると、エリトリアはまるで全体主義国家で、多くの市民がいつ逮捕されるかと恐怖に怯えながら暮らしている。隣人と話をしないし、グループで集まったり、長時間外出したりしないようにしている。エリトリアは戦争をしていないが、イサイアス・アフェウェルキ初代大統領は、隣国エチオピア（1990年代初めまでエリトリアはエチオピアの一部だった）と再び戦争になる可能性を誇張し、それを理由に、憲法の不存在、司法制度の崩壊、そして無期限の「ナショナル・サービス」を正当化している。

ナショナル・サービスは、男女を問わず16～17歳以上の国民の全人生を政府が管理するエリトリア特有の制度で、人々が国を逃げ出す最大の原因となっている。政府は、対象者の住む場所、日々従事する仕事、家族と会う頻度などすべてを決める。

「国民はまるで政府の奴隷だ」と、ある24歳の男性は言った。彼は2014年にエリトリアを逃げ出すまで、大人になってからの人生すべてを徴集兵として生きてきた。「国全体が大きな刑務所のようなものだ。だから逃げるんだ」

徴集兵には、いちおう給料が払われる。金額は人によってばらつきがあるが、おおむね月500～750エリトリア・ナフカ〔約3600～5490円〕。少なすぎてほとんど収入と呼べないけどね、と多くの元徴集兵たちは言った。たったこれだけの給料と引きかえに、政府は国民から一切の選択の自由を奪う。徴集兵は、政府が命じる場所に配属され、故郷に帰ることも許されず、何か月も何年も据えおかれる。あまりにも長い間父親が不在だったため、子供が父親の顔を覚えていないこともある。そんなこと本当にありうるのかといぶかる私に、カイロで出会ったエリトリア人の母親は言った。「最近、うちの息子といとこに起きたことだけど」と、彼女はきっぱり言った。「ようやく帰ってきた父親に、息子たちは『この人誰？　出て行ってもらいなよ』と言ったのよ」

難民たちから聞いたエリトリアの現状は、私たちの暮らしとはあまりにもかけ離れていた。また、1970年代から1990年代初めまで続いた独立戦争で、エリトリアの自由戦士たちが掲げた目標ともかけ離れていた。かつて体制側にいた人を探し出して、それが本当なのかどうか聞けないか――私はそう思った。エチオピアからの独立は、史上最も平等主義的な解放闘争の結果だったはずだ。エリトリアのレジスタンスは、男女を問わず戦士を平等に扱ったことで知られ、新たに独立した国は、その公明正大な気質を受け継いだはずだ。それがこんなにメチャクチャになることなど、あるのだろうか。

この疑問に対する答えを探して、私は有名な元エリトリア自由戦士アンデブラン・ウェルデ・ギオルギスに会いに行った。彼は、「イエス、それは事実だ」と答えた。かつてアフェウェルキの側近の1人だったウェルデ・ギオルギスは、エリトリア中央銀行総裁やEU大使を歴任し、エリトリア唯一の大学（現在は閉校）の総長も務めた。2006年に亡命するまで、ウェルデ・ギオルギスは現体制の中枢にいて、それが圧政に転落していくのを目の当たりにした。

そんなはずではなかったと、ウェルデ・ギオルギスは言う。「ナショナル・サービスは、スイス（の国民皆兵制度）と似たものになるはずだった」。いまや皮肉としか言いようがないが、当初の兵役期間は1年半のはずだったという。その目的は、脆弱な新しい国を防衛することと、戦争で疲弊したインフラと経済を再建するための労働力の確保だった。

「（ナショナル・サービスには）軍事的側面、社会的側面、経済的側面、そして文化的側面があった」と、ウェルデ・ギオルギスは語る。「しかしそれが無期限になり、制度が乱用されるようになった。

1994年に導入されたとき十代後半だった人たちは、いまや40代だ。それでは家族を養えるはずがない」

「その結果、家族が破壊された。家族が存在しなければ、コミュニティも生まれない。社会ができない。現代版の強制労働だ」

兵役の経験者たちは、兵役は屈辱的な経験と倦怠感が入り交じったものだったと語る。「軍務だけじゃない。拷問もされる」と、4年間兵役に就いた後、逃げ出した女性は言った。彼らからよく聞いたのは「8」と呼ばれる拷問だ。うつ伏せになって、背後で両手足首を結ばれ、宙吊りにされるものだ。ある人物は別の兵士と乱闘を起こした罰として、何日も「8」をやられた。ようやく解放されても、足が思いどおりに動くようになるまで1週間かかったという。もう一つよく聞いたのは、砂糖水に茶葉の粉末を混ぜたものを全身に塗られる拷問だ。こうするとハエが無数にたかってくる。

徴集兵たちは、安価な労働力としても利用される。ある経験者は、「あるときは『山で石を切り出してこい』と言われ、別のときは『森で木を切ってこい』とか、『道路掃除をしてこい』と言われる。あらゆる政府の仕事に、徴集兵が奴隷のように駆り出された」と言う。

国を出なければ、徴集兵の大多数は一生この半奴隷状態に置かれることになる。ただし、ごく一握りだが、かなり文民的な仕事に就かせてもらえる徴集兵もいる。1年目は軍事訓練と講義が中心だが、その終わりに試験があり、成績優秀者は文民的な職業（教師、看護師、国営テレビのニュースキャスターなど）に配属される。ただし給料は徴集兵時代と同じで、配属先についても本人にはほとんど発言権がない。

たとえ文民業務に就いても、夜間は軍事作業に従事しなければいけなかったという証言もある。私がシチリアで出会った22歳の教師メハリは、「仕事は教師と言っても、それは昼間だけで、夜は軍からの命令に備えて待機していなければならなかった」と言う。「突然どこかの建物の警備をしろと命令されたりする。ものすごく疲れたよ。ライフルで体を支えていた。居眠りをして見つかったりしたら大変だから、夜中に何度も顔に水をかけて目を覚ました」

メハリが勤めていた学校は、無法地帯のような雰囲気だったという。経験豊かな教師のほとんどは、すでに国外に出てしまっていたから、職員は若い徴集兵ばかりで、生徒も敬意を払わなかった。「生徒が学校に来る一番の目的は、外出許可証をもらうためだった」と、メハリは言う。「誰もが（国内に）とどまりたくないと思っていた。いつかは兵役に行かなくてはいけないと知っていたからだ。だから誰も勉強したがらなかった。教師たちもそれを知っていたから、熱心に授業をやったりしなかった」。かつて校長だったという人物によると、彼の学校では62人いた生徒が、たった7人になってしまったという。みな国外に逃げてしまったのだ。

とはいえ、それには危険がともなう。そもそもエリトリアでは、許可証がなければある地区から別の地区に行くことさえ許されない。子供はその許可証を学校からもらうしかなかった。だからアダムのように、家族を養うために学校をやめてしまうと、逮捕される恐れがある。

政府は幅広いスパイ網を構築していて、人々は友達や家族とでさえ政治を話題にするのをためらう。「強烈な人間不信に陥った」と、ある人物は国連エリトリア人権調査委員会で証言している。「きょうだいでさえ信頼できない。治安当局の一員ではないかと疑ってしまうんだ」。私が話を聞いた人の中には、そこまで思うのは被害妄想だという人もいれば、そうなるのも当然だという人もいた。息子が父親の顔を忘れてしまったという話をしてくれた女性は、「私は誰とも話をしなかった。身近な人だって信頼できない。家族でもね。政府はお金を払って人々を国の手先にしていた」と言っていた。

２０００年代初めまでは、エリトリアにもいちおう司法制度があった。しかしここ10年ほどは、警察は裁判を経ずに人々を刑務所に送り込んでいたと、複数の人が証言している。私が話を聞いたある難民は、イタリアに来るまで弁護士とは何かを知らなかった。ウェルデ・ギオルギスは次のように説明してくれた。「あなたは逮捕されても裁判を受けられないし、自分を弁護してくれる人もいない。家族が訪問する権利はないし、そもそもあなたの消息は知らされないし、あなたの肉体的・精神的状況も知りようがない。ひとたび消息不明になったら、検察官、看守、判事、死刑執行人のすべてを兼ねた人間のなすがままだ」

恣意的な逮捕を恐れて、外出を避けるようになった人もいる。人々が特に恐れたのが「ジッファ」、すなわち抜き打ち捜査だ。本来は軍がサボっている徴集兵を捕まえるためのもので、人々は路上や自宅で逮捕される。

「どこに隠れても逃げきれなかった」と、２０１５年夏にイタリアにたどり着いたエリトリア人は言う。「私の場合、妻と寝ているときに踏み込まれた。家じゅう捜索されたよ。ベッドの下もね。そんなふうに人の家に踏み込むことが許されているなんて、すごく嫌な気分だった」

恐怖を除けば、毎日の暮らしは退屈なことが多かった。首都アスマラは、一握りのエリートがいることや、外国の親戚からの仕送りがある人が多いおかげで、街には活気がある。外国の衛星放送が見られて、トルコのメロドラマと韓国の娯楽チャンネルが大人気だ。街の古い映画館では、プレミアリーグ〔イギリスのサッカー1部リーグ〕の試合も見られる。だが、アスマラ以外の町は人気《ひとけ》がなく、公共施設も無人に近いという。民間放送や新聞は存在せず、唯一集会を開くことが許されているのは大統領の政党だけ。インターネットに接続できる場所はほとんどなく、エリトリアを出るまでフェイスブックなんて聞いたこともなかったという人もいた。軍人は携帯電話の所有を禁止されていて、非軍人でも携帯電話が欲しい場合は役所に申請しなければならない。

平均的なエリトリア人は、「無力な犠牲者」だと、ウェルデ・ギオルギスは言う。「だからどんなに命の危険が大きくても、エリトリアを出ようとする人は後を絶たない。サハラで脱水症状になって命を落とし、地中海で溺れ死に、シナイ半島で臓器密売業者の犠牲になる可能性があっても、誰も気にしない。エリトリアは地上の地獄になった。だからみんな大きな危険をおかしてでも逃げようとする。エリトリアは人が生きる場所ではなくなってしまった」

だからエリトリア人は、リビアがどんなに危険か知っていても、リビアを目指すのだ。エリトリアの状況のほうが、もっと悲惨だからだ。隣国スーダンでも、エリトリア人にはほとんど権利が認められず、強制送還される恐れがあるから、エリトリアにいるのとさして変わりはない。

難民と移民を分けることが無意味である3つの理由

では、アガデスを経由してリビアに来る人々はどうか。西サハラルートを利用する人の大多数は、紛争を逃れてきたわけではない。それなのになぜ、彼らは、地獄のような扱いを受けるとわかっているリビアを目指すのか。

ある意味で、メイ英内相らの主張は正しい。西アフリカ出身の移民（2015年にヨーロッパに来た密航者の4分の1以下）[6]は、お金、仕事、そしてよりよい生活を求めている。アガデスの入り組んだ路地で、そして砂漠のルートで、故郷を出てきたのは仕事を探すためだとはっきり認める人たちに、私は大勢出会った。セネガルにはもう溶接するものがないのだと言う溶接工。機械工の仕事がないと言うナイジェリア人のエンジニア。やはりナイジェリア人のポール・オヒオヤは牧師でもあり、配管工の仕事を必死で探していた。1951年難民条約（難民とは迫害を逃れてきた人と定義している）によれば、彼らはみな、ヨーロッパで保護を受ける権利がない。

だから「この人たちは難民ではない」という、メイらヨーロッパの人々の主張は正しい。また、UNHCRが「難民」という用語の使い方に柔軟な姿勢を示しつつ、難民条約に該当する人を保護対象者として優先するのは正しい。あらゆる移民に疑いの目が向けられるなか、国連が最弱者の保護を優先するのは道理にかなっている。たとえそれが、同じくらい同情を必要とする人々を犠牲にすることになったとしても。

しかし現実的に考えると、経済移民をこのように厳しく定義するのは、長い目で見たときあまりプラスにならない。

まず、これほど長く壮絶な旅をしてでも仕事を探す人たちを、「怠惰な社会保障のたかり屋」と決めつけることはできない。それどころか彼らは、生粋のヨーロッパ人なら賞賛される優れた技能の持ち主だ。ヨーロッパで少子高齢化が進めば、こうした勤勉な人々が働く余地は生じるだろうし、彼らが必要とされる場面もあるだろう。

第2に、牧師で配管工のポール・オヒオヤのような人たちは、たしかに母国ナイジェリアを出た直後は経済移民と呼べるかもしれない。しかしリビアに数週間滞在している間に、彼らは難民に近い存在になる。このことについては次章で詳述するので、ここでは簡単に述べておく。リビア内戦と、この国で移民労働者が受ける極悪非道な扱いを考えると、移民たちはリビアに到着した瞬間から危険な状態に置かれると考えることができる。だから彼らは、なんとしてでもリビアから逃げなくてはならなくなる。このとき砂漠の道を戻れば、再び盗賊にあったり、誘拐されたり、脱水症状で命を落とす危険性がある。それを考えると、船でヨーロッパを目指すほうが、わずかに安上がりで、成功する確率も高い。

経済移民を厳しく定義することがプラスにならない第3の理由は、ヨーロッパがどう定義しようと、彼らはヨーロッパを目指しつづけることだ。ポール・オヒオヤの言葉はそれを雄弁に物語っている。彼は地中海で命を落としかけたところを、チュニジアの沿岸警備隊に助けられた。「あなたは戦争ではなく貧困を逃れてきたので、国連は第三国定住を認めてくれないと思いますよ」と、私は彼に言ってみた。

だが、オヒオヤはそんなこと気にかけていないようだった。ヨーロッパは彼を経済移民だとして切り捨てるかもしれない。だが彼は必死であり、自分にはほかのみんなと同じように保護される権利があると思っている。「あなたたちは、私たちにも滞在を認める必要がある」と彼は言った。「私たちにも未来があることを示してくれる必要がある」。もしヨーロッパがそれをしないなら、大変なことになるとオヒオヤは予言する。「あなたたちは移民から逃れることはできない。私たちは危険をおかしてでも、ヨーロッパを目指すことをやめないからだ」

ヨーロッパの右派は、彼らがこうした考えを捨ててくれることを祈るかもしれない。一方、左派は移民にも「よい移民」と「悪い移民」がいると主張し、オヒオヤのような移民は、シリア難民よりも保護を受ける権利が乏しいと考えるかもしれない。

しかし、いずれどちらも、いわゆる経済移民を吸収する最善の方法を考えなくてはならなくなるだろう。彼らは過酷な砂漠を越えて、リビアの戦場をくぐり抜け、おんぼろの船で地中海に乗り出す強靭な意志の持ち主だ。その意志を彼らが簡単に曲げるとは思えない。彼らは故郷でのたれ死ぬよりも、ヨーロッパを目指して死ぬほうがましだと思っている。その「必死度」は、ヨーロッパの孤立主義よりもはるかに強いことが、いずれわかるだろう。一部の識者が指摘するように、気候変動によって北方に移住しようとする人が増えればなおさらだ(7)。

経済移民に対する応急措置として、貧困国に対する開発援助の拡大が唱えられることがある。アフリカで雇用と投資が増えれば、故郷にとどまる人が増えるはずだというのだ。たしかに経済成長が何十年も続けば、移民は減るだろう。しかし社会学者のハイン・デハースの研究が示すように、短中期的には、国内総生産（ＧＤＰ）がわずかに増えると、密航業者や運び屋にお金を払える人が増えて、移民は増える。デハースが引用した統計によると、年間所得が先進国の平均所得の４分の１程度まで増えたとき初めて、その国からの移民は減りはじめる。[8] しかしそのレベルに達するまでには長い年月がかかり、21世紀初めの移民問題の解決策にはならない。

多くのヨーロッパ諸国が、フェンスを設置したり、海をパトロールしたりして、この問題を封じ込めようとしてきた。しかしこの方法は、穴が多い国境に（たとえばモロッコからリビアへ）移民たちを向かわせるだけだ。経済移民たちの言葉を聞くかぎり、彼らを思いとどまらせるためには、こうした小手先の障害を設ける以上の措置が必要だ。なにしろ多くは、自分にはこうした旅をする権利があると考えているのだ。

アガデスのバス停で、カメルーン人のジョエル・ゴメスは、自分たちはアフリカを植民地化した人々がやったことを真似しているにすぎないと言った。

「白人はビザなしで海路アフリカにやってきた」と、ゴメスは言う。「私たちは白人から旅のやり方を学んだんだ」

第3章

魂の取引

密航業者のモラルとネットワーク

Trading in Souls

リビア、エジプト

10年の「キャリア」を持つ密航業者ハッジ

ヨーロッパが事実上の「宣戦布告」をしてきた晩、ハッジはそれを気にかける様子もなかった。片肘をついて寝転んだまま、裸足をクッションに乗せて、2尾のフエダイ料理をつついていた。それからドイツのノンアルコールビールを飲みほし、切りわけたリンゴを1皿分たいらげ、オリーブとチーズのつまみを食べきった。

要するに、ハッジは無関心だった。背後のテレビが報じる、リビア内戦に終止符を打つための新たな試みにも無関心。欧州連合（ＥＵ）がリビアの密航業者を軍事的に取り締まることを決め、即日実行するというニュースにも無関心だった。

ハッジはほかのことを考えていた。まず、自分のお腹だ。でっぷり太った彼は、カーペットに垂れ広がっている腹の位置を整えるのに少しばかり時間を要した。それから密造酒。よくあるプラスチックボトルに入っていて、地元の友達（詩人、運送業者、燃料商人）とまわし飲みしていた。そして音楽。移民を乗せた船が大破したというニュースをちらりと見て、「私の船じゃないな」とぼそりと言うと、アラブのポップス番組にチャンネルを変えた。後に詩人が、外に停めた車のスピーカーから大音量で自作の曲を流すと、ハッジは一緒に歌った。

「私はまったく怖くないね」と、どんちゃん騒ぎが一段落すると、彼は言った。「（密航業者を取り締まるという）約束と脅しは何年も前から繰り返されている。どうせまた忘れるさ」

状況的には、ハッジが気をもんでいてもおかしくなかった。その日は２０１５年4月20日月曜日

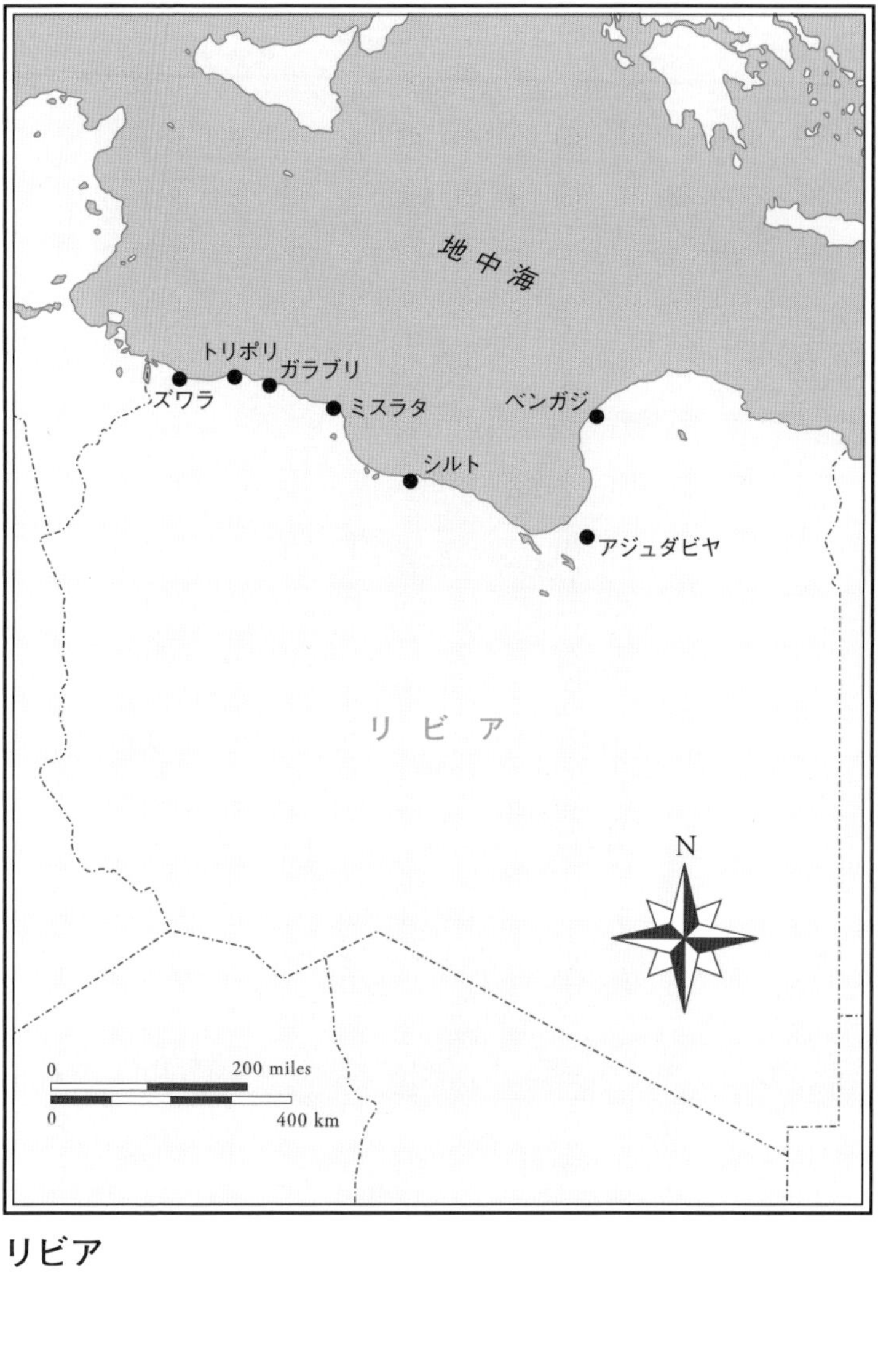
地中海
トリポリ
ガラブリ
ズワラ
ミスラタ
ベンガジ
シルト
アジュダビヤ
リビア
N
0
200 miles
0
400 km

リビア

で、ヨーロッパの指導者たちが数時間前に、海軍を使ってリビアの密航業者を取り締まると発表した。ここ〔リビア北西部の〕ズワラは、北アフリカの移民密航業の中心地で、地元住民によるとハッジはその半分以上を牛耳っている。

ところが33歳のハッジは、怯えるどころか、友達と盛り上がっている。「連中に何ができるって言うんだ。ここにフリゲート艦を2隻送り込むってのか?」と、声を立てて笑った。「戦艦を2隻? リビアの海域に? それじゃ侵略じゃないか」

ハッジたちはあきれていた。こういう複雑なビジネスに、軍事的手段を取るなんてどうかしている。移民を運ぶビジネスは、アフリカ北岸だけでなく、大陸の北半分に点在する十数か所の中継地の経済にも深く関係している。しかも2011年のリビア革命で政情がさらに不安定化したせいで、一握りのベテラン運び屋が牛耳っているのではなく、複雑なネットワークが毎週のように生まれては、変形し、消滅している。

「どこの誰が標的だって?」と、ハッジの友達の運送業者が言った。「堂々と胸に『密航業者』って書いてる人間なんていやしないんだ。ここでは金がなくなった人間は誰でもアパートを売って、船を買い、密航業を始められる。〔イタリア行きを〕2回ほど手配すれば、アパート代の半分は取り戻せる。ごく簡単に始められるんだ」

ハッジはこのビジネスで10年の「キャリア」がある。だが最近は、新参者たちが同じタイプの船を買い上げ、安い料金を提示するようになったため、競争が激しくなった。「港に行ってみなよ」と、運送業者は言う。「あそこにある船はみんな売り出し中だ」

実はその晩、ハッジの家に行く前に、私は港を見に行っていた。彼の友達の密航業者が案内してくれたのだ。日が暮れて暗くなってくると、青い木造船がズワラの港を静かに出て行った。近くに係留されている何十隻もの船（どれも船首がとがっている）と何ら変わったところはない。事実、その船も数日前までは漁船だった。

だが、一緒にいた密航業者はすぐに違いを見分けられた。この船は、昨日は大量の魚を港まで運んでいたかもしれないが、今夜は大量の移民をイタリアに運んで行くんだ、と彼は言う。その翌日、近くの海で難民を乗せた船が転覆し、900人近くが溺れ死んだ。それでも密航船は後を絶たない。

ハッジの友達はその船を、8万～16万リビア・ディナール[1]〔約600万～1200万円〕で地元の漁師から買い取っていた。それから地元の沿岸警備隊に2万5000ディナール〔約188万円〕を払って、港を出て行くのを見逃してもらう。沈黙の船出は、形のない密航ビジネスの性格をよく表していた。

密航業者たちは、EUの爆撃の目印となるような名前の入った船や、専用の港を持っているわけではない。船出を予定している日の数日前に、漁師から船を購入する。だから密航船を破壊したいなら、漁港全体を破壊しなければならなくなってしまう。

「魚の価格が高い理由の一つは、漁をする漁船が減ったからだ」と、ハッジは言う。「漁船の多くが密航業者に売られている」

リビアからイタリアへ——アラブの春、カダフィ、イスラム国に彩られた海の道

リビア沿岸には、昔から密航業が存在した。なかでもズワラは悪名高い。地元のベルベル人（アマジグ）は、凄腕の密航業者を輩出してきたことで知られる。ハッジも2015年の難民危機のずっと前から、ヨーロッパ行きの密航船を送り出してきた。彼がこの仕事を始めたのは2006年、ロースクールを卒業した翌年のことだ。弁護士の仕事では食べていけなかったので、人間の運び屋という「伝統業」をやることにした。ハッジはじわじわと市場シェアを拡大し、今では地中海を「プール」と呼ぶほどこのビジネスに精通している。

2011年まで、密航業は比較的低調なビジネスだった。2005年頃、リビアとチュニジアの密航業者がイタリア（最南端のランペドゥーザ島または本土）に運んだ人の数は、年4万人程度とみられている。(2)低調だったのは、ヨーロッパを目指すアフリカ人には、地中海を渡るよりも簡単な方法があったからだ。その方法とは、すなわちアフリカに二つあるスペイン領に入り込むこと。ところが、2005年、スペインはその二つの飛び地に三重のフェンスを建設。さらにスペインは、セネガル、モーリタニアと協定を結び、西アフリカからカナリア諸島に渡るのも難しくした。だから人々はリビアに集まるようになった。だがその流れも、2009年頃には途切れかけた。リビアの独裁者ムアマル・カダフィがイタリアとの間で、密航業者を抑制する合意を結んだからだ。この年、密航船でイタリアに到着した人の数は4500人まで減った。(3)

ところがその後、事態は再び急変する。2011年、チュニジアで始まった「アラブの春」によ

り大統領が退陣すると、チュニジア人約3万人が政情不安に乗じてイタリアを目指した。[4] リビアでも、カダフィの独裁体制が揺らいで密航業者への締めつけが弱まると、主にサハラ以南のアフリカ人3万人が、リビアからヨーロッパを目指した。

しかし密航業の復活は、カダフィ自身の意向だっと業者たちは主張する。「ヨーロッパ砦」の南壁を守ってきた男を追い落とそうとすればどういうことになるか、NATO加盟国に見せてやると、カダフィ自らが密航船の出航を命じたというのだ。その真偽はさておき、たしかに2011年は「リビア・イタリア路線」を縄張りとする密航業者にとって記録的な年になった。同年だけでイタリアに到達した移民は6万4000人に達した。[5]

ところが2012年、リビアから来る移民の数は再び減り、1万5900人となった。[6] これは新生リビアを軌道に乗せることに密航業者も協力したのと、独裁者カダフィを退陣させたNATOとEUの「善意」に密航業者が報いようとしたからだと、本人たちは説明する。その真偽はさておき、2013年には密航業は元どおりに復活し、4万人がイタリアに到達した。[7]

2014年は、リビアの都市部でも、沿岸部でも、悪循環が手に負えなくなった年だ。それまでの3年間に氏族・都市間、さらにはイスラム原理主義組織と世俗的な組織の間で緊張が高まった結果、リビアは全面的な内戦に突入した。イスラム原理主義的なグループは「リビアの夜明け」を結成し、首都トリポリと密航業が盛んな西方の港を支配下に置いた。カダフィの生まれ故郷である中部の沿岸都市シルトにはＩＳＩＳ関連組織が台頭し、国際社会が承認した政府は東部のトブルクへの移動を余儀なくされた。

複雑に聞こえるかもしれないが、これでも状況を単純化して説明したつもりだ。この三つ巴《みつどもえ》の内戦の当事者である政府以外の二つのグループは、それぞれ何十もの民兵組織からなり、その一部は実効支配下に置いている地域があり、政府機構まで持つ。トリポリとトブルクという2大都市でさえ、中央の命令は絶対ではない。こうした分裂割拠の混乱の中で、密航業を管理する能力や関心を持つ組織は少なかった。その結果、イタリアにやってくる移民が飛躍的に増えた。2014年は、それまでの最高記録の3倍近い17万人以上がイタリア沿岸にたどり着いたのだった。

シリア内戦は、この急増を大きく後押しした。2014年にリビアから船に乗った人の約3分の1は、地中海を渡るためだけにリビアにやってきたシリア人だった。彼らはまだ、トルコからギリシャに渡るほうが簡単であることを知らなかったのだ。残りの3分の2は、リビアに出稼ぎに来ていたサハラ以南のアフリカ人で、リビアの混乱が大きくなり、監視が緩くなったのを利用して悲惨な労働環境から逃れてきた人々だった。同時に、この海の旅で命を落とす人も約3200人と記録的な数に達した（もっと多いという指摘もある）。

2015年は、リビアから地中海を越える人自体は、わずかに減って15万人となったが、死者数は前年よりも多く、3500人を超えた(8)。リビアからヨーロッパを目指す人がわずかに減ったと言っても、ヨーロッパの右派にとっては、とても勝利と呼べる状況ではなかった。シリア人がほぼ全面的にトルコ・ギリシャルートに切りかえたのに、リビアからヨーロッパを目指す人は、さほど減っていなかったからだ。

リビアの密航業が拡大したのは、中央政府が消滅したことや、その空白を埋める民兵組織の管理能力の欠如だけが理由ではない。リビア内戦が長引くにつれ、民兵組織が資金源として密航ビジネスに手を染めるようになったことも大きかった。東部のトブルク政府はアラブ首長国連邦（ＵＡＥ）、トリポリの原理主義勢力の一部はトルコとカタールの支援を受けているとされる。しかしその支援が十分ではないなか、一部の民兵組織の指導者が、密航業に目をつけたらしい。地中海を越えようとする人が17万人いて、それぞれから平均１０００ドル取れば、かなりの利益を期待できる。

民兵組織の関与を裏づける決定的な証拠はないし、むしろ国際社会のご機嫌を取ろうとして、密航業を積極的に取り締まっている組織もある。だが私と同僚の取材[9]では、密航業に関与しているグループがあるのは確かなようだ。その一部は、主体的な役割を果たしているわけではない。たとえば、自分たちの実効支配下にある地域で密航業者が活動するのを黙認する代わりに、その利益の一部を要求するといった具合だ。リビア・エジプト国境を実効支配するグループは、移民から「通行料」を取っているとされる。港を実効支配するグループが密航業者に賄賂を要求することもある。

もっと積極的に密航業を展開している民兵組織もある。私がイタリアで話を聞いた移民たちは、リビア北西部のある民兵組織の手配で海を渡ってきたとして、組織のリーダーの名前も教えてくれた。民兵組織が運営する待機所に捕らわれていたと証言する移民もいた。カネを用意できれば、すぐに自由にしてもらえた。しかしカネがない者は、別の地域の民兵組織に売られ、最終的に密航業者に売られた。すると密航業者は、移民の家族や同国人にカネを要求して、「コスト」を回収した。

私はこうした待機所を二つほど訪問した。「リビアの夜明け」の幹部が案内してくれたのだ。どちらも環境は最悪だった。一方は建設途中の学校を使っていて、４５０人の移民は尿が垂れ流しの床で寝ていた。各教室に男女別に60人ほどが詰め込まれ、痰が絡んだ咳や赤ん坊の泣き声が廊下に響きわたっていた。正午近くになると、全員が裸足で乾いた中庭に出て、1日1度の食事（ボウル1杯の米とジャガイモ）にありつく。そこで何人かに身の上話を聞くと、男たちはさめざめと泣き出した。「なぜ、ここを出たいなら1000ディナール払えなんて言われなくちゃならないんだ」と1人が言った。「なぜなんだ」

内戦中の国で「元締め」を探して

その話をすると、ハッジは口が重くなった。太りすぎで、少し動くのにもゼーゼー言っているくらいだから、話すこと自体が億劫《おっくう》そうなのだが、民兵組織のような微妙な話題になると、ますます口が重くなる。

しかし、ここまでこぎ着けるだけでも大変だった。なにしろこの国は内戦中だ。ズワラは、リビアでもチュニジア国境に近い町の一つだから、戦闘の最前線までは何キロも離れている。だが、トリポリからズワラまでの海岸道路は、さまざまなグループの支配地域を通っていて、「リビアの夜明け」と政府側民兵組織の戦闘が起きているから通行止め、などということも少なくない。ズワラに行く前の晩、トリポリで私が滞在していた地区も、数時間にわたり銃撃戦の舞台となった。ときどき迫撃砲の音も鳴り響いた。戦闘が長引くようなら、ズワラ行きは断念したほうが賢明だ。

だが、トリポリの戦闘は長続きしない。午前中に環状交差点で起きた戦闘が午後には収まり、民兵もピックアップトラックも消えて、一般車両が忙しく行き来していることもある。焼け焦げた1～2台の車が、その朝戦闘があったことを示す唯一の証拠だ。私と通訳のヤシーンは、昼前にズワラに向けて出発した。

ズワラに到着しても、すぐハッジに会えたわけではない。地元の有力者が何週間も前から約束を取りつけてくれていたはずなのに、その晩、ハッジは姿を見せなかった。翌日も同じだった。仕方なく、私たちはズワラの海岸で、移民たちが船に乗る直前に収容される倉庫や家を見て回った。港にも行った。そこでは石油の密輸が堂々と行われていて、密輸業者が人目もはばからず盗んだ船に燃料を積んでいた。

3日目もハッジは不在だった。そこで私たちの案内役（燃料の密輸業者だ）は、ズワラの町を案内してくれた。といっても、人口8万人程度でリビアの多くの町と大きな違いはない。静かで、コンクリートの建物だらけで、無数のランドクルーザーが走り回っている。唯一の特徴は、アマジグの旗だろう。多くの建物に青と黄緑と黄色の三色旗がはためいていた。それはこの町を訪れる人に、ここはアマジグすなわちベルベル人の街であって、アラブ人の街ではないことを宣言していた。ズワラの住民は独自の言語を持ち、自分たちこそリビアの先住民なのに、この国をアラブ人に奪われ、見下されてきたと感じていた。

夜になってもハッジは現れなかった。そこで私たちは港に戻り、移民たちを乗せた船が静かに出航するのを見つめた。燃料商人は、地元の沿岸警備隊員も紹介してくれた（コネがある証拠だ）。沿岸警備隊員は、密航船を止めるのは物理的に不可能だという話をしてくれた。沿岸警備隊にはたった3隻のゴムボートしかなく、それでリビア北西岸全域をカバーしなければならなかったからだ。

非常に興味深い話だったが、私が抱いている最大の疑問、つまり「ハッジはどこなんだ?」という問いには答えてくれなかった。今回は会えないのかと諦めかけたとき、私たちを乗せたジープが町一番の大邸宅の前に停まった。するとTシャツと短パン姿の巨大な男が、のっそのっそと門から出てきた。その男は自己紹介もせずに、車の助手席に乗り込んできた。彼がドスンと腰を下ろすと、車全体が大きく揺れた。それから私たちは一言も会話を交わさずに、彼の家の前まで車で乗りつけ、夕食にあずかった。

巨体の男に、あなたは私が会いたかった人だろうかと聞くと、ハッジはゼーゼー言いながら「そうだ」と答えた。「私だ」

こうして2日間にわたるインタビューが始まった。このとき聞いたことと、後にトリポリの密航業者から聞いたことが、リビアの密航ビジネスの全容を理解する助けになった。

すべての「移民」はリビアで「難民」になる

そのプロセスは複雑で、一つのストーリーにまとめあげるのは難しい。一連の巨大ネットワークを経て、一握りの移民(前章で紹介したエリトリア人など)がズワラに連れてこられる。ただしハッジもトリポリの密航業者も、自分はこうしたネットワークの一員ではないという。彼らの「客」は、主にリビアにしばらく滞在していた外国人だ。リビアで密航費用を稼いだ人や、もともとヨーロッパではなくリビアを目指してやってきた(2011年の革命までは、リビアは安定した出稼ぎ先だった)が、内戦で生活ができなくなりヨーロッパを目指すことにした人などだ。

この点は、少々詳しく説明する価値があるだろう。ヨーロッパでは、リビアから来る人の大部分は経済移民であり、保護を受ける資格がないと言われがちだ。しかし、エリトリア人の場合、この解釈は明らかに間違いだ。そして西アフリカ人の場合も、議論の余地はあるかもしれないが、単なる経済移民とは言い切れない。この点を理解するには、リビアの状況をもう少し深く理解する必要がある。リビアで外国人がどんなに惨めな暮らしを強いられているかがわかれば、彼らも保護を受ける資格がある、ということがはっきりするはずだ。

リビアに出稼ぎに来たアフリカ人は、常に誘拐や恐喝のリスクにさらされている。サハラ以南のアフリカ人のほとんどは、毎日トリポリの特定の交差点に集まり、金持ちのリビア人が仕事をくれるのを待つ。それは、リビア人にとっては格好の搾取のチャンスとなる。多くの移民は、雇用主の家に連れていかれた瞬間に、鍵をかけて閉じ込められ、無償労働を強いられたと証言している。まるで奴隷だ。もっとひどいケースもある。マリ人のオマル・ディアワラは、仕事を約束した2人の男に監禁され、身代金を用意するよう命じられた。警察がまともに存在しないか、買収されやすいうえに、外国人労働者が助けを求められるような法的枠組みもないため、移民は格好のターゲットになる。ある移民の男性は、地方の町で子供にナイフで刺されたが、その子の父親は笑って見ていただけだったという。

こうして、多くの出稼ぎ労働者は、リビアを出て行くしかないという結論に達する。だが身分証明書を持っていないため、母国の大使館に駆け込んで助けを求めることもできない（それにたいていの国の大使館は、リビア内戦の勃発とともに本国に引き揚げてしまった）。砂漠のルートを戻ることは考えられないし、その費用と命の危険は、海を越えるのとたいして変わらない。だから船でヨーロッパを目指すことが、現実的な選択肢として浮上する。

「自分が人間であることを憎んだ」

――「待機所」で繰り返されるおぞましき所業

ここからがハッジら密航業者の出番だ。ハッジはさまざまな民族の、さまざまな仲介者とコネがある。移民たちは仲介者にアプローチし、密航業者を紹介してもらう。このとき、仲介者に紹介料を払う密航業者もいるが、ハッジは仲介者自身に移民から手数料を取らせている。いずれにせよ、ヨーロッパを目指そうと決めた外国人は、途切れることなくやってくる。

海の旅の料金は、客を見て決める。ハッジによると、2015年春の時点で、サハラ以南のアフリカ人の料金は最高1000ドル（通常はもう少し安い）。すでに数は減っていたが、シリア人の料金は2500ドル。シリア人がアフリカ人より金持ちなのは誰もが知っていた。しかし市場は飽和状態だったから、業界全体の平均的な料金はこれよりもやや安い。そして密航業者は収入減を補うため、1隻の船に詰め込む人の数を増やそうと目論む。「ばかげてる」と、ハッジは認める。「船長17メートルの船に乗せられるのは300人が限度だ。それなのに連中は、350人、700人、800人を詰め込む。客単価が下がっているせいだ」

高い料金を払うほど、旅の危険は小さくなる。アフリカ人は料金が安いから、船倉に押し込まれることが多い。船が沈んだら、ほぼ確実に溺死する場所だ。船が沈まなくても、窒息する危険がある。シリア人は高い料金を払うから、少しばかりスペースに余裕のある船に乗れる。さらにお金を積めば、プライベートな旅も可能だ。あるシリア人家族は、イタリアに確実に到達できる船を用意してほしいと、ハッジに10万ドル払ったという。ハッジは彼らに専用のゴムボートを用意してやった。

しかし大多数の移民は、はるかに劣悪な船旅を強いられる。まず倉庫かマズラー（待機所）に集められ、自分の番が来るのを待てと言われる。だがその順番はなかなか来ない。私がイタリアで会ったあるシリア人は、ズワラの隣町にあるマズラーで4か月待たされたという。事実上の監禁だった。外出は許されず、船にも乗せてもらえない。海岸まで行ったのに、結局マズラーに戻されたことも2度あった。3度目は船まで行ったが、すでに満員で乗れなかった。4度目にようやく出航できた。「あそこにいた4か月は……」と、彼は振り返った。「死ってどういうものか、君は知っているかい？」

マズラーに監禁された人はみな、同じようなことを言う。ズワラであろうと、それより東のサブラタ、トリポリ、あるいはガラブリ（別名カステルベルデ）であろうと変わりはない。マズラーでは、たった一つの部屋に１００人近くが押し込められ、移民たちはしょっちゅう殴られる。食事は１日１回カビだらけのパンが出るだけ。退屈した密航業者たちは、女性を１人選び、武器で脅してレイプする。何人かの男性移民を呼び出して、その様子を見せることもある。「連中は、私たちの同胞の女性をレイプするところを見せつけた」と、あるエリトリア人は語る。彼は激しい自己嫌悪に陥ったという。「自分を憎んだよ。自分が人間であることを憎んだ」

ハッジが移民をどう扱っていたかはわからない。彼は自分を「移民に敬意を払って対応したリビアで唯一の密航業者」だと言うが、実際に移民たちを集めている倉庫を見せてくれたわけではないからだ。ハッジを含め、私が話を聞いた密航業者は全員、自分は例外だと言い張った。

ハッジは突然話を止め、長い間黙り込んだ。ついに心臓発作でも起こしたのではないかと私は不安になった。彼は目に涙をためて沈黙すると、しばらくしてまた話し出した。そのとき初めて、彼が唯一責任を認める２００８年の転覆事故のことを思い出して、胸がいっぱいになった（ふりをしている）とわかるのだった。それは「私はほかの業者と違って、移民のためを思っている」という、ハッジ流のわざとらしい演技だった。彼の倉庫でレイプが起きているのかと聞いても、1度だけそういうことがあったと認めるだけだろう。自分の倉庫は基本的に平和的で快適な場所だと、ハッジは言う。みんなプレイステーションで遊んでいて、拷問なんて「絶対にない」と断言する。「倫理的に考えて、多額のお金を払ってくれた人をそんなふうに扱うなんて許されない」

ハッジの言葉を信じたいのは山々だが、それはできない。もちろん私だって、客が無事にイタリアに到着したという知らせが届くまで、心配でほかのことが手につかず、タバコを5箱も吸うという彼の言葉を信じたい。自分が送り出した船が危険に陥ったと聞いて、彼が本当に救援部隊を送ったのだと信じたい。だがそれは、外国人ジャーナリストを感心させるためのでまかせにすぎないのではないか。その狙いは、記事では自分を「ハッジ」と書いてほしいと言った理由と同じなのではないか。ハッジとは、メッカに巡礼したイスラム教徒を意味する尊称だ。つまり彼は密航業者だが、倫理感のある密航業者だと思われたくて仕方がないのだ。

密航業者の思考回路と先進国の「共犯関係」

しかし、そうしたハッジの思惑を知ったとしても、密航業者こそ現在の難民危機の元凶だ、という多くの政治家やメディアが描く密航業者像に、私が同意するわけではない。密航業者は、移民や難民にヨーロッパ移住をそそのかす極悪人とみられているが、その実態は、ヨーロッパに行きたいという人々の強い希望につけこんでボロ儲けする悪徳業者にすぎない。船に無理やり乗せられたと言う移民もゼロではないが、ほとんどは自分の意志で船に乗るのだ。

政治家やメディアが、そうでないかのように示唆するのには理由がある。密航業者の役割を膨ませれば、移民の主体性が低いという印象を与えられて、彼らが命の危険をおかしてでも海を越える本当の理由、すなわち故郷の戦争や独裁への注目を集まりにくくすることができるからだ。すると彼らを保護するべきヨーロッパの責任も見えにくくなる。なにしろこの責任を認めてしまったら大変だ。ヨーロッパが難民として保護する責任を果たさないから移民たちは密航業者に頼らざるをえないこと、だから海で多くの命が失われていることを認めることになる。また、シリア人が危険な船の旅に出ようとするのは、中東で保護を受ける現実的な手段がないからだと認めることになる。さらにはリビアの現在の窮状は、２０１１年のＮＡＴＯによる空爆（これは正当化できる）と、カダフィ後の体制移行を支援しなかったこと（これは正当化できない）が一因だと認めることになる。

作家のジェレミー・ハーディングは2000年、ロンドン・レビュー・オブ・ブックス誌でこの点を指摘している。「仲介人や人身売買業者や斡旋業者は、難民の権利の最大の侵害者だと、私たちは考えがちだ。しかし彼らが難民をゆすり、だまし、死の旅に送り出すのは、もっと強力な敵による難民軽視をビジネスの形でやっているにすぎない。その敵は難民を脅し、難民から距離を置こうと決めている。人身売買業者は、難民が旅の出発地と終着地で経験する屈辱を媒介する存在にすぎない。（難民たちの母国の）軍閥や独裁者の手法と、（難民たちが目指す）富裕国市民の『寛大さは悪だ』という態度を模倣しているにすぎないのだ[10]」

人身売買業者と密航業者にもいろいろあって、全員が同罪とはいえない。まず、この二つの業者には違いがある。密航業者（運び屋）は、移民から金銭を受け取り、ある国から別の国へと運ぶ連中だ。彼らは客を手荒く、残虐に扱うかもしれないが、そのビジネスは基本的に移民の同意に基づいている。これに対して人身売買業者は、本人の意思に反して「客」を奴隷にしたり、売春を強制したり、借金の返済が済むまで監禁する。この意味で、金銭目的で移民を拉致したり売買したりするリビア人は、人身売買業者だ。一方、移民を船に乗せるリビア人は、たとえ移民を屈辱的に扱うことがあったとしても、密航業者と呼ぶべきだろう。

また、密航業者にもいろいろなレベルがある。バルカン半島諸国で難民を乗せるタクシー運転手は、リビアの海岸の待機所で「客」をレイプする連中と同列に扱うことはできない。トルコの海岸でシリア難民の船を手配するシリア人業者は、トリポリ沖でセネガル人の少年を船の縁に無理やり乗せるリビア人ほど、難民の命を危険にさらしているとはいえない。

私は五つの国で十数人の密航業者と会った。なかには魅力的な人物もいたし、楽しい議論ができた人も2人ほどいた。1人は驚くほど好人物だった。しかしそれ以外のほとんどの密航業者にはまったく共感できなかったし、ほとんど信頼できなかった。約束をすっぽかされたり、あからさまな嘘をつかれたりしたことも少なくない。

また、密航業者は、あなたの利益になると言われて初めてインタビューに応じるタイプの人々だった。エジプトとトルコでは、「私も料金を払って船に乗せてもらいたいと思っているのだが、先にビジネスの仕組みを教えてくれないか」ともちかけて、ようやくインタビューに応じてもらうことができた。船が沈没して多くの死者を出したエジプト人業者は、その悪評を払拭し、商売を立て直すチャンスかもしれないと考えてインタビューに応じた。ハッジは、インタビューに応じればリビアにおけるアマジグの苦難に注目が集まり、欧米諸国から支援を取りつけられるかもしれないと考えた。これが密航業者の思考回路だ。カネ、カネ、カネ。彼らと話すと、自分まで薄汚れた人間になった気がした。

とはいえ、突き詰めると、私はほとんどの密航業者について、相反する感情を抱いた。たしかに穴のあいた船やランドクルーザーに大勢の人を押し込んで大儲けした者もいる。しかし大多数は、自分の仕事を恥じていると認めた。彼らが密航業に手を染めたのは、ほかに収入を得る手段がないからだ。彼らが拠点とするズワラやアガデスは、地元経済が崩壊している。密航業者自身も難民で、合法的な仕事がない場合もある。船を出していなければ、彼らも船に乗っていた側なのだ。

密航ビジネスはいかにして莫大な利をもたらすのか？

ところでリビアの密航業者は、３種類の船を使っている。いちばん大きいのは１０００人近くを乗せられる鋼鉄船で、最も数が少ない。イタリアの沿岸警備隊によると、年に2隻ほどしか見かけないという。二番目に大きいのはマストつきの木造漁船で、３００～７００人を乗せられる。このタイプが密航船の約3分の1を占める。そして最も小型なのは、「ゾディアック」と呼ばれるゴムボートで、1隻に１００～１５０人がすし詰めにされる。リビアを出る船の3分の2、イタリアに到達する移民の半分弱がゾディアックを使っている。本来は短距離用で、定員も20～30人だ。私が見たゾディアックは、非常に低品質だった。チューブが複数の気室に分かれていないから、ひとたびどこかで空気が抜けると、ボート全体がしぼみはじめる。一部の密航業者は、ボートの底にベニヤ板を敷いて、少しでも浮力を高めようとしていた。

ゾディアックの安全性については、密航業者によって意見が分かれる。地中海を越えるような旅には向いていないと言う者もいれば、ハッジのように木造船よりも安全だと言う者もいる。しかし正直言って、ゾディアックも木造船も大差はない。どちらも「浮かぶ棺桶」だ。ただ、実用性という点では明らかに違う。ゴムボートは海に出すのが簡単で、安上がりで、浜辺から人を乗せられる。鋼鉄船は、かつてはカダフィの倉庫から盗んできたが、今は簡単に輸入できる（どこから輸入するのかは、誰も教えてくれなかったが）。一方、木造船は地元の漁師から買う必要があり、調達が厄介だ。

ゾディアックの価格は1隻1万１０００ディナール（約１０２万円）程度で安定しているが、漁船は値上がりしている。政府の特別な融資制度があった数年前は、船長17メートルほどの木造船は、闇市場で8万ディナールで入手できた。だが今は、その融資制度がなくなったうえに、密航業の盛況で品薄になったため、漁師たちが価格をつりあげるようになった。このため現在、木造船の価格は数年前の2倍に上昇している。ハッジに言わせれば、漁船の数自体は十分あるが、今は密航業者との関わりを好まない漁師からも船を買いつけなくてはならなくなったため、より魅力的な金額を提示する必要がある。「8万じゃなくて、たとえば16万ディナールだな」と、ハッジは言う。「だが、どうしても必要なら、いくらだって払う」

それはそうだろう。なにしろ船を出すことで得られる利益は、途方もなく大きいのだから。ハッジに年商を聞くと言葉を濁したが、おおまかに見積もるのは簡単だ。料金を1人1000ドルとして、1隻のゾディアックに100人を乗せれば、1回の旅で10万ドルの売上となる。船の調達費、エンジン代、それに移民たちを倉庫に2週間住まわせておくコストを差し引いても、手元に約8万ドルは残るだろう。その半分を地元の民兵組織に支払ったとしても、密航業者は4万ドルを手にできる。木造船ならもっと利幅は大きい。木造船の取得費、エンジン代などの諸経費を差し引いても、400人乗りのトロール漁船は18万ポンド〔約2782万円〕の利益をもたらし、それを密航業者と民兵組織とで山分けできるのだ。

木造船を港から出すのは複雑なプロセスで、密航業者によってやり方は違う。いくら密航業が大盛況といっても、依然としておおっぴらにやることは避けられているのだ。なかには、船が所在不明になったと警察に通報させる業者もいる（たとえその船が係留されているのが見えても）。そのうえで漁船の名前を塗りつぶし、沿岸警備隊に2000ディナールを払い、出港を見逃してもらう。

ハッジは、出港のために2万5000ディナール支払うと言っていた。理由は教えてくれなかった。ひょっとすると、港によって「相場」が違うのかもしれない。民兵に支払う分が含まれている可能性もある。あるいはハッジのやり方が、もっとあからさまだからかもしれない。ハッジは船がなくなったふりなどしない。ただ、3日間「海釣り」に行くと沿岸警備隊に申請して出港許可をもらい、その船が戻ってこないというだけだ。

実際には、出航した漁船は安全な沖合に錨を下ろして夜を待つ。海岸では、暗闇に紛れて、移民たちが隠れ家から出てきてゾディアックに乗り込む。ズワラでは、こうした隠れ家は浜辺の倉庫だったり、海の家だったり、建設途中の別荘だったりする。ゾディアックに乗り込んだ移民たちは、沖合で漁船に乗り換える。ゾディアックが何往復もする場合もある。全員が漁船に乗り込んだら、衛星電話とGPS発信機、救命胴衣（1着15ディナール（約1400円））、それに食料と水が運び込まれる。各人は座る場所を指定され、絶対に立ち上がるなと命令される。ハッジは、船の定員を守っているというが、隙間なく乗せるためには座り方が重要だと認める。「あまり動くなと直接指示を出す」と彼は言う。「2～3人が動きはじめると、みんな動こうとする。そうすると大混乱になって船がひっくり返る」

密航船は、イタリアではなく、国際水域に出るまでちゃんと航行できればいいと考えられている。リビアの領海を出たら、移民たちはすぐにヨーロッパ当局に救援要請の電話をかけるからだ。それも1隻ではない。密航業者は週に1～2回、数千人の移民を一斉に出航させることが多い。人道的な密航業者は（めったにいないが）、その週で最も天気のいい日を待ち、急いで船を出す。そうすると、船が沈むリスクをわずかだが小さくできるし、船団を組んだほうが救援船に見つけてもらいやすいためだ。

移民たちと一緒に船に乗り込む船員は、密航業者でないことが多い。ゴムボートの場合、「操縦士」はほぼ例外なく、移民の中から選ばれる（しっかり舵柄《かじづか》を握っていられる人物だ）。木造船の場合、航海経験が少しばかりある移民が選ばれる場合もあるが、通常は密航業者の末端の人物がなる。無料でヨーロッパに行きたいエジプト人やチュニジア人、あるいはリビア人の漁師だ。

彼らはイタリアに到着すると逮捕され（乗っているのはサハラ以南のアフリカ人が大多数だから、アラブ人の彼らは目につきやすい）、イタリアはそれを大きな手柄のように発表する。だが、実のところ彼らは末端の使い捨て要員にすぎない。その夏、国境なき医師団（ＭＳＦ）の救援艇に１週間同乗させてもらったとき、私はエリトリア難民を乗せた船のリビア人船員２人と話をした。２人は密航業の仕組みについて何も知らないらしく、それは演技には見えなかった。１人はＭＳＦの船でイタリアまで何日かかるか質問して、「２日？」とぎょっとしていた。「リビアでは、数時間で着くと言われたのに！」

鳴り物入りのヨーロッパの作戦、その滑稽な顛末

２０１５年夏、ヨーロッパの政治家や高官は、密航業を文字どおり叩きつぶすことを頻繁に話し

あうようになった。最初にその話が出た4月頃の威勢のいい論調を聞くかぎり、当初は海軍を使えばいいと考えられていたようだ。ドナルド・トゥスク欧州理事会議長は、移民が乗る前に密航船を破壊できると豪語した。だが、私が知るかぎり、ハッジら密航業者は気にもかけていなかった。そして彼らの見方のほうが正しかったようだ。夏が近づいても、具体的な措置はほとんど取られなかった。作戦が計画段階から観察段階に引き下げられたと言われたが、すべてが滑稽だった。

6月、シチリア島に鳴り物入りで情報収集本部が設置された。欧州対外国境管理協力機関（フロンテックス）や、欧州刑事警察機構（ユーロポール）など、EUの法執行機関がここに拠点を置くという。デービッド・キャメロン英首相などの政治家は、この情報ハブは「パズルの欠けていたピース」になると絶賛した。つまり海を渡ってきた人たちから情報を集めれば、密航業者を「ぶちのめす」方法がわかるというのだ。

この非現実的な計画は、今回の難民危機に対するヨーロッパの対応全般を象徴している。難民たちは密航業者の実態など何も知らないのに、ヨーロッパの政治家たちは、彼らから情報を集めて、シチリアの高みから密航ネットワークを暴こうというのだ。

私がシチリアを訪問したときは、もっと滑稽な状況が展開されていた。大絶賛された情報ハブは、間に合わせのオフィスに職員が4人いるだけ。そのすぐ近くの古い駐車場では、シチリアの運び屋たちが、北ヨーロッパを目指す移民たちに「足」を提供していた。EU当局の試みのバカバカしさを象徴する光景だった。

リビアの密航業のピークである8月が終わり、難民危機の中心がエーゲ海に移っても、EUはリビア沖での軍事行動を開始していなかった。問題の一つは、リビア政府と国連の承認がないことだった。リビアのトブルク政府もトリポリ政府も、ＥＵの軍事作戦は侵略だとの認識を示した。このため国連安全保障理事会でも、複数の国がＥＵの計画に反対した。

ようやく10月になって、国際社会が正当とみなすトブルク政府が折れたため、安保理も国際水域におけるＥＵの取り締まり活動を承認した。だが、リビアからの密航シーズンは、すでに終わりに近づいていたため実際の作戦は、かなり骨抜きに終わった。

ただ、この作戦は一つだけ重要な成果をもたらした。それは、船の再利用への打撃だ。沿岸警備隊に救助され、移民たちを降ろした木造船は、たいてい海に放置される。これらの船は少々壊れていても、沈むほどではないことが多い。密航業者たちは、それを国際水域で見つけてリビアに持ち帰り、修理し、再利用する。ズワラの港に修理待ちのトロール漁船がずらりと並んでいるのは、このためだ。こうすれば同じ船を４回使えるとハッジは言っていた。だから、ＥＵ当局が移民たちを救助した後に船を破壊すれば、密航業者のビジネスモデルに少しはダメージを与えられるかもな、と彼自身も言っていた。それがようやく現実になったのだ。

とはいえ、そうなったら密航業者は、もっとゴムボートを使うだけだろう。木造船を安全に回収できないなら、彼らがもっと安価な（使い捨てにしやすい）ゴムボートを使うようになるのは目に見えていた。実際、10月の作戦開始から３週間後、あるＥＵ海軍高官はまだ密航船１隻も、あるいは密航業者１人も捕らえられていないとして、作戦の失敗を認めた(11)。だが作戦開始前に、これはうまくいかないだろうと私が言うと、ある西側外交官は、「別にいいんだ」と、あっけらかんと答えた。

いずれリビアの領海で作戦を展開できるようになるから、と。

個人的には、それもうまくいくようには思えなかった。それはズワラの港で、そよ風に吹かれてぷかぷか浮く青い漁船の列を見ればわかる。リビアの密航業を軍事的につぶしたいなら、これらの船を一つ残らず破壊する必要がある。なにしろどれが密航に使われ、どれが漁業に使われるか見分けがつかないのだから。この中から1隻を密航業者が買ったとしても、それを知っているのはごく一握りの人間だけだ。昨日まで漁船として使われていたものが、今日は密航船になる。だが、外観は相変わらず漁船にしか見えない。

ヨーロッパの情報機関が、衛星やレーダーで港を監視しても、特定の漁船が悪質な目的で出て行く証拠はほぼつかめないだろう。たしかに密航船は、漁に出るには不自然な夕方に出港し、数キロ沖で錨を下ろし、移民たちがゴムボートでやってくるのを待つ。だが、実際に移民たちが乗り移りはじめるまで、その船が密航船かどうか確かなことは言えない。そして確かなことが言えるようになったときには、もはや海軍を送っても手遅れだ。

「密航業者に頼るしかなかった」——難民たちの悲壮な本音

だいたい、密航業を抑制するならもっといい方法があるのに、軍事的手段の是非を議論するのはおかしな話だ。難民たちのメッセージははっきりしている。「もっと安全なルートを見つけてくれ」だ。故郷の独裁体制や戦争や飢えを逃れ、リビアのような避難先でも紛争や搾取にあった彼らにとって、密航業者は唯一の頼みの綱だ。「もともと海を渡りたいわけじゃなかった」と、リビアの待機所に監禁されていたという、エリトリア人看護師は言った。「でも政府も、UNHCRも、誰も助けてくれなかったから、密航業者に頼るしかなかった」

リビアに安定が戻ることも重要だ。内戦のために、リビアの法執行当局は密航問題に関心がないか、取り締まる能力がないか、自ら関与しているかのいずれかとなってしまった。2015年4月の時点で、沿岸警備隊の一部は給料の未払いが数か月も続いていた。だから自分が生きていくために、番人が犯罪人の仲間になったとしても、さほど驚きではない。リビアが再統一されなければ、まともな法執行機関はないままだろう。密航業（地元経済の50％を占めるとの見方もある）[12]に代わる産業も必要だ。さもなければ、人々は結局、生活を立てていくために密航業を続けるだろう。

道徳意識が勝利する可能性は常にある。2015年の8月末、ある密航船が転覆して、ズワラの海岸に数十体の遺体が打ち上げられた。この事件は住民に衝撃を与えただけでなく、国際的にも大きく報道され、ある民兵組織がズワラの名が辱められたとして、密航業者たちに廃業を迫った。その結果、ほとんどの密航業者がこの仕事から手を引いた。ハッジさえ廃業したという噂だ。ズワラを訪れた外国人記者が、数人の民兵の話を聞き、「ズワラに密航業者はいなくなった」という記事も書いている。

問題は、それがいつまで続くかだ。2012年にも、ハッジを含む多くの密航業者が数か月間「業務」を停止した。ハッジの話では、EUがカダフィ後のリビア、とりわけズワラを支援するか見きわめるためだったという。だが結局、「EUの支援はない」という結論に達し、仕事に戻った。「E

Uに礼をしたかった。暴君を倒すために私たちとともに戦ってくれたからね」とハッジは言う。「でも、私たちを利用していただけだとわかった。だから自分の『プロジェクト』を再開することにしたのさ」

２０１５年秋になくなったはずのズワラの密航業が、再び復活する可能性はある。地元経済が干上がり、ズワラ住民の「善行」にＥＵが報いてくれないとわかれば、密航業者に対する地元の反感は減退し、元の木阿弥となるかもしれない。

「そっちがわれわれを守ってくれないなら、こっちもあんたたちを守ってやる気はない」と、ハッジは４月にＥＵに警告していた。「私はあんたたちの外玄関の門番だ。私をなおざりにするなら、門を開けはなしてやる」

もう一つの「外玄関」エジプトに君臨する密航業者「ハマダの父」

ハッジの論理には少しばかり無理がある。門番はハッジ１人ではないからだ。それに外玄関はリビアだけではない。そこから約８００キロ東のエジプトには別の密航業があり、別の理由から活況を呈している。

私がエジプトの密航業者と初めてきちんと話をしたのは、２０１４年秋のことだ。夜10時半頃、私はカイロ中心部にある小さな古いバーで、通訳のマヌと週末前の１杯を飲んでいた。すると、突然携帯電話が鳴りはじめた。驚いたことに、電話の主はエジプトで指折りの密航ネットワークのナンバー2、ニザール・ババだった。自分とボスに会いに、「10月6日市」（カイロから車で1時間ほど行ったところにある町だ）まで来ないかと言う。

「いつ？」

「いま」

それは少しばかり意外な展開だった。

私は数週間前から、ニザールと叔父のアブ・ハマダを追ってきた。9月にエジプトから出発した船が転覆して、300人以上が死亡した事故があったのだが、この事件には不審な点が多かった。生存者によると、別の密航業者の船が体当たりしてきたというのだ。

すでに料金を払ってその船に乗るはずだったのに、浜辺に置き去りにされて、警察に逮捕された人もいた。その1人が、ハーシム・スーキだった。ハーシムと家族が釈放されたとき、エジプトの難民支援団体が、彼を私に紹介してくれたのだった。ハーシムら生存者はみな、密航業者はアブ・ハマダという名前だったという。本名フアド・ジャマル。だがみんな彼をアブ・ハマダ（「ハマダの父」という意味）と呼んでいた。真相を解明するには、彼に会わなくてはいけない――。

私はアブ・ハマダとニザールに毎日のように電話をかけたが、2人とも非常に口が重かった。ニザールはいくつかの質問に答えてくれたが、直接会うことは拒否してきた。1度だけ、ニザールがエジプト第2の都市アレクサンドリアで会うことに同意してくれたことがあり、私たちはドライバーを雇って3時間車を飛ばし、指定されたホテルに30分前に到着した。元宮殿の隣にあるホテルだ。だが、ニザールは姿を見せなかった。アブ・ハマダもだ。以来、ニザールから連絡はなかった。その晩、私たちがカイロのバーで飲んでいるときまでは。

「10月6日市」に到着したとき、時刻はすでに真夜中に近かった。エジプトでは記念日を地名にする慣習があり、特に1973年の第四次中東戦争でエジプト側がイスラエルに奇襲攻撃をかけた10月6日は、多くの町や通りの名前になっている。

2人がインタビューの場所としてここを選んだのは、少しばかり奇妙に思えた。10月6日市はシリア難民の拠点で、2人のビジネスの拠点はアレクサンドリアだったからだ。そもそも密航業者の約束は当てにならない。私はあまりにも何度も約束をすっぽかされた経験があったため、本当に2人がいるのか怪しい気がしてきた。

指定されたカフェは、どこにでもあるような黄土色のアパートが建ち並ぶ通りにあった。ただこの通りには、よそとは違う大きな特徴があった。カフェの外に生垣に囲まれた小さな庭があったのだ。水が不足しているエジプトでは珍しい光景だ。そしてそこに、私たちはさらに珍しいものを目にした。約束どおりに姿を見せた密航業者、ニザール・ババだ。

ニザールはまるで旧友にでも会ったかのように（そしてこの1か月間、私の電話を無視しつづけたことなんてなかったかのように）、親しげに挨拶してきた。そして今までとは打ってかわってよくしゃべった。私たちはお茶を飲み、午前1時頃までしゃべりつづけた。その前の月の転覆事件のこと（「俺たちのせいじゃない」）や、彼とアブ・ハマダが他人の不幸で儲けているのか（「絶対違う」）といった質問もした。

だが、アブ・ハマダは姿を見せなかった。少なくとも私はそう思っていた。やがてアブ・ハマダの道徳観が話題になると、すぐ後ろのテーブルでお茶をすすっていた男が、急に話に割り込んできた。細い口ひげをたくわえた、針金のようにやせた老人だ。「儲けることの何が悪いんだ？」と、男は言った。「儲けると同時に、同胞を助けているのなら、何が問題なんだ？　私はこの業界で、人々が信頼できる唯一の男だ」。それがアブ・ハマダだった。それまでずっと私たちの会話に聞き耳を立てていたのだ。

特に興味深かったのが、アブ・ハマダの「同胞」という表現だ。彼はリビアのハッジや、ニジェールのシスとは違った。それから1時間の会話で明らかになったのだが、アブ・ハマダはエジプト人ではなく、客の多くと同じシリア人だった。より正確には、１９４８年のイスラエル建国後に、シリアに逃れてきたパレスチナ人夫婦に生まれたパレスチナ系シリア人だ。育ったのは、ダマスカス郊外のヤルムークという町（今回の内戦で徹底的に破壊された）。甥のニザールとともに発電所のエンジニアとして働いていたが、62歳にして再び難民になった。そして２０１３年以降、エジプトからイタリアを目指すシリア人の間で評判のいい密航業者になった。

昔から、アレクサンドリアからイタリアを目指すエジプト人は多かった。東アフリカ出身者もいた。カイロのすぐ南には、住民の約15％がイタリアのトリノに移住した村もある。ところが２０１３年にエジプト政府がシリア難民を歓迎しない意向を表明すると、エジプトにいたシリア人もヨーロッパを目指すようになった。そんななか、アブ・ハマダは偶然プロの密航業者になった。「最初は、友達のために手配してやっただけだった」と、夜がふけるなか語った。「何人かを船の所有者に紹介してやった。すると私のことが評判になった。みんな私を信頼したんだな。たちまち手配する相手が数人から1000人に膨らんだ。気がついたら、利益があがるようになっていた」

アブ・ハマダの話は、ハッジの話とは対照的だった。ハッジは、地元への投資が増えて、司法や行政への支援が拡大すれば、密航業は縮小すると主張していた。しかしアブ・ハマダの話を聞いていると、ハッジの論理の有効性には限界があることに気づく。アブ・ハマダが密航業に手を染めたのは、生活のためでも、エジプトの国家機構が崩れたからでもない。エジプトに住むシリア人が、この国に自分たちの未来はないと気づいて、出て行くようになった（アブ・ハマダにとっては需要が拡大した）からだ。そういう意味では、彼はたまたま密航業者になったにすぎない。密航業者たちに代替収入源を提供するのは、適切な難民危機対策といえるが、それでも需要がある以上、密航業者は存在しつづけるだろう。

いったい誰が誰を搾取しているのか？

エジプトの密航ビジネスは、リビアよりも規模が小さい。密航船でイタリアに来た人のうち、何人がエジプトから来たのかは厳密にはわからない。ただ、2014年には62隻の船が来たことは、イタリア沿岸警備隊の統計でわかっている。[13] 1隻あたり300〜500人を乗せていたはずだから、ざっと2〜3万人（イタリアに到着した全移民の約15％）になるだろう。その半分が、アブ・ハマダとニザールの組織によって運ばれたとみられている。

密航業はチームワークが重要だ。アブ・ハマダはエジプトでは外国人だから、仕事の一部はエジプト人の仲間にやってもらう必要がある。ただ、アブ・ハマダがネットワークの中心的プレーヤーであり、お金がすべて彼のところを通るのは間違いない。アブ・ハマダがいなければ、彼の客は誰一人としてイタリアに到達できない。

その第一歩は、海とは遠く離れたところで始まる。まず、難民たちは身近な場所にいるアブ・ハマダの息がかかったシリア人仲介業者に接触して、料金を設定してもらう。「密航業者を見つけるのはとても簡単だ。みんな密航業者を1人か2人は知っている」と、2014年にヨーロッパに到着したあるシリア難民は語っていた。「こちらから見つけなくても、向こうから寄ってくる」

アブ・ハマダの船の料金は1人1900ドル。少なくとも本人はそうだと言うが、実際にはかなりばらつきがある。3500ドル払ったという人もいれば、1500ドルだったという人もいる。高い料金を払うほど、船に早く乗れる。すべての支払いはアブ・ハマダの懐に入り、そこから船、船員、自分の部下、難民の輸送費といった諸経費が払われる。ただ、難民は通常、双方が信頼する第三者に資金を預託して、イタリア到着後にその第三者からアブ・ハマダに支払われることになっている。「船が沈んだら、俺たちには一銭も入ってこない」と、ニザールは言う。

やり方は毎月のように変わるが、私が調べたときは、まず難民たちはアレクサンドリア（エジプトの密航ネットワークのハブだ）に集められるようだった。指定された時間に指定された場所に行くと、町外れのみすぼらしいアパートに連れていかれる。アブ・ハマダは乗船日まで難民たちを収容しておく場所として、夏の間、大量の部屋を借り上げている。夜になると迎えのバスが来るので、それに乗ると、バスは数時間にわたりさまざまな海岸に停まる。

計画どおりにいけば（そうはならないことが多いのだが）、ある海岸でゴムボートに乗り込み、沖でもっと大きな船に乗り換える。そうなれば10日以内にイタリアに到達できる。だが、1度でボートに乗れる難民はゼロに近い。天候が悪い、警察や沿岸警備隊がいるなどの理由から、バスでアレクサンドリアまで連れ戻されることがほとんどだ。あるシリア人女性は、出発してはアレクサンドリアに戻される、ということを30回も経験したという。

バスを手配するのは、この業界で「モナセク」とか「ダリル」と呼ばれるエジプト人の仕事だ。ここから先は、アブ・ハマダとニザールの影響力は小さくなる。2人は外国人だから、当局と深いパイプを築くのは難しい。しかしバス数台分の難民を海岸まで運ぶとなれば（さらに出航させるとなれば）、それなりの目こぼしが必要だ。そこでモナセクの出番となる。モナセクはアブ・ハマダに雇われて（料金は難民1人あたり約220ポンド）、難民たちをアパートから海岸、そして沖合で待つ大型船まで案内する。何か言ってきそうな役人がいたら、それに対処するのもモナセクの仕事だ。「俺たちだけじゃやれない」と、ニザールは言う。「だからエジプト人の仲介人を雇わないといけないんだ。そいつが、当局との取り決めにしたがって、アパートから海岸まで難民を運ぶ」

ほとんどのエジプト人仲介人や船の所有者は、警察や沿岸警備隊とつながってなどいないと主張する。もちろんエジプト内務省も否定する。同省の報道官は、警察が密航業者たちから賄賂をもらっているなんて大嘘だとものすごい剣幕で反論した。

だがニザールは、少なくとも彼のネットワークでは、モナセクが当局の協力を得る係だと断言する。「彼らの仕事はたった一つ。当局者と取引をすることだ」。ニザールによると、密航船を見逃してもらうために、密航業者は息のかかった役人に1回最大10万エジプト・ポンド〔約115万円〕を支払う。すると出発の晩、ほとんどの難民がボートに乗り込んだ後に、警察がやってきて、ボートに乗りそこねた人を逮捕し、数日間留置する。ちゃんと密航業者を取り締まっているという外観を装うためだ。「ふつう乗客が300人の場合、警察は250人を見逃してくれて、50人逮捕する。そうすればエジプト警察だってちゃんと仕事をしてるんだって、イタリア側に主張できるだろう?」

首尾よく出発できた難民たちは、沖合でゴムボートから鋼鉄船に乗り換える。この船は、アブ・ハマダがエジプト人の仲間(「クジラ」とか「ドクター」とあだ名される漁師)を使って手配したものだ。アブ・ハマダはシリア人だから、船の所有者として登録できない。したがって法的には、アブ・ハマダがお金を払った後も、船はエジプト人の所有に属する。アブ・ハマダは実際に船を見ることも、船員(通常は失業した漁師)を選ぶこともないし、いつどこから出発するかも知らない。出発地や時間を決めるのは、モナセクと船の所有者だ。

「シリア人は船を買う代金を払うが、それ以外はすべて俺が仕切ってる」と、あるエジプト人の船の所有者は言う。「俺が船長を見つけてきて金を払う。船も俺が見つけてきて買い取る。だから船の登録書類には俺の名前が入っている」

ということは、難民を搾取するアブ・ハマダもまた、搾取される可能性があるわけだ。エジプト人の船主は、新しい船を購入したとして、その代金をアブ・ハマダに要求するかもしれないが、実際は古くてガタがきた木造船を調達することが多い。最高の船がイタリアの沿岸警備隊に取り上げられてしまわないように、海上で難民たちをおんぼろ船に乗り換えさせる場合もある。こうした海上での船の乗り換えが、500人の犠牲を出した転覆事故の原因と考えられている。

この事故をきっかけに、私はアブ・ハマダを探しはじめた。アブ・ハマダは、海上での出来事には一切関知していないという。だが、彼に密航の手配を頼んだ客やその家族は、クジラやドクターなんて聞いたこともない。だから事故が起きたら、当然のようにアブ・ハマダを責める。それに反論したい——そう思ったのが、アブ・ハマダが深夜に私を呼び出した理由だった。欧米のメディアに紹介記事が掲載されれば、事情をわかってもらえるかもしれないと思ったようだ。

「どうして、みんな私を責めるんだ」と、アブ・ハマダは午前2時に嘆いた。「責めるべきは船主だろう。連中こそ人間を売買しているんだ」

だが、アブ・ハマダの評判は地に落ちて戻ることはなく、翌年の密航シーズンには引退したという噂だった。アブ・ハマダがいなくなった穴は、すぐに新しいシリア人密航業者によって埋められた。アム・フサム（フサムの母）という女性で、奇妙なことに、右腕はニザール・ババだった。

密航業者たちの堂々たるSNSマーケティング

アブ・アラ（アラの父）は、最も有名なエジプト人船主の1人だ。フェイスブックをやっていて、そこに電話番号まで掲載しているから、連絡を取るのは簡単だった。こちらに夜11時過ぎまで待つ根気があれば、たいてい電話に出てくれる（彼は完全に夜行性だった）。アブ・アラは自分の密航業と、知り合いの密航業者の両方のために船を調達しているようだった。だからマメに電話に出てくれるのだ。ただし、色よい返事をくれるとは限らない。私とマヌはなかば定期的に電話をして、インタビューに応じてほしいと頼みつづけた。

そんなことがしばらく続いたものだから、私たちの間には、ちょっとした親近感が生まれていた。アブ・アラは私を若きロバート・フィスク〔ウサマ・ビンラディンに3回もインタビューしたイギリス人ジャーナリスト〕と呼んでおだてた。私の書いた記事をいくつか読んで、自分のことも記事にしてほしいとエゴをくすぐられていた。彼に言わせれば、アブ・ハマダなんかより自分のほうがずっと記事にする価値があるという。ではなぜ直接会ってくれないのか。「それは私の正体を知られるわけにはいかないからさ」と、アブ・アラは答えた。

結局、アブ・アラに会うことはできなかった。だが、フェイスブックを見ると、アブ・アラの人となり、そして21世紀の密航業者の「マーケティング」がなんとなくわかる。リビアでは、フェイスブックをやっている密航業者はあまりいなかった。まだ3G接続が珍しいから、ソーシャルメディアで自分のビジネスを宣伝することが一般的になっていなかったのだ。

だが、エジプトとトルコでは多くの密航業者がフェイスブックでグループをつくっていて、宣伝にも余念がない。以前は、密航業者と連絡を取るには、信頼できる第三者を介するしかなかった。それが今は、電話番号も料金もスケジュールも、ソーシャルメディアに堂々と公開されている。まるで旅行会社のような触れ込みの業者もいる。ある業者のフェイスブックには、豪華な遠洋客船の写真の下に「大型の高速ヨットで来週イタリアに行こう」とキャプションが入っている。「2層構造、エアコンつき、旅客用。家族向け」

アブ・アラが運営しているあるグループのページは、「ザ・ウェイ・トゥ・ヨーロッパ（ヨーロッパへの道）」という名前で、モーゼが紅海を二つに割るイラストと大量の宣伝写真が掲載されている。フォトギャラリーには、「ひじょーーーに安全」とキャプションの入った船の写真。決して新しい船ではなく、ところどころ錆びているが、アブ・アラに言わせれば、それも魅力の一つだ。「美しい船には見えないかもしれませんが、完璧です。結婚式に着ていく上質なスーツのようです。部品はすべて鉄製」。それでも納得しない顧客もいるようだ。フェイスブック名アザという女性は書いている。「勘弁してよ。そんな船で行きたい人いるわけないじゃない」

だが、アブ・アラは気にもせず、宣伝に励んでいる。豪華ヨットの写真を掲載して、ボートの外観は重要ではないと主張する。「なんと美しく輝やかしい船でしょう。でも、長距離の旅には向きません……。荒波に対応できないため安全ではないんです。つまり見た目は重要ではないのですよ、みなさん。重要なのは中身です」

さらにアブ・アラは、随所に信仰的な言葉をちりばめて、客の信頼を勝ち取ろうとする。「神さまこそが私の頼りです」「神さまが私たちの助けです」。船の種類別料金表や、安全性評価のコメント、天気予報、成功例など盛りだくさんだ。イタリアまで到達したグループの経験談には、「この船に乗らなかった愚か者は運が悪かったな」と、自ら書き込んでいる。実践的なアドバイスもある。船上での注意点（「飲料水は飲む目的以外で使わないこと。女性と子供を長時間日にさらさないこと」）や、難民認定手続き（「イタリアとEUは、シリア人だろうがソマリア人だろうが、イラク人、エリトリア人だろうが、難民を強制送還することはできません。バチカンのローマ法王に聞いてみるといいでしょう」）などなど。

しかし、アブ・アラのフェイスブックは宣伝一色というわけではない。出航した船のライブブログの役割も果たしているのだ。このため、その船に乗った人の家族には、予想外の貴重な情報ソースになっている。

そのなかには、2015年4月にハーシム・スーキが乗った船も入っていたようだった。つまりハーシムがイタリアに渡った船の本当の意味での所有者は、アブ・アラだったようだ。「船はエジプトを出て、イタリアに向かって進んでいる」と、ハーシムが出発した日にアブ・アラは書いている。「さあ、船は内海を出たぞ。みんな元気だ」

2日後、アブ・アラは、その船が約1500キロの旅の3分の1を終えたと報告している。「現在、地中海の状態は最高。ベンガジとミスラタに近い海域以外は、波は非常に穏やかだ」

ただしアブ・アラは、この船が不可解な理由により後退したことには触れていない。それでも噂は広がるものだ。別のフェイスブック・グループやウェブサイトは、アブ・アラの手配した船が困難に陥り、船員が船を捨てたと報告している。それを読んだ家族が、アブ・アラのフェイスブックに殺到して、確認を求めた。アブ・アラは憤然として「でまかせだ」と言い放ち、最近「乗客」から送られてきたというメッセージを投稿した。だが、家族は食い下がる。

「アブ・アラ、彼らはエンジンが止まったと言っている。あなたは私たちの神経を逆なでしている。信じられない」

「頼む、教えてくれ。多くの船が沈んでいるっていうのは本当なのか?」

私は、すぐにハーシムを思った。

第4章

屈辱からの出航

ハーシム、密航船に詰め込まれる

SOS

2015年4月20日　月曜日　正午　地中海のまんなか

「船には女子供もいる。どうすればいいかわからないんだ」

海岸もほかの船も見えない地中海のまんなかで、男は携帯電話を耳にあて、辛抱強く呼び出し音を聞いていた。それはそこで聞こえる唯一の音に近かった。船のエンジンは止まり、数百人が甲板にうずくまり、男が何を言うか聞き耳を立てていた。ハーシム・スーキもそんな1人だった。

呼び出し音が途切れ、電話の向こうで女性の声がした。シチリアの援助活動家だ。「地中海のどまんなかにいる」と、シリア人の男は話しはじめた。「600人ぐらいだ。女が200人、子供が100人。もう3日も水を飲んでない」

電話の向こうの女性は黙ったままだ。モロッコ生まれのイタリア人ナワル・スーフィは、地中海を渡ってくるシリア人の連絡窓口になっていた。彼女のところには、同じような電話が週に数本かかってくる。移民たちは、イタリアの海域に近づいてきたと判断するとスーフィに電話する。すると彼女が沿岸警備隊に連絡するのだった。

シリア人の男は続けた。「船長が俺たちを置いて逃げてしまった」

それは船が救助されたとき、船員が逮捕されないようにするための小さな嘘だった。だが、今は細かいことを言っている場合ではない。このグループがエジプトを出た日、似たような船がイタリア沖で転覆して、400人が死亡した。前日の転覆事故では800人が死亡し、近年地中海で起きた最悪の海難事故となった。ハーシムたちが同じ運命をたどる危険も十分あった。

「頼むよ」と、シリア人は言った。「船には女子供もいる。どうすればいいかわからないんだ」

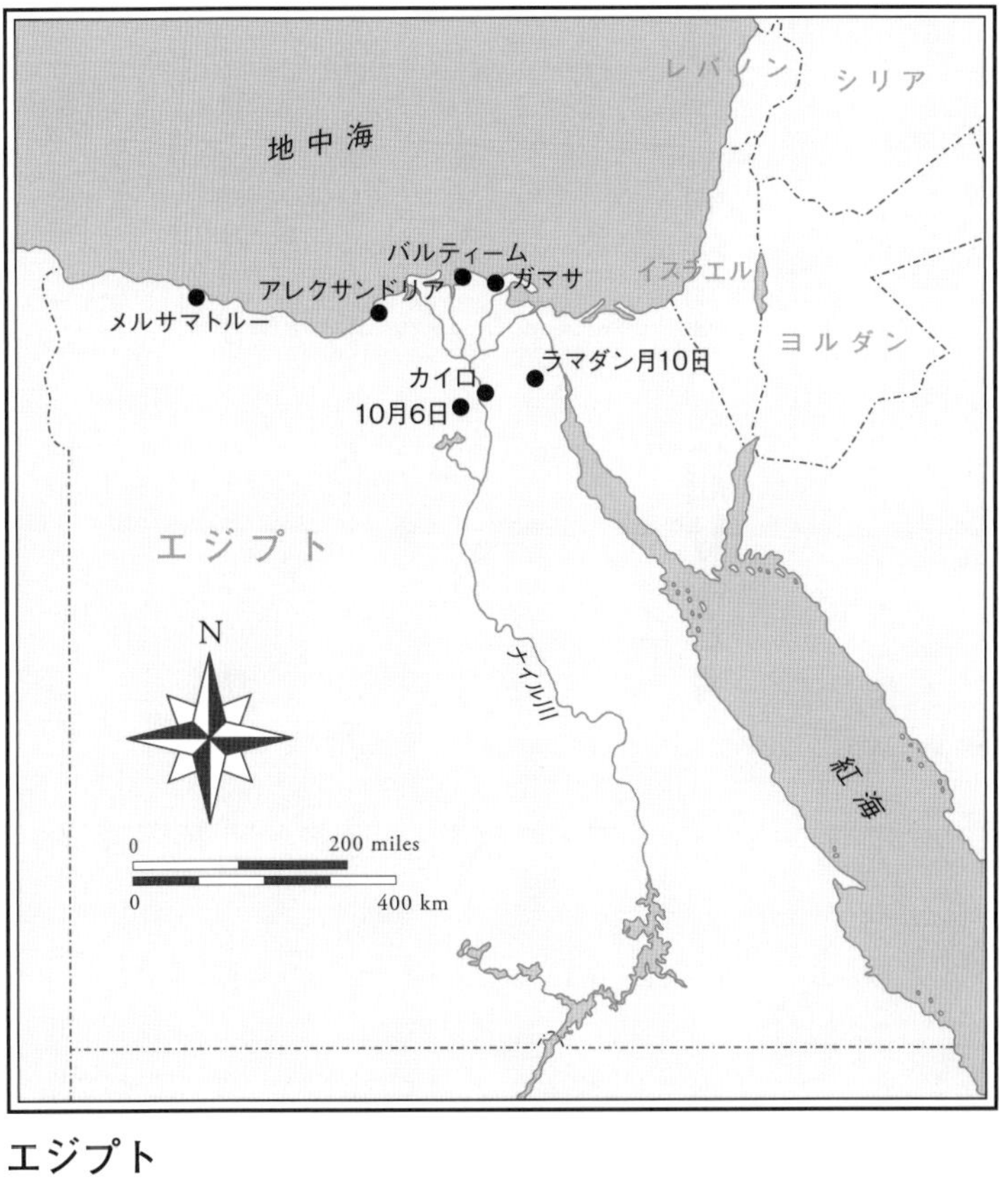
地中海
レバノン
シリア
イスラエル
ヨルダン
バルティーム
ガマサ
アレクサンドリア
メルサマトルー
ラマダン月10日
カイロ
10月6日
エジプト
ナイル川
紅海
N
0
200 miles
0
400 km

エジプト

スーフィのエンジンがかかった。「それじゃこれから言うことをよく聞いて」。その逃げたっていう船員が言った緯度と経度は忘れて。間違っていることが多いから。この電話を切ったら、携帯の設定を調べて、そこに表示されるGPSの位置情報をテキスト送信してちょうだい。そうしたら沿岸警備隊に連絡するから――。

「それから一つあなたにお願いしたいの」と彼女は言った。「ボートに乗っている全員に、今すぐ救命胴衣を着けさせて。足りなかったら、2人で1枚を着けさせてちょうだい。海は静かだから大丈夫だなんて思わないこと。船は突然転覆することがあるの。救援活動の最中でも起こりうるのよ」

甲板にすし詰めになっている数百人にとって、それは決定的な瞬間だった。エジプトを出たのは5日前だが、彼らの旅はもっと前から始まっていた。ハーシムのように、何年も各地を転々としてきた人もいる。だが、ついに彼らはイタリアの目の前までやってきた。その電話は、これまでの旅には価値があったと教えてくれたのだ。

暗雲漂うエジプトで待っていた屈辱の日々

シリアからエジプトに逃れてきたとき、ハーシムは船でヨーロッパを目指すことになるとは思ってもいなかった。シリア人にとってエジプトは安全な国のはずだった。少なくとも、2013年6月末に彼が入国したときはそうだった。シリア人は公立の学校や病院を利用できたし、エジプト政府は滞在許可などいちいちチェックしなかった。多くのシリア人は不法滞在者だったが、役人は目くじらをたてなかった。

ところがハーシムが来た数日後、すべてが変わってしまった。エジプト史上初めて自由選挙で選ばれたモハメド・モルシ大統領に対して、国民の不満が爆発。２０１３年7月３日、モルシは軍部によって失脚させられてしまう。すると政府のシリア人に対する扱いも一変した[1]。

ビザを持たないシリア人は、エジプトに入国できなくなった。身分証明書を持たないシリア人（大勢いた）は、検問で逮捕されるようになった。政府高官と御用メディアは、シリア人をテロリストだとか、イスラム原理主義組織出身のモルシの支持者だと主張しはじめた。シリアでジハード主義勢力が拡大すると、エジプトにいるシリア人も同類のように見られるようになった。

テレビ司会者のユセフ・フセイニは、シリア人に向けて、「エジプトに干渉しようものなら30足の靴で叩かれるぞ」とコメント。ニュースアンカーのタウフィク・オカシャは、公共の場でシリア人を見かけたら逮捕しろと、視聴者に呼びかけた。シリア内戦を逃れてきたハーシム一家には、エジプトまで内戦寸前のように見えた。

エジプトでは最初から苦難続きだった。シリアからまる2日かけてヨルダンと紅海を渡り、ようやくエジプトに到着したのは２０１３年6月28日早朝のこと。ヌエバ港に下り立ったとき、ハーシムのポケットには１００ドルしか残っていなかった。旅費と、シリアの検問所で捕まった男のためのカンパとで、全財産を使いはたしてしまったのだ。フェリーに預けた荷物が出てくるのを待つ間に、ハーシムはお金を現地通貨に換金した。約６５０エジプト・ポンド。疲れはてた息子たちは石畳の歩道で眠っていた。

ハーシムの次の目的地は、「ラマダン月10日市」という風変わりな名前の町だった。友達のムンディルが住んでいるはずだが、それがどこにあるかは見当もつかなかった。白タクの運転手に「ラマダン月10日市まで」と言うと、みんな鼻で笑うか、大金を要求してきた。どうやらその町はカイロのすぐ東側にあって、ヌエバからは数百キロも離れているらしかった。

ようやくスエズまでなら乗せてやると言う人が現れた。スエズ運河の起点の港だ。ラマダン月10日市からは1時間離れていたが、まったく前進しないよりはましだった。しかも、ほかの運転手たちが1500ポンドを要求するなか、この男が要求したのは400ポンドだった。ところが車のところに行ってみると、その車は乗り合いで、ハーシムたちはスエズまでのでこぼこ道を、車のドアとほかの乗客の膝にぶつかりながら過ごした。

スエズからは、別の白タクを拾ってラマダン月10日市まで行った。料金を払うと、ハーシムのポケットはからっぽになった。それなのに運転手は、町の外れでハーシムたちに降りろと言って譲らない。「神さまの裁きがあるぞ」と、ハーシムは恨みごとを言ったが、運転手は肩をすくめるばかり。環状交差点のどまんなかで車を停めると、周りの車からのクラクションなどお構いなしに、一家と荷物を降ろした。ハーシムたちは、家も、お金もなかった。

ラマダン月10日市という町の名前は、1973年の第四次中東戦争で、エジプトがイスラエルへの奇襲攻撃に成功した日にちなんでつけられたものだ。(2) だが、そんな由来も知らずにこの町で暮らしはじめたハーシムたちに、勝利らしきものはほとんどなかった。家賃を払うお金がなかったため、一家は4か月間、縫製工場の物置きに住まなければならなかった。所有者が無料で使わせてくれたのだが、日中は工員たちがずかずかと入ってくるのを我慢しなければならなかった。

ようやく引っ越した先も、家具のない小さなアパートだった。何も買うお金がなかった。客が訪ねてきても床に座ってお茶を飲まなくてはならなかった。

惨めな生活だった。教師のハイアムには仕事の口がなかったし、ハーシムもコンピューター関係の仕事が見つからなかった。仕方なくハーシムは、隣町の食品会社で野菜を小分けにする仕事に就き、やがて木炭工場に移った。月収は約100ドル。

ハーシムは昔の仕事が恋しかった。毎朝オフィスに行って、自分のコンピューターの前に座る感覚、メールをやり取りする感覚が懐かしかった。レバノンの歌姫ファイルーズの曲を聞くたびに、シリアで毎朝通勤する車の中で聞いたのを思い出した。

ハーシムは昔の生活、ハイアムとの幸せな生活が恋しかった。金曜日になるとアンズの木の下で、友達一家とピクニックをしたのが懐かしかった。お茶を淹れて、お弁当を食べて、笑っていたあのときは、最高に幸せだった。そこに戦争が起きた。そしてアンズの木なんてないエジプトに来た。ハーシムはあのアンズの木が恋しかった。家族が恋しかった。友達のイブラヒムやサミエル、モハメド、マーヘル、アブデルサタル、マルワン、ホスニが恋しかった。つぎつぎと電話番号を変えたから、1人また1人と連絡が取れなくなってしまった。おそらくみんなシリアを出ただろう。だがハーシムには知る術がなかった。唯一、両親とは連絡を取りつづけていた。エジプトに来て最初の数か月、父親にはできるだけ頻繁に連絡した。そのたびに2人は男泣きした。だがその父親も、2013年の初秋に他界してしまった。

2ポンド札1枚と秤にかけられたハーシムの命

ハーシムは、政治情勢にも絶望していた。アメリカとイギリスは、シリア政府軍を攻撃することや、飛行禁止空域の設定を検討した。たとえ地上軍を派遣してくれなくても、飛行禁止空域が設定されれば、政府軍による空爆は減らせただろう。なのにイラク戦争の苦い経験から、欧米諸国は直接的な介入を見送り、シリア内戦は長期化した。

ハーシムは、世界に見捨てられたとしか思えなかった。世界は、アサドの暴挙を知りながら見逃してやっている。ハーシムの家を破壊したことも、子供たちの近くに爆弾を落としたことも、大目に見てやっている。そして国際社会が手をこまねいているから、ISISが出現した。欧米諸国が自由シリア軍（ハーシムが最も共感していた組織だ）などの世俗的な反政府勢力を支援しなかったために、政治的空白が生まれて、ISISのような異常なグループが勢力を拡大したのだ——戦争が続くなか、ハーシムはそう考えるようになっていた。

エジプトはシリアから遠く離れていたが、ISISの台頭はシリア人であるハーシムの生活にも影響を与えた。地元スーパーの経営者は、ハーシムを見るとガミガミとがめるようになった。「おまえたちはダーイシュ（ISISの蔑称）をこの国に持ち込んでいる。おまえたちはムスリム同胞団（モルシの政治組織）だろう」と怒鳴りつけた。「自分の国に帰れ」。役人もシリア人に厳しい目を向けはじめた。ハイアムが一家の滞在手続きをするために役所に行くと、彼女がシリア人だと知った担当者は、「こっちに来るな。用があるならそこから話せ」と言い放った。

シリア人に対する嫌がらせが、言葉だけにとどまらないこともあった。ある日、ハーシムが仕事を終えて家に向かって歩いていると、1人の男が横に来て立ち止まった。

「身分証明書」と、男は言った。

「持っていないんです」とハーシムは言った。「私はシリア人なので」

「私は国家保安局の人間だ」

ハーシムはギクリとした。国家保安情報局は政府による抑圧の先鋒とされ、その残虐な手法は多くのエジプト人に恐れられ、嫌悪されていた。2011年の革命でそのやり方を一部改めざるをえなくなったが、2013年のクーデターで旧体制が復権すると、国家保安情報局も昔の威光を取り戻した。今は身分証明書を持たないシリア人もそのターゲットになるという。だがまだ、ハーシムの横にいるその男は、権力者をかたる一般市民の可能性があった。そこでハーシムは言い返した。

「では、あなたの身分証明書を見せてください」

男はその要求を拒否した。だが、そのときまでに状況はやや深刻になっていた。1台の車が横に停まり、別の男が出てきた。2人はハーシムの体をつかむと、その顔を運転席の窓に押しつけた。運転席の男がIDカードをチラリと見せる。「サイード・アブデラーティ警部」とある。それと同時に、ハーシムは後部座席に押し込まれ、車は暗闇に向けて急発進した。

警部補は荒唐無稽な作り話を始めた。私たちは強盗殺人犯を探している。犯人は被害者から多くの金品を盗んでいた。おまえがその犯人ではないか――。

彼らがハーシムをゆすろうとしているのは明らかだった。たとえハーシムがこのことを当局に訴えても、シリア人の言うことなんてまともに聞いてくれるはずがない。シリア人は悪党たちのいいカモだったのだ。ただ、ハーシムには彼らに差し出せるものが何もなかった。両脇に座った男たちが、ハーシムの持ち物を徹底的に調べた。車は走りつづけ、町を出て、砂漠に入っていった。ハーシムはますます絶望的な気分になった。男たちは相変わらずあれこれ探していたが、ついに諦めた。彼らが見つけたのは、2ポンド札1枚だけだった。

これからどうなるのだろうと、ハーシムは考えた。砂漠で撃ち殺されるのか……。車がスリップして停まった。「降りろ」と、警部が言った。

ハーシムは車を降りた。殺される……そう思ったが、車はハーシムを暗闇に置いて走り去っていった。

「あれは不運な出来事だらけの1か月」

2014年夏、思いがけない幸運が舞い込んできた。ドイツにいる友達が、ハーシム一家がヨーロッパに来る資金（5人で約7000ドル）を融通すると言ってきてくれたのだ。すでにハーシムたちは、アメリカに第三国定住を希望する書類をUNHCRに提出していたけれど、待てど暮らせどUNHCRから音沙汰はなく、面談の連絡もなかった。

ヨーロッパまでの危険な旅は、最善の選択肢ではなかったが、未来を取り戻す唯一の方法に見えた。アメリカが無理なら、頼みの綱はスウェーデンだ。スウェーデン政府は2013年末以来、国内で難民申請を行ったシリア人には、例外なく永住権を与えると約束していた。だがそのためには、まずスウェーデンにたどり着かなくてはならない。

密航業者に電話を入れた。シリア人コミュニティでは、密航業者の電話番号は簡単に手に入る。ハーシムはアブ・ハマダの部下を紹介された。そして8月20日、一家はアレクサンドリアにやってきた。

アレクサンドリアの中心部は、壮大な世紀末芸術のようだ。古代から栄えてきた港に面して、美しい邸宅と遺跡がひしめいている。だが、市街地の周縁に建つ高層アパートには、貧困がはびこっていた。建物にはマイアミとかパームビーチといった名前がつけられていたが、実態はマイアミやパームビーチと大違いだ。ハーシムとハイアム、ウサマ、モハメド、ミラードの一家は、アブ・ハマダの手下の案内で、数百人と一緒に「マイアミ」の一室に押し込められた。

そしてひたすら待った。だまされたのではないか、本当にヨーロッパ行きの船に乗れるのかという疑念が膨らんでいく。1日が過ぎ、さらにもう1日が過ぎた。3日目、4日目、そして5日目、ついに密航業者たちが戻ってきた。それからというもの、毎日おきまりの「儀式」が繰り返されるようになった。夕方になると4~5台のバスがやってきて、アパートにいた数百人を乗せると、西に向けて走り出す。バスの車列の前後には、マスクをつけた密航業者が運転する車がつけている。数時間後、ようやく海岸に近づくと、密航業者たちは急に天気が悪いと言い出して、出航は取り消しになる。そして全員アレクサンドリアに戻ってくるのだが、さっきまでとは別の地区のアパートに押し込まれる。

同じことが何日も続く。出航取り消しの理由は、警察が近くにいるとか、天気が悪いとか、ベドウィンによる誘拐事件があったとか、いろいろだ。全部のバスが帰されるわけではなく、1~2台は海岸で停車することもある。密航業者に賄賂を払って、特別待遇を約束させた人たちを乗せたバスだ。それ以外の人はアレクサンドリアに戻され、そのままバスに泊まる場合もあった。人々は憔悴しきって、精神状態も不安定になった。海岸に置き去りにされて、警察に捕まる人もいた。

アレクサンドリアに来てから2週間以上がたった2014年9月6日、ハーシム一家はついに海岸までやってきた。そこはアレクサンドリアのはるか東に位置するガマサという町に近い海岸だった。例のごとく、そこに到達するまでの道のりは容易ではなかった。ハーシムたちを乗せたバスは、アレクサンドリア南部のガソリンスタンドに停まり、そこでバスを乗り換えて、夜道を東進した。ところが2人の密航業者が口論を始めて、バスのスピードが落ちた。やがて口論は怒鳴りあいに発展し、車列は急停車し、発砲音が響いた。口論はぴたりとやみ、何もなかったかのようにバスは再び走りはじめた。

さらにバスは、あるカフェの前に2時間ほど停車して、ようやく海岸に到着した。人々はフェンスの隙間から砂浜に入っていった。子供が3人いるハーシム一家は、そこを最後に通過したグループの中にいた。

一家が海辺に着くと、すでに数十人の難民が、少し先に浮かぶゴムボートに向けて、じゃぶじゃぶと歩きはじめていた。ボートがある場所は、肩まで浸かるほどの水深があり、歩いていくことを躊躇する人もいた。すると浜辺にいる2人の男（どうやら密航業者らしい）はイライラした調子で、立ち止まった人の背中を強く押した。

ハーシム一家も歩き出そうとしたが、2隻のボートはすでにいっぱいになり、沖合の大型船に向けて動き出してしまった。ハーシムたちは、またも次のチャンスを待たなければならなくなった。

だが、そのチャンスはもう来なかった。突然、「警察、警察だ」という叫び声がして、制服を着た男たちが発砲しながら浜辺にやってきた。不思議なことに、2人の密航業者は、浜辺に取り残された難民たちが逮捕されるのを手伝いはじめた。逃げ出そうとした者は、ライフルの台尻で殴られた。ハーシムたちはじっとしていた。そしてそれから8日間、警察の留置場で過ごすことになった。

それは奇妙な1週間だった。警察で密航業者の名前を聞かれて、ハーシムがアブ・ハマダと答えると、警官たちは調書に別の名前を書いた。さらにその晩、アブ・ハマダの甥ニザールが電話をしてきた。「警察に俺らの名前を出したんだってな。今度やったら、おまえも、かみさんも、子供たちもぶっ殺すからな。どこに逃げたって殺してやるからな」

ハーシムたちにとって、この事件は思いがけず幸いとなった。彼らが乗るはずだった船は転覆して、乗っていた500人が死亡したのだ。あれは「不運な出来事だらけの1か月」に終止符を打つ悲劇だったと、ハーシムは後に振り返った。

家族を残して、たった1人の「出航」

それでもハーシムは挑戦をやめなかった。そして8か月後には、地中海のまんなかにいた。「エジプトに住んでいる難民なら、あと10回だって挑戦するさ」と、出発前に彼は言った。友達がくれた救命胴衣を着け、小さな黒いバックパックには必要最低限のものだけを入れた。「プレジデント」チーズ1箱と、青いジャンパー、そしてノート。パスポートと、故郷ハラン・アル・アワミドの破壊状況に関するヒューマン・ライツ・ウォッチのレポートは、防水ケースに入れて首から提げた。

その旅を手配したのは、前年とまったく同じ密航業者だったが、おかしなことに、彼らは違う組織のふりをしていた。元締めはアブ・ハマダではなく、アム・フサムという女性だという。ハーシムは旅費を払うにあたり、その女性に会いに行って確かめた。アム・フサムは、この船は自分の家族をヨーロッパに送るために準備した1度きりのものだと言い張った。だが、ひとたび出発すると、ハーシムはそのグループが前年9月と同じグループであることに気がついた。アブ・ハマダの甥のニザールも、バスの運転手も同じ人物だった。前年の転覆事故で組織の評判が落ちたため、彼らは看板をかけかえたのだった。

今回、ハーシムは1人で行くことにした。2年連続で家族に同じトラウマを味わわせたくなかった。ところが、そういうときにかぎって、物事はスムーズに進んだ。一行はカイロからガマサまで車で到着すると、アパートに滞在することなく、すぐに海岸に連れていかれた。そして前年と同じ海岸から1度でボートに乗り込んだ。

だが、1時間もしないうちに、ハーシムは自分のやっていることが正しいのかわからなくなっていた。びしょ濡れの状態で、次の船に投げ込まれ、全身に他人の吐瀉物をかぶっていた。3隻目の船（この船でイタリアまで行くはずだった）に乗り換えているときは、二度と夜が明けないような気がした。

船はよく揺れて、ハーシムは頭がクラクラした。船から船へと数百人も詰め込む（正確には投げ込む）作業は数時間かかった。長く寒い時間だった。誰もが吐き気を覚え、誰もが震えていた。ハーシムの前では、子供たちが青い顔をしていた。

ようやく夜が明けた。気温が上昇しはじめて、服が乾いてきた。周囲の人の顔が見えるようになり、酔いどめの薬とレモンを分けあった。船員が食事を配った。食事といっても、薄っぺらい黒パン1枚と、わずかなパテだけ。だからみんな空腹だった。ハーシムはバックパックから「プレジデント」チーズを取り出した。1箱で1週間もつと思って持ってきたのだが、全部子供たちにあげた。人々に笑みが戻り、おしゃべりを始めた。彼らは目的地に向かって進んでいた。

ところが太陽が沈みはじめると、また船を乗り換えなくてはならなくなった。密航業者たちは、イタリアに着いたら船は没収されることを知っていた。だから失ってもいい安い船、つまり古くてスピードが遅い船に替えたかったのだ。みんな不満顔だったけれど、文句を言っても仕方がない。前年にハーシムが巻き込まれかけた転覆事件は、人々が船を移るのを拒否したために起きたと言われていた。密航業者が2隻の船を強引にくっつけて、乗り移るよう人々を急きたてたところ、最初に乗っていた船がひっくり返ってしまったのだ。

船を移ったのを利用して、ハーシムはエンジンルームの隣の温かいスペースを確保した。アフリカ人は、おおむね船倉に押し込まれていた。もしこの船が転覆したら、最初に溺れ死ぬのは彼らだ。

夜が来て、ハーシムは眠ろうとした。だが船の上では難しい。横になるスペースがないから、みんな座ったまま、膝に頭を乗せて眠るか、交代で横になった。でも、体の位置をどんなに工夫しても、なかなか寝つけなかった。近くに赤ん坊がいて、激しく泣いていたからだ。

金曜日が来て、過ぎていった。人々は船での生活に慣れてきた。初めてトイレに行列ができた。会話が生まれ、友達ができた。ハーシムは、ダマスカスから逃げてきたシリア人のアイマドと仲よくなった。アイマドはエジプトで店を開きたかったけれど、うまくいかなかったので、ヨーロッパを目指しているという。

はたして、「約束の地」イタリアにたどり着けるのか？

土曜日の朝、初めて船に日光がたっぷり差し込み、暑いくらいになった。これはよい兆しのような気がした。太陽はとても暖かく、人々は冬の服を脱ぎ、遠くを眺めた。すると少し離れた場所に、キラキラ光るものが見えた。一つじゃない。船縁《べり》にいた人たちが興奮して声を上げた。ほかの人たちも目を細めてその方向を見て、歓声を上げた。それは波間を跳ねる4頭のイルカだった。

船員たちが急いで人々を元の位置に押しもどした。こんなところで船のバランスが崩れたら大変だ。でも、今は誰もが笑っていた。イルカとの出会いが人々を元気づけた。ハーシムはエリトリアから来た12歳の少年ワリードと話を始めた。ワリードはヨーロッパで、パイロットになるのが夢だという。それを聞いて、ハーシムの胸は締めつけられた。

「ワリードと話をしていたら、子供たちのことを思い出した」と、ハーシムは日記に書いている。「あの子たちに会いたい。あの子たちの夢が恋しい」

船内の雰囲気はよかった。エジプトを出てもう3日になる。そろそろイタリアに到着するはずだと、船員たちも思っているようだった。1人のシリア人が船員に頼まれて、大声で全員に指示を伝えた。沿岸警備隊が来たら、全員静かにしていること。船員を裏切らないこと——。誰もが約束の地、ヨーロッパに思いを馳せていた。

ハーシムは複雑な心境だった。妻と子供たちのことを考えていたのだ。そして、イタリアに着いてもまだ長い道のりが待っていることを思った。「(船上の)誰もが幸せそうだったけれど、私は複雑な心境だ」と、彼は夕暮れを見ながら書いている。「家族がものすごく恋しい——あと1年は会えないだろう。でも慰めはある。なにより重要なのは、子供たちの夢をかなえることだ」。スウェーデンにさえ行ければ、家族を呼び寄せられる。スウェーデンにさえ行ければ、彼の家族には未来がある。

美しい日暮れだと、ハーシムは日記に書いている。「私たち、海、そして太陽だけで、あとはなにもない」。ハーシムは携帯電話を取り出して、その光景を写真に撮った。ところが撮影した写真を見て、奇妙なことに気がついた。船は西に向かっているはずではないのか。そして太陽は西に沈むのではなかったか。だとすれば、なぜ船は太陽が沈むのと反対方向に向かっているのか。

ハーシムはその疑問を近くにいる人たちにぶつけてみた。太陽を見ろ、と彼は言った。私たちはエジプトに戻っているのか?

人々は「本当だ」とうなずき、たちまち船中にその話が広まった。みんなが騒ぎ出した。ここまで来たのに引き返すなんてありえない。すると船長がブリッジから出てきて説明した。「厳しい話だが、この船にあと30人乗せてくれと、ボスから連絡があってね……」。あと30人？　「そうだ」と、船長は言った。「6万ドルの価値がある」

それは悪い知らせだったし、げんなりするニュースだった。けれども、人々が恐れていたほど悪いニュースではなかった。すでに30人は別の船でこちらに向かっているという。やがてハーシムたちが乗る船と落ち合うと、新しい30人は新しい物資をもたらした。大人にはタバコ、赤ん坊にはおむつだ。怒りが収まり、人々は眠りに落ちていった。

日曜日。船上の会話は、ますます未来やヨーロッパのことばかりになった。あるシリア人女性は、これで50年にわたる放浪が終わると言う。彼女は子供のときゴラン高原に住んでいたが、第三次中東戦争でイスラエルに占領されたため、シリアに逃れた。「そして今度は、娘たちとヨーロッパに移住しようとしている。孫たちもどこかに移住することになるのかは、神のみぞ知る、だわ」と、彼女は新しい友達に語った。「そんなことにならないことを祈ってる。私たちの人生は根無し草のようだったから」

ハーシムがいた後方の甲板では、強い仲間意識が生まれていた。「船はまるで一つの町のようだ。家族連れもいれば、独り者もいる。若者も老人も、白人も黒人もいる」と、彼は日記に書いている。「誰もがお互いに協力しあう、小さいけれど多様なコミュニティだ」

夜が明けて、月曜日になった。船員はまた、まもなくイタリアの水域だと断言した。そして沿岸警備隊が来たらどう振る舞うべきか、あらためて乗客に言い聞かせた。静かにしていること。密航業者を密告しないこと。船の上を動きまわらないこと——。正午近くなって、船長がエンジンを切ると、人々はおしゃべりをやめた。声の大きなシリア人に、衛星携帯電話と、シチリアにいる活動家の電話番号が渡された。彼女が沿岸警備隊を呼んでくれるはずだ。

呼び出し音が鳴り、ナワル・スーフィが電話を取った。そしてそのシリア人に指示を出すと電話を切った。やるべきことは終わった。船の上の全員が座り、救助を待った。1時間、もしかすると2時間たったかもしれない。船員たちはブリッジを出て、乗客の中に紛れ込んだ。よし、とハーシムは思った。これで旅は終わりだ。

船上の誰もがそう思った。1機の飛行機が低空飛行してきて、船の写真を撮るまでは。船長は見上げた。「あれはギリシャの偵察機だ」と、彼は言った。「イタリアのじゃない」

誰もが振り返った。ギリシャ機だって？　まだここはギリシャの水域なのか？　またも残酷な後退が明らかになった。ギリシャの水域ということは、ギリシャの沿岸警備隊とギリシャの救助隊がやってくる。だが、誰もギリシャには行きたくなかった。今思えば、ばかげて聞こえるかもしれない。その数か月後には、ギリシャの島に何十万人という難民が殺到するのだから。けれどもそのときは、シリア人にとってギリシャは未知のルートで、落とし穴がたくさんあると思われていた。ギリシャからドイツに行くには、二つの非EU加盟国（マケドニアとセルビア）と、EU加盟国だがそうでないかのように振る舞う国（ハンガリー）を通らなければならない。

人々は叫びはじめた。俺たちはイタリアに行くためにお金を払ったんだ。ギリシャじゃない。エンジンをかけろ！　だが船長は、「何もしないよ」とそっけない。もう沿岸警備隊に連絡がいっているはずだ。「賽は投げられた」のだ。だが、誰も納得しなかった。結局、船長が根負けしてエンジンをかけ、船はこれまでにないスピードでイタリアに向けて走りはじめた。

夜が来た。船内には悲壮な空気が漂っていた。波が荒く、おそらく船はそんなにスピードを出すべきではなかった。でも、誰もスピードを落とせとは言わなかった。イタリアの水域に入る前に、ギリシャの沿岸警備隊に見つかってしまうことを恐れたのだ。だから船は進みつづけた。ところが突然、エンジンが激しく振動してストップしてしまった。それから2時間、張りつめた空気の中で船員が修理を試みた。

独自の推進力を失った船は、波にもまれて大きく揺れた。人々は叫び、初めて転覆するのではないかと不安に怯えた。だが、ハーシムは疲れはてていて、ほとんど気がつかなかった。ほかの人の眠るスペースをつくってやるために、何時間も片足で立っていたからだ。やがてエンジンが動きはじめた。午前4時、誰かがハーシムに眠るスペースを譲ってくれた。彼は倒れ込むと、深い眠りについた。

翌朝、ハーシムは1週間待ちつづけてきたニュースに叩き起こされた。イタリア人が来たというのだ。ハーシムは瞬きして外を見た。たしかに4隻の赤い大型ゴムボートが彼らの船をとり囲んでいる。白い船体には、イタリア語で沿岸警備隊と書いてある。

ハーシムはほほ笑んだ。まだ、イタリア沿岸までは1日あったけれど、あと少しだった。終わったのだ。この旅は終わったのだ。

イタリア沿岸警備隊の鋼鉄船2隻が横につけてきて、人々を移しはじめた。まずは女性と子供だ。

全員が移るのに2時間かかった。でも誰も気にしていなかった。人々は歓喜ではちきれそうだった。拍手をし、喜びの歌を歌った。そして「イタリア！」と歓声を上げた。

「イタリア、イタリア、イタリア！」

第5章

転覆か、救助か

なぜ危険だとわかっている航海に乗り出すのか

Shipwreck

地中海、イタリア

900人が溺死した最悪の事故

2015年4月18日土曜日の夜、ハーシムの船から数百キロ南西の海で、別の船が鈍いエンジン音を立てながら、イタリアに向けて北上していた。真っ暗な船倉に押し込まれた、主にアフリカ人男性数百人の中に、20歳のイブラヒム・ムバロがいた。彼らがリビアを出発したのは18時間前のこと。それからずっと、エンジンが発する煙と蒸し暑さに耐えてきた。出航からまもなく丸1日。もうすぐこの苦しみも終わるかなと思っていたところに、チュニジア人の船長が飛び込んできた。急いで救助を待つ準備をしろという。

そのとき、船が何かにぶつかった。一瞬の沈黙があり、再び大きな衝撃。やがて船は大きく傾きはじめた。リビアの沖約27キロで、イブラヒムと数百人は船倉に閉じ込められたまま、海に飲み込まれようとしていた。

塩辛い海水が猛烈な勢いで流れ込んできた。船倉の男たちはたちまち水に飲まれ、あえぎ、壁を激しく叩いた。ガンビア人のイブラヒムは泳げたが、ほとんどのアフリカ人は泳ぎ方を知らなかった。誰かがイブラヒムのズボンにつかまり、水中に引きずりこんだ。

「ここで死んでしまうのだろうか」と、イブラヒムは思った。「それとも生き残れるのか」

こうして近年の地中海で最悪の転覆事故が始まった。(1) 密航船がひっくり返り、わずか数分で約900人が溺死したのだ。犠牲者の多くは身元がわからない。生存者は28人だけで、私はそのうちの3人に、シチリア島の受け入れセンターで話を聞くことができた。

ローマ
イタリア
メッシーナ
カターニア
アウグスタ
地中海
マルタ島
ランペドゥーザ島
チュニジア
トリポリ
ズワラ
リビアの領海
（沿岸から12海里）
リビア
N
0
200 miles
0
400 km

南地中海

イブラヒムが、ガンビアの首都バンジュールから半年かけてトリポリにやってきたのは、2014年9月のこと。故郷で幸せだった頃は、週末になると海に行って泳いだものだ。だが父親が仕事をやめて、イブラヒムの学費を払えなくなると、彼は学校をやめて、リビアに出稼ぎに行くことにした。

イブラヒム以外に私が会った2人の生存者は、どちらも出稼ぎ先のリビアで雇い主に虐待された。1人は監禁され、自由になりたければ金を払えと言われたが、払えなかった。もう1人は何か月も無給で働かされた。イブラヒムは運がよかった。雇い主は給料を払ってくれて、比較的まともに扱ってくれた。それでも内戦下のリビアは、イブラヒムにとって悪夢のような場所だった。だから数か月たったとき、この国を出たいと雇い主に申し出た。本当はガンビアに帰りたかったけれど、リビアに来るまでの半年間にわたる砂漠の旅を思い出すと、同じ道を帰る気にはなれなかった。「ガンビアに帰ろうとすれば、運び屋たちに砂漠に置き去りにされて、のたれ死ぬのが落ちだ」と、イブラヒムは言う。「だから多くの人が帰らないんだ」

そこで雇い主のムーサは、密航業の中心地として知られるトリポリの東に位置する街ガラブリ(別名カステルベルデ)まで、イブラヒムを車で連れていってくれた。そのうえ旅費の700ディナール(約6万6000円)を密航業者に払ってくれた。こうしてイブラヒムは待機所に連れていかれ、満員の部屋に押し込まれた。そこで偶然、ガンビアからリビアまでの旅で一緒だった友達ハルーンに再会した。それから待つこと2週間。ようやく海岸に連れていかれた。

夕闇の浜辺には、ヨーロッパに向けて出発のときを待つ人が数百人見えた。西アフリカ(セネガル、シエラレオネ、マリなど）出身者もいれば、東アフリカ（ソマリアやエリトリア）出身者もいた。なかにはバングラデシュ人もいた。密航業者は銃を持っていて、乗船者を100人ずつ8〜9グループに分けた。やがて大きなゴムボートがやってきた。

イブラヒムは怖かった。「途中で死ぬか、イタリアに行けるか、どちらかだ」と思った。「もしかすると（リビアの沿岸警備隊に）捕まって、刑務所に送られ、500ディナール払わないと出してやらないと言われるかもしれない」

人々はゴムボートに乗せられ、座っていないとぶっ殺すぞと脅された。イタリアの検察によると、実際、ボートで立ち上がった男性が、密航業者によって海に突き落とされたケースがあるという。ボートは20分ほどで、沖合の大型船のところまでやってきた。リビアからイタリアを目指す船の圧倒的多数は、木造の漁船かゴムボートだが、イブラヒムたちを待っていたのは大型の鋼鉄船だった。

約900人が乗り込むには時間かかり、ようやく全員が乗船したときは明け方近かった。武装した密航業者たちは、船のバランスを取るため、1人1人船内のどこに座るべきか指示した。生存者の記憶は完全には一致しないが、少なくとも3層構造だったのは間違いないようだ。エンジンのある最下層、窓のある第2層、そして風雨にさらされる甲板だ。イブラヒムは最下層に入れられた。

甲板では船酔いした人が吐きまくっていたが、イブラヒムのいる船倉部はエンジンの熱でもっと耐えがたい状況だった。だが、密航業者たちは移動することを許さなかった。「外には出られなかった」と、イブラヒムは振り返る。「動いたら殺されていただろう」

乗船作業が終わると、密航業者の多くは船を下りていった。イタリアの検察によると、チュニジア人の操舵係1人と、シリア人の補佐役1人だけが残された。このチュニジア人操舵係はイタリアで逮捕され、大量殺人の疑いで起訴されたが、弁護士は乗客の1人にすぎないと主張している。

船が動き出すと、イブラヒムは自由に動けるようになった。そこで人をかき分けて船倉の一つ上の層に行き、ハルーンの隣に座った。その決断が後に彼の命を救った。

船は約18時間、事故もなく西進し、それから北上した。ときどきシリア人の船員がブリッジから下りてきて、エンジンルームに異常がないかチェックしていた。船のスピードは遅く、4月18日土曜日午後11時頃の時点で、まだリビア沖27キロ、イタリア最南端のランペドゥーザ島まで210キロのところにいた。

とはいえ、イタリアを目指す密航船は、必ずしもイタリアの水域に到達する必要はない。国際水域に出たところで、イタリア沿岸警備隊に助けを求めれば、近くにいるヨーロッパの船が救援に来てくれることもある。今回もそうだった。チュニジア人操舵係は衛星電話を使って、ローマの沿岸警備隊に通報した。それを受け、沿岸警備隊が最寄りの商船に助けを求めた。それがポルトガルの貨物船キング・ジェーコブ号だった。船長146メートルの大型船で、船員たちの証言によると、密航船まで約100メートルのところで止まった。

イブラヒムは、2人の船員のうち1人が船倉に下りてきたのを覚えている。「大型船が来る」と言うと、バランスが崩れるから急に動かないようにと念を押した。「おとなしく座ってろ。貨物船に1人ずつ乗り移るんだ」

次に何が起きたのか、厳密なところはわかっていない。イブラヒムは第2層にいたけれど、窓からは離れていたので、外の状況はほとんどわからなかった。もう1人の生存者は甲板にいたが、ひどい船酔いで意識がぼんやりしていたため、貨物船の接近に気がつかなかった。3人目は甲板にいて意識もはっきりしていたが、操舵室で何が起きているかはわからなかった。

ただ、はっきりしているのは、密航船がキング・ジェーコブ号に近づくと、急にスピードを上げたらしい、ということだ。なぜなのか、そしてどのくらいのスピードだったのかは、操舵係の男にしかわからないだろう。いずれにしろ、船はキング・ジェーコブ号の船腹に猛烈な勢いで突っ込むと、左向きに90度急転回し、今度はキング・ジェーコブ号に平行にぶつかって転覆し、沈みはじめた。

イブラヒムは船内で衝突を感じ、船が傾くのを感じた。何が起きたのかわかったが、誰もが出口に殺到した。だが数百人が一度に押し寄せたから、結局外に出られた人はほとんどいなかった。多くの人は泳げなかったから、船に水が入ってくると、近くにあるものに手当たりしだいにしがみついた。ある男はイブラヒムのズボンの片足につかまって引っぱった。

「ここで死んでしまうのだろうか」と、イブラヒムは思った。「それとも生き残れるのか」

そもそもイブラヒムがこんな目にあったのは、ガンビアでの悲惨な暮らしのせいだった。だが、転覆した船の中で彼を助けてくれたのも、やはりガンビアでの暮らしだった。週末はいつも海に泳ぎに行っていたから、イブラヒムはただ泳げるだけでなく、長時間泳げる大きな肺を持っていた。

だから誰かにズボンを引っぱられたときも、イブラヒムはパニックにならず、ズボンを脱ぎ、シャツも脱ぎ捨てた。そして水の中でじたばたする人たちを押しのけ、開いている窓を見つけると、船倉から脱出して海面まで浮上した。

そこでようやく、イブラヒムは息をついた。友達のハルーンは溺れてしまったし、約900人の多くも同じ運命をたどった。だが、イブラヒムは水中に数分とらわれただけで、生き延びることができた。

だが、まだ完全に助かったわけではない。急いでキング・ジェーコブ号に追いつかなくてはならない。イブラヒムは波にもまれながら必死に泳いだけれど、船はますます遠ざかっていくような気がした。

「必死で泳いだよ。するとそこにもう1隻の船が見えた」と、イブラヒムは振り返る。「それでその船を追いかけることにした。泳いで、泳いで、泳ぎまくって、ついに向こうが私に気がついてくれた」

船員が投げ込んでくれた救命索に最後の力を振り絞ってつかまると、必死でしがみついた。ようやく甲板に引き上げてもらうと、イブラヒムはその場に倒れ込んでしまった。

「救援活動が移民を呼び寄せている」は本当なのか？

ヨーロッパには、密航船の到来を食い止められると思っている人たちがいる。

2014年秋、イタリアは地中海での密航船救援活動「マーレ・ノストルム（我らの海）」作戦を終了した。これは海軍を使った本格的な作戦で、その年だけでも10万人以上を溺死から救った。その打ち切りは、イタリアとしても苦渋の決断だった。密航船に乗ってくる大多数の人にとってイタリアは最終目的地ではない。それなのになぜ、イタリアだけでこの作戦を運営しなくてはならないのか。マーレ・ノストルムを打ち切ると発表すれば、他のヨーロッパ諸国が手を貸すと申し出てくれるのではないか、とイタリアは期待した。

だが、誰からも申し出はなかった。密航船を助ければ、海を渡ろうとする人はますます増えるというのが、ヨーロッパの政治家たちの理屈だった。イギリスのジョイス・アンリー閣外大臣の発言は、それを象徴している。アンリーは２０１４年、マーレ・ノストルムの打ち切りを擁護して、この作戦は「予想外の『プル要因』を生み出した」と発言した。「そのせいで危険な海の旅をしようと考える移民が増えて、悲劇的で避けられたはずの犠牲も増えた」

しかしこの考えは、完全に誤りであることがわかっている。マーレ・ノストルム終了後の２０１５年春、リビアから地中海を越えてイタリアに来た人は前年よりも増えたのだ。そして死者は、約18倍も増えてしまった。国際移住機関（ＩＯＭ）によると、２０１５年１〜４月、リビアからイタリアを目指した人は２万８０２８人（２０１４年は2万６７４０人）[2]、死者は１８００人（同96人）にのぼった。イブラヒム・ムバロとハーシム・スーキが、無事に地中海を渡った週も、１３００人が溺死した。マーレ・ノストルム作戦を打ち切っても（つまり溺れる人々を見殺しにしても）、彼らが船でヨーロッパを目指すのを思いとどまらせることはできなかったのだ。

これは、ある程度リサーチをした外交官なら、誰でも予想できた結果だろう。密航業者や難民と話をすると、そもそもマーレ・ノストルム作戦など聞いたことがないか、知っていてもその存在を重視していないことがわかる。密航業者が国際海洋法を熟知していて、それを乱用しているのは間違いない。国際水域にいる船が救援を要請したら、国際海洋法により、近くにいる船は助けにいく義務があることを彼らは知っている。

だから密航業者は、マーレ・ノストルムが存続しているかどうかなど、気にしていない。マーレ・ノストルムと聞いてもピンとこない業者さえいる。

「そんなの聞いたことないな」と、あるリビアの密航業者は言った。彼は元石油リグの技術者で、トリポリの海岸でお茶を飲んでいるとき、質問に答えてくれた。「なんだって、そんな作戦、もう実行されていたのか?」

難民自身の決意にマーレ・ノストルムの存否が与える影響も小さい。イブラヒムの乗った船とは別の事故で４００人が溺死した翌日、私はトリポリ郊外で32歳のガーナ難民アブドの話を聞いた。アブドは、ほとんどの人は事故のことを知っても、海を渡ろうとするだろうと語った。マーレ・ノストルムがあってもなくても関係ない。なぜなら彼らにとっては、それがいちばんましな選択肢だからだ。

「私たちはアフリカンTVとBBCでニュースをチェックしている。事故のこともみんな知ってる」と、アブドは言う。「おたがいに、『おい、ニュース見たか』って電話をするんだ。でも決心は変わらない。フランス語の『死んだヤギには肉屋の包丁だって怖くない』ってことわざのとおりさ」

たとえ見殺しにされようとも、彼らの決意は揺らがない

エジプトの海岸も同じような雰囲気だ。

「言っておくが」と、35歳のシリア人男性はある日の午後、カイロの西隣の街で言った。「沈没する密航船を助けないと（ヨーロッパが）決めたとしても、ヨーロッパを目指す人はいなくならない。どうせ1度死んだも同然だと思っているからね。シリア人はみんな、自分はもう死んだと思っている。物理的には違っても、心理的・社会的に破壊され尽くして、死んだも同然の気分なんだ。だからたとえ船を空爆するという決定が下されたって、難民たちの決意は変わらないだろう」

彼の身の上話を聞くと、難民たちが故郷に帰るより、海を渡ろうとする理由がわかる気がする。この男性はシリア軍の将校だったが、２０１１年の動乱のとき、丸腰のデモ参加者を殺せという命令を拒否して、エジプトに逃げてきた。そのため彼は今もシリアで指名手配されている（したがって本書ではアブ・ジャナ（ジャナの父）という仮名で呼ぶことにする）。カイロで暗殺されそうになったこともある。シリアにいる母親は、がん治療を受けさせてもらえないという。

エジプトでモハメド・モルシ大統領が失権すると、シリア人は滞在許可が必要になった。そして、それを持たない人の一斉検挙が始まった。滞在許可や居住権を得るには、シリアのパスポートが必要だが、多くのシリア人のパスポートはすでに有効期限が切れていて、カイロのシリア大使館に新しいパスポートの発行を申請しなければならない。しかし本来なら兵役中の人や、ＵＮＨＣＲに第三国定住の申請をしている場合、あるいはアブ・ジャナのようにダマスカスで指名手配されている

人には、パスポートは発行されない。

　このためエジプトにいる多くのシリア人は、法的に宙ぶらりんの状態にある。アブ・ジャナも当初は、有効なパスポートを持っていたが、２０１４年秋に有効期限が切れてしまった。だからパスポートの更新も、滞在許可の更新もできずにいる。

　私がアブ・ジャナに初めて会ったのは、９月のある晩遅くだった。彼は郊外の窓のないアパートに住んでいた。少し道に迷ったため、通訳のマヌと私が到着したのは夜11時半頃だった。まず、最近彼がイタリア行きの船に乗ろうとして、うまくいかなかった話を聞いた。そこで私は、なぜエジプトを出たくなったのか聞いてみた。理由はごく単純だ。その日はアブ・ジャナがエジプトに合法的に滞在できる最後の日だった。「あと10分もすれば、ここに住むことはできなくなる」と、彼は言った。「検問所で捕まりでもしたら、シリアに送還されるだろう」

　そして彼は腕時計に目を落とした。「あと９分だ。まるでシンデレラだな。真夜中になったら、夢はおしまいだ」

　話題は、失敗に終わったイタリア行きの話に戻った。海岸でゴムボートに乗り込もうとしたとき、エジプト警察がやってきて、家族もろとも逮捕され、数日間留置されたのだという。それでも春になって気候がよくなったら、再び密航を試みるつもりだという。

　真夜中になると、アブ・ジャナにはほかに選択肢がないことが、ますますはっきりしてきた。彼は今、強制送還され、処刑される危険に直面していた。「なぜ海の旅を試みつづけるのかって？」と、アブ・ジャナは言った。「それは、ここ（エジプト）の人間の慈悲よりも、神のご慈悲を信頼しているからだ」

翌2015年4月、アブ・ジャナが2度目の地中海越えの準備をしているとき、私は彼に会いに行った。どうにか見つからずに暮らしていたけれど、その生活はアブ・ジャナの心を蝕んでいた。半年前よりも不機嫌で、衝動的になったように見えた。彼の妻は、インタビューを受けることを心配していたが、アブ・ジャナは肩をすくめた。これ以上悪いことなんてあるだろうか。

命こそあるものの、それは生活らしい生活とは言えなかった。滞在許可がなければ、エジプト国内を合法的に旅することもできないし、就職もできないし、大学にも行けない。合法的な賃貸契約も結べない。有効な身分証明書がないから、アブ・ジャナは2人の娘たちの出生証明書も取得できない。だから彼女たちは法的には存在しない無国籍者だ。就学年齢になっても、学校に通うのは難しいだろう。

「だから私は（エジプトを）出ることに決めたんだ」と、アブ・ジャナは2度目のインタビューで言った。「海を渡りたい」

アブ・ジャナは旅の荷造りをしていた。レモンは船酔いになったときのため（彼の妻は苦いレモン汁が船酔いを和らげると考えていた）。ビニール袋とガムテープは、即席の防水袋をつくって大切な書類を守るためだ。

だがレーザーポインターほど、その旅の性格を雄弁に物語るものはないだろう。それは、アブ・ジャナが海で溺れる可能性を覚悟している証拠だ。暗闇の中で波にもまれているとき、緑のレーザーポインターがあれば、近くを通る船に気づいてもらえるかもしれない。「誰かの目にとまって、私たちを助けてくれるかもしれないだろう」

たしかにアブ・ジャナは、海を渡る危険を理解していた。友達の1人が昨年溺死していたからだ。そんな彼も、マーレ・ノストルムがあるかないかを気にしていなかった。

「救助作戦（があるかないか）は、海を渡るという私たちの決意に何ら影響を与えない」と、アブ・ジャナは断言した。「そもそも海を渡ろうと決断する最大の理由が、（現在の場所に居つづけると）危険だからだ。海を渡るのは、その危険が10％高くなる程度だろう」

間違いだらけのEUの「仮説」

しかしヨーロッパの境界警備のトップに立つ人物は、こうした事情を理解することを拒否している。その人物とは、ファブリス・レジェリ欧州対外国境管理協力機関（フロンテックス）事務局長。元フランス辺境警察のトップで、本来ならEUの陸と海の境界を管理するフロンテックスの指揮官として適任のはずだ。

EUは2014年10月、イタリアのマーレ・ノストルム作戦を引き継ぐ必要はないと判断を下した。南地中海の境界管理は、フロンテックスの「トリトン」作戦で十分だというのだ。うまいカモフラージュだ。マーレ・ノストルムとちがって、トリトンの目的は遭難船を探したり救援したりすることではなく、海上の境界線をパトロールすることだ。しかもその境界線は、マーレ・ノストルムでイタリアの艦艇が待機していた位置よりも、はるかに北側だった。また、フロンテックスが自由に動かせる船は少なく、予算もマーレ・ノストルムの3分の1しかない。それなのにトリトンで十分とされた背景には、境界管理を小規模にしたほうが、難民に海の旅を思いとどまらせることができ、結果的に多くの命を救えるという仮説があった。

ヨーロッパの水域からさほど遠くない所で計1300人が溺死した週、私はリビアからレジェリに電話をかけた。EUの「仮説」が実行に移されてから半年。はたしてそんな仮説が今も有効だと思うか、レジェリに問いただす絶好のタイミングだと思ったのだ。

「ここ数日の悲劇は、地中海の救援活動が難民の『プル要因』になるという理論が間違っている証拠ではありませんか」と、私は不安定なスカイプで聞いた。リビアからヨーロッパを目指す人は史上最多となり、死者数も記録的な数にのぼっています。フロンテックスは、海上パトロール以上の行動を起こす必要があるのではないでしょうか——。

レジェリは20分ほど、それはEU幹部が協議する問題だとして、答えをはぐらかしていた。しかし決定的な質問をぶつけられると、本音をさらけ出し、2014年10月の救援活動打ち切り以来、ヨーロッパの政治家たちが繰り返してきた理屈を披露した。

「私たちは密航業者の商売をサポートしたり、勢いづかせたりするようなことはするべきじゃない」と、レジェリは言った。「かつて密航業者は、ヨーロッパの船がリビア沿岸をパトロールしていることを自分たちのビジネスに利用していた。『ぜったいヨーロッパに行ける。簡単だ。ヨーロッパの船がリビア沿岸からさほど遠くないところでパトロールしているんだ。さあ、海に飛び込もう。すぐにヨーロッパの船が来るから』と、非正規移民を勧誘していた」

だから「トリトンを捜索・救援活動に変える予定はない」と、レジェリは断言した。

現代の地中海で最悪の事故から数日しかたっていないのに、とんでもない主張だった。さいわい、すべてのＥＵ幹部がそんな狭量な反応を示したわけではない。その転覆事故を受け、ＥＵ当局は一時的だが激しい非難を浴び、政治家たちは少なくともリップサービスを強いられた。

レジェリはさほど熱望していないようだったが、ＥＵ諸国からフロンテックスに追加の海軍艇が供出された。トリトンの正式な任務に変化はなかったが、このタイミングでこれらの艦艇がフロンテックスに貸し出されたということは、救援活動が期待されているということだ。

地中海を漂うおびただしい数の人の運命を背負う凸凹コンビ

レジェリへの電話インタビューから数週間たった２０１５年４月、私は新システムがどう機能しているか取材するべく、ローマにあるイタリア沿岸警備隊本部を訪ねた。地中海における密航船の救援を手配するのは、イタリア沿岸警備隊の仕事だ。ＳＯＳの電話を受けると、実際の救援活動を海軍やフロンテックス、近海を航行中の商船、あるいは国境なき医師団（ＭＳＦ）のような援助団体の船に依頼する。だから彼らのオフィスは、海事救援調整センター（ＭＲＣＣ）と呼ばれている。

外観を見るかぎり、そこは世界最大級の海事救援活動の中枢には見えなかった。建物自体は海から遠く離れたローマ市南部の新都心エウル地区（ムッソリーニが１９３０年代につくった）にあり、周辺はよくあるオフィス街だ。

しかしその高層ビルにある窓のない部屋で、海上にいる数十万人の運命が決まる。そこには、沿岸警備隊であることを示唆するものはほとんど見当たらない。古い帆船の操舵輪や、壁いっぱいに映し出された地中海のデジタル地図がなかったら、電話がずらりと並んでいる様子から、何かのコールセンターと思ってもおかしくない。

だが、これらの電話は飾りではない。2014年には、少なくとも827回鳴ったはずだ。イタリア沿岸警備隊はこの年、救援船を827回手配したのだ。2015年は4月までに257回手配していた。

2人の大佐がオフィス内を案内してくれた。すらりとしたレオポルド・マンナ大佐は、緊急司令室の統括役。小柄だが筋肉質のパオロ・カファロ大佐は、計画立案役だ。2人は見た目も話し方も違う。マンナの英語はイタリア語なまりが強く、カファロの英語はアメリカ南部なまりのようにスローテンポだ。「しかぁぁぁぁぁし」と、母音を引っぱる話し方には、ときどきくすりとさせられた。南地中海で無数の命が救われているのは、この凸凹《でこぼこ》コンビが救援船を手配しているからだ。

すべては、1本の電話から始まる。ナワル・スーフィのような活動家からの場合もあれば、ムーシ・ゼライ神父からの場合もある。ゼライはエリトリア人で、エリトリア難民に最も頼りにされている。スーフィもゼライも難民から電話を受けると、マンナのチームに連絡して、船の位置を知らせる。

難民が密航業者から渡された衛星電話（非常にレアな「顧客サービス」と言えるだろう）で直接電話をかけてくることもある。だが、船上の難民との意思疎通は容易ではない。マンナたちが、衛星電話に表示される地理座標を聞いても、難民たちが電話の機能を理解できないことも多い。また、イタリア人の職員が彼らの言葉を聞き取れないことも少なくない。

「電話の向こうはたいてい混乱していて、はっきり話せない」と、カファロは語る。「英語力が非常に乏しいから、言いたいことをうまく伝えられない。『私たちは危険な状態にある。船内が水びたし。子供、女性、妊婦。助けて』と言うばかりで、電話の画面に表示される位置情報を正確に読ませるのはとても難しい」。沿岸警備隊が携帯電話メーカーに連絡して、その端末の位置を調べてもらうことも少なくない。

船の位置がわかったら、救助活動の手配開始だ。指令室の壁いっぱいに、地中海のデジタル地図が映し出されていて、海上にいる全船舶の位置が表示されている（追跡装置を切っている船を除く）。「密航業者が手配したゴムボートや木造船には、たいてい船舶自動識別装置（ＡＩＳ）がついていない」と、マンナはため息をつく。「だから電話をもらってはじめて、どこにいるかわかる」

さいわい、この段階でマンナが知る必要があるのは、合法的な船舶の位置だけだ。そこで密航船の近くにいる商船やＮＧＯの救援船や海軍艇を一つ選び、電話で救助を要請する。国際海洋法により、要請を受けた船は、それを拒否することはできない。

ローマでこの仕事をしているマンナとカファロには、リビアとイタリアの間の海で何が起きているかがよくわかる。彼らはほかの誰よりも、この危機の本質を見抜いていた。

２人は密航に使われた木造船とゴムボートの比率を言える（２０１５年は木造船が足りなくなり、ゴムボートが多用されるようになった）。ジハード主義組織が、リビアからヨーロッパに戦闘員を送り込んでいるという噂を打ち消すこともできる。２０１４年の夏以降、ジハード主義組織の砦であるベンガジからは1隻の船も出ていない、とカファロは言う。リビア東部のＩＳＩＳの拠点ダルナからは？「ノー」。リビアにおけるＩＳＩＳの首都とされるシルトからは？「ゼロだ」

大量の難民が乗った船に戦闘員を紛れ込ませることは可能かもしれない。２０１５年11月のパリ同時多発テロの実行犯２人は、そうやって来たとされる。だが、ジハード主義組織自体が、密航業を運営している可能性は低い。２０１５年12月、ＩＳＩＳは、リビア北西の密航業の中心であるサブラタを短期間占領下に置いたとされるが、本書執筆の段階では、もはやサブラタ港はＩＳＩＳの実効支配下にはない。

カファロは、密航船を撃沈させるという案にも明確な意見があった。「難民たちは捨て身で行動している。この問題は、こうした（軍事的な）手段では解決できない」と彼は言った。「船がやられたら、別の方法を見つけるだけだろう」

カファロはまた、救援活動をやめても難民の流入は止まらないだろうと言う。「まったく、『プル要因』だって？　彼らは内戦やとことん惨めな状況を逃れてきた。必死なんだ。マーレ・ノストルムがあろうとなかろうと、故郷から逃げてくるさ」

マーレ・ノストルムが打ち切られて以来、沿岸警備隊は「困っている」と、カファロは続けた。密航船が少ない冬でさえ、自由に動かせる救援艇がもっと必要だった。１週間で計１３００人が命を落とした4月以降、ヨーロッパ諸国はフロンテックスに供出する艦艇を増やした。緊急事態が起きたとき、それを動かすのはカファロとマンナだ。キャメロン英首相らは、これはヨーロッパの人命優先の姿勢を表していると自画自賛したが、現場ではこれらの船はうまく運用されていなかった。

新たに供出された船は、必要なときに必要な場所にいないことが多いと、マンナは語る。彼がこれらの船に指示を出せるのは、緊急電話を受けてからだ。マンナは緊急指令室に表示されている地中海の天気図を指差した。それは嵐が去り、リビアの海岸に再び太陽の光が差し込みつつあることを示していた。マンナは経験上、これが数日後に大量の密航船がやってくるサインだとわかる。密航業者は一度に数隻単位ではなく、20隻など大量に出港させるからだ。

危機が起きそうな海域に、予め英海軍のアルビオン級揚陸艦のような大型船を差し向けておければ理想的だ。だが、アルビオン級揚陸艦はマンナの管轄外で、しかも最も必要とされている今、シチリア島のパレルモに戻ろうとしていた。ドイツの艦艇は適切な海域にいるが、近く補給のために移動しなくてはならないだろう。

マンナは地図を指して、リビアにいちばん近い海域に手をかざした。「ドイツの艦艇はここにいるが、私の管轄下にはない。自発的にここにいてくれるだけだ。とても大きな助けで、本当に感謝している。でも、その船がいつまでここにとどまるか、どこに向かうべきか、私には指図を出す権限がない。私なら今はここに置いておかないだろう。やることがないからね。私なら港に戻って2日ほど休み、飲み食いしておけ、と指示するだろうね」

だが、マンナにはそれができない。だから実際に密航船が大挙してやってきたとき、動かせる船が足りなくて、大惨事になってしまう。

数か月後、私はまさにそうした事態を実際に目撃することになった。

「国境なき医師団」による救援活動、緊迫の瞬間

リビアの北約40キロの沖合で、ゴーディ・ハットは船のブリッジに駆けあがった。ハットは63歳のカナダ人で、長い白髪はポニーテールにしている。「みんなどこだ?」と階段からほかの船員を探して叫んだ。「甲板にはアマニと私しかいないぞ。1000人が横になれる場所を探してるんだ」

ここはブルボン・アルゴ号のブリッジ。国境なき医師団(MSF)が難民救援用に借り上げた3隻の商船のうちの1隻だ。2015年8月のこの日、アルゴ号は午前中に密航船2隻を救援し、1001人の難民を保護した。ほぼ全員がエリトリア人だ。アルゴ号の定員は500人だから、ハットはあらゆる助けを必要としていた。

だが、ハットの仲間たちは、アルゴ号の前方に見えるもっと大きな問題に目を奪われていた。この日、南地中海ではMSF、イタリア沿岸警備隊、そしてヨーロッパ諸国の海軍によって、九つの救援活動が同時進行していた。だが、それでも十分ではなかった。アルゴ号のブリッジから、さらに2隻のおんぼろ船が見えた。救援活動が行われているのは1隻だけだ。マンナが数か月前に警告したとおりのことが起きていた。ヨーロッパは5月に供出する船を増やしたが、ローマの沿岸警備隊にとっては、それでも十分な数ではなかった。

アルゴ号の甲板はすでにいっぱいだった。これ以上人を乗せれば、船の安全を確保できない。MSFのノルウェー人副司令官はレーダーの前でしかめ面をしていた。「彼らを助けることはできない」と、彼は言った。「もしも船が沈みはじめでもしたら、助けなくてはいけないが」

事態はすでに緊迫していたが、新たな問題が発生した。司令官のリンディス・フルムはブリッジの無線を取ると、近くにいる救援艇に呼びかけた。「そっちに産婦人科医はいない？　こちらに妊娠末期の女性がいるの。24時間以内に分娩する必要がある」

２０１５年の密航シーズンのピーク時、南地中海ではこうした光景が日常的になっていた。ＥＵは５月以降、パトロールや救援活動を強化してきたが、イタリア沿岸警備隊が警告したように、そのやり方は効率的ではなかった。リソース不足も続いており、マイグラント・オフショア・エイドステーション（ＭＯＡＳ）やＭＳＦといった民間団体の活動に依存せざるをえなかった。それでも悲劇は防げない。２０１５年7月、ＭＲＣＣはアルゴ号に、数キロ先で立ち往生している密航船の救援を要請した。ところが、数時間後にアルゴ号が到着したとき、すでにその船の姿はなく、いくつかの救命胴衣が浮かんでいるだけだった。

今日はそんなことにならないでほしいと、アルゴ号のＭＳＦチームは祈った。その日の活動開始時刻は、午前6時19分。フルムは、四つの寝台が入っている船室のドアをノックして回った。彼女は前年、西アフリカのエボラ出血熱の緊急対応を指揮したＭＳＦのベテラン職員だ。その日も、徹夜で海上のモニタリングをしていた。すると明け方近くに、ＭＲＣＣから無線が入った。リビアの海域のすぐ外で密航船が助けを求めてきたというのだ。

「まだ30分ある」と、フルムは10人強のスタッフを起こしながら言った。全員急いで救命胴衣とヘルメットを着けると、階下の食堂に集まった。巨大なエンジンのくぐもった音が、遠くで鳴っているベースギターのように響く。チームでいちばん声が大きいのは、元海軍技師のハットだ。彼の仕事は物品の修理や、チームが必要とする道具をつくること。いちばん静かなのは、エリトリア人通訳のアマニだろう。13年前にやはりこの海を渡ってきた彼は、同じ道をたどってくる人たちを助けるために、ここに戻ってきた。フルムは全員に、今日は複数の船を救援することになりそうだと覚悟を促した。「MRCCはうちで何人引き受けられるか知りたがってる」

MSFのチームの周りには、オーバーオールを着た船員たちがガスマスクをつけて立っていた。この船はブルボンという船会社から借りた商船で、船員はみなブルボンに雇われていた。熟練船員はウクライナ人で、下級船員はフィリピン人。MSFの多国籍チームは柔軟性と平等を重視するが、船乗りたちは厳格なスケジュールや上下関係にこだわる。彼らは燃料や物資の輸送には慣れているが、ダニやシラミを持ち、疲労困憊した難民を運んだ経験はない。

食事のときも、ウクライナ人はMSFのチームとは違うテーブルを使うと言い張った。だが、小さな食堂にはテーブルが二つしかない。それぞれ空いている席に座るのが理にかなっている。だがウクライナ人は船乗りの慣習にしたがい、乗客であるMSFのスタッフと交ざることを嫌がった。

当初は、イデオロギー的なギャップも大きかった。MSFのチームは、難民を「ゲスト」と呼び、歓迎していることを態度で示そうとする。「われわれはダンテの『地獄篇』に出てくる地獄の渡し守のようなものだ」と、MSFの広報担当者は言う。「ここはリビアという泥沼と、ヨーロッパという泥沼との間にある、正常な空間だ。ここでは彼らは人間として扱われ、安全と休息と尊厳を取り戻す」

ウクライナ人船員は、こうした崇高な理念に100%共感しているわけではなかった。「ゲスト」から病気をもらうのではないかと心配し、難民たちが乗ってくるとガスマスクをつけた。当初は、活動の目的にさえ同意しかねているようだった。「リンディス、アフリカじゅうを救うことはできないんだぜ」と、あるウクライナ人船員はフルムに言ったという。別のウクライナ人は、難民の中にISISの自爆テロ犯が紛れ込んでいるのではないかと恐れていた。

そんな彼らも、少しずつこの仕事に慣れていった。フルムに嫌味を言ったウクライナ人も数週間後には、難民たちがイタリア上陸時に番号を与えられることに腹を立てるようになった。「彼らは人間だ。番号じゃない」。ルスラン・ボズニュク船長もそんな1人だ。私は初めて会ったとき、この船長はMSFの活動とは正反対の考え方の持ち主に違いないと思った。彼はいつも、ウクライナの愛国主義政党「右派セクター」のロゴが入った黒いTシャツを着ていた。本人も、難民問題はよくわからないと認めていた。

ある朝、私はたまたま食堂で彼と2人きりになった。私たちは1メートルしか離れていない二つのテーブルに分かれて座った。気まずい沈黙を破るために、私は彼の考えを聞いてみた。すると驚いたことには、ボズニュクはこの仕事を誇りに思うと言い、援助職員たちの仕事ぶりを熱心に褒めた。「この仕事はやり遂げないとな」と、彼はたどたどしい英語で言った。「(船の)沈没があってはならない。神は命を与えられたんだから、人は生きなければならない」

「あなたを見て、私たちは動物から人間に戻れた」

その朝も、船員たちは船長の言葉を行動に移すべく走り回っていた。ほとんどの準備はできていた。医務室を備えたプレハブ船室も、小さな遺体安置所もつくった。トイレは清潔。あとは救命ボートと縄梯子を下ろすだけだ。

ブリッジでは、フルムと副官が双眼鏡をのぞいて、密航船を探している。しばらくの間は、水平線から少しずつ顔を出す赤い太陽しか見えなかった。やがて空と海が交わるところで、黒っぽい銀色の点が光った。その点は少しずつ大きくなり、黒いかたまりの中にオレンジ色の斑点が見えてきた。人々が着ている救命胴衣だ。

ついに船の輪郭がはっきり見えてきた。青い木造船で、側面に白い線が入っている。船は瞬く間にアルゴ号に近づいてきて、乗っている人たちの顔が見えてきた。多くはエリトリア人だ。1人が泣いている以外は、みんな笑みを浮かべている。喜んで歌っている人もいる。船倉への昇降口からは、男たちが外をのぞいていた。甲板ではバナナを食べている人もいる。船尾楼には、リビア人が2人いる。「みんな落ち着いているようだ」と、MSFの通訳が安心したように言った。「これは楽な救助になるはずだ」

だが、救助活動がスムーズに進むことはまずない。アルゴ号が横づけすると、エリトリア人たちが船倉から水をかき出しているのが見えた。ということは、この船がいつまでもつかわからない。船倉にいる人たちの状態も心配だった。換気扇がないのと、エンジンの煙が充満しやすいのとで、船倉で多くの人が窒息死することは珍しくない。前の月には、そのために50人以上が命を落としていた。

パニックが起きる恐れもある。救援船に見捨てられないようにと、難民が自分たちが乗ってきた船を沈めようとする事例が報告されていた。アマニによると、その前の週には、1人ずつという指示を無視して、難民600人がアルゴ号に殺到して大混乱が起きたという。

同じことが起きないようにするのはアマニの仕事だ。彼は拡声器を持ち上げると、「落ち着いて」とティグリニャ語（エリトリアで最も広く話されている言語）で言った。「今いる場所を動かないでください。ここにはみなさん全員が乗れるスペースがあります。ですから、どうか1人1人来てください」。ロープが投げられ、縄梯子が下げられた。

難民たちは1人1人、よろめきながら梯子を登り、アルゴ号の甲板に降り立った。ほとんど歩けない人もいた。何時間も同じ姿勢で座っていたため、足がけいれんしている人、しびれてしまった人、船倉で他人の吐瀉物を浴びた人。ハットは、甲板に上がってきた1人1人に手を差し出して挨拶した。人々の顔に安堵の表情が広がる。「あなたに感謝しないといけない」と、エリトリアでは地理の教師だったリンゴは言った。「あなたを見て、私たちは動物から人間に戻れた」

船を移る作業は約1時間続いた。約350人は主にエリトリア人で、数人のソマリア人と船員のリビア人が2人いた。みな1人ずつ梯子を登ってこなければいけなかったけれど、パニックは起きず、全員が無事アルゴ号に乗り移った。なかには複雑な心境の人もいた。リビアを出るとき、家族と別れ別れにされてしまったのだ。夫や兄弟も船に乗れたのか、その船も救助されたのかどうかはわからない。

それでも、ほとんどの人にとって、アルゴ号に降り立ったのは祝福すべき瞬間だった。とくに指示もなかったのに、人々は満員の甲板に列をつくって座っていた。突然1人の男性が立ち上がり、みんなの前に出ると、歌を歌いはじめた。すると数百人が声を揃えて歌いだした。誰もが歌詞を知っている。地中海の波間に、キリスト教の賛美歌が響いた。エリトリア人たちは、救助されたことをまっさきに神に感謝したのだった。

誰にも見つけられなかった密航船はどうなるのか？

だが、MSFのチームはまだ気を抜けなかった。彼らの仕事は始まったばかりだ。40分ほど離れたところで、別の船が立ち往生しているという連絡が入った。今度はもっと大きな鋼鉄船で、ひょっとすると650人を乗せている可能性があるという。

どんなに予備知識があっても、これほどの船を実際に目にしたときの衝撃は大きい。私はこの種の船の写真を無数に見たことがあった。それに今さっき、規模は小さいが救助活動を目撃したばかりだ。しかし650人もの人間が、船の縁までぎっしり詰め込まれた光景は、写真では味わえない圧倒的な迫力があった。その船が近づくにつれて、写真ではこの危機のスケールは伝えきれないのだと、しみじみ思った。広大な海で波に翻弄される船、死の手前で踏ん張っている人々――。

その一方で、同じように出発したのに、発見されることがない船は、いったいいくつあるのだろうかと私は思った。いったい何隻が、跡形もなく消えてしまうのだろう。こうして間近で見るとこの船も巨大に見えるが、30分前は双眼鏡を使ってもほとんど見えなかった。誰にも気づかれず、忘却の彼方に葬られるのはいとも簡単だ。そう思うとぞっとした。

近くで見ると、その船はいかにも頼りなげだった。青いペンキは錆び、重すぎる「船荷」にマストは大きく傾いていた。船上には、表情が固まっている人もいれば、ほほ笑んでいる人もいる。ただ、表情に違いはあっても、人々の体はほぼ完全に静止していた。誰かが動けば、船のバランスが崩れる恐れがある。波はおだやかだが、船はシーソーのように大きく揺れていた。わずかでも天候が悪化すれば、大惨事になりかねない。

それでもこの船はラッキーなほうだ。イブラヒム・ムバロの乗った船のように、沈んでしまう船もあるのだから。あるいは、沈むことも救助されることもなく、何日も漂流して、チュニジアかリビアの浜辺に逆戻りする船もある。そこでリビアの自称・沿岸警備隊の「出迎え」を受ける場合もある。こうした運命をたどった船2隻の生存者は、まさに生き地獄ともいうべき、過酷な経験を話してくれた。

その2隻はどちらもゴムボートで、100人以上が乗っていたという。鋼鉄船ならヨーロッパのレーダーで見つかりやすい。しかしゴムボートを発見するには、海上でワシのように目を光らせている必要がある。この2隻は、発見されずに何日も漂流しつづけた。

第1の災難は、ボートに羅針盤がないことから生じる。どちらに向かって進むべきかをめぐって船上で大論争が起きるのだ（まだ燃料があって船の進路をコントロールできる場合だが）。「誰もが自分の意見が正しいと主張して、ボートを操作しようとした」と、一方のボートに乗っていた男性は語った。「目印は太陽だけだった」

第2の災難は、燃料が尽きたときに生じる。やがて水と食料もなくなる。船は風に吹かれるまま、波に流されるままに漂流するしかない。唯一の選択肢は、じっとしていることだ。ここまで人間がぎゅうぎゅうに詰め込まれていると、突然の動きが船を転覆させる恐れがある。まったく動けないから、排泄もその場でするしかない。「周囲の人から小便をかけられました」と、同じボートに乗っていたマリ人の女性は語る。「そのにおいで、気分が悪くなりました」

ボートの縁では、2人の男がバランスを崩して海に落ち、溺れ死んだ。ある男は絶望して、あるいは喉が渇いて半狂乱になった。「だから、周りの男たちが海に突き落としたんです」と、マリ人の女性は語る。

数か月後、同じような話をナイジェリア人のグループからも聞いた。彼らを乗せた船は漂流していて、誰か1人を海に落とさなければならなかったという。

生き残った人たちの多種多様な説明を聞いて、私は寒気がした。ある人物は、殺された男は正気を失い、全員の命を危険にさらしていたと言う。周囲の人に噛みつくようになり(実際、ある生存者の足には人間の噛み跡があった)、殺すしかなかったというのだ。一方、その男は悪魔に取りつかれていて、自殺したのだと言う人もいた。ある33歳の男性は、「その男は吸血鬼に変身して、人々の足を噛みはじめた」と言い張った。「救援艇が来たのに、魔法を使って私たちのことを見えないようにした。そして海に飛び込み自殺した」。本人が吸血鬼だと認めていたと、別の生存者も言う。「海に飛び込む前、救助に来た人たちに魔法をかけたと言っていた」

かつて同じ道をたどったエリトリア人通訳に起きた奇跡

その朝、アルゴ号が相次いで2隻の密航船を救ったときは、誰にとっても感動的な瞬間だったが、アマニにはとくに胸に迫るものがあった。彼もかつては、救助を待ちつづけた1人だったのだ。

アマニがエリトリアを出たのは、13年前のこと。政治活動をとがめられ、逮捕されたのがきっかけだった。サハラを越える壮絶な旅を経てリビアにたどり着いたものの、そこで再び密航業者に監禁された。そして2度の失敗を経て、ついに地中海を越えてイタリアにたどり着いた。やはり、今にもバラバラに壊れそうな漁船に乗って。

「私も同じ道をたどってきた」と、アマニは救援活動が一段落したとき言った。「彼らがサハラと地中海で遭遇した危険や、リビアの密航業者から受けた扱いを、私はみんな知っている」。この仕事をしていると、「恐ろしい思い出がフラッシュバック」してくることがある。砂だらけになって砂漠を越えたこと、リビアで船に乗る順番を待ちつづけたこと、密航業者が女性をレイプするのを見せられたこと――。

「彼らと同じでひどいことを見てきた。家族の中には溺れ死んだ者もいる」と、アマニは言う。「だからこの人たちを助けるのは、私にとって本当に大きな喜びなんだ」

アマニが乗った船も、彼らの船とほぼ同じ状態だった。それでも現代の密航船を見て、アマニは衝撃を受けたという。人々の置かれた状況は、ある意味でアマニのときよりもひどかったからだ。初めての救援活動で密航船に近づいたときは「本当にショックだった」と、アマニは振り返る。「女性や子供もニワトリみたいに詰め込まれて、どこにも隙間がないのを見て驚愕したよ。私のときより2倍の数が詰め込まれていると思う」

ただ、現代の難民の旅は、アマニの時代よりもわずかに安全だと思うという。アマニの時代は、もっとずっとイタリアの近くまで行かなければ救援は来なかったからだ。「彼らは運がいい。今は救援艇がすぐ来てくれるからね」と彼は言う。「私たちのときは違った。大型船が私たちを見かけても、漁船だと思われた。誰も私たちのことを気にかけてくれなかった」

それから10年以上がたち、アマニは気持ちを切りかえることができた。イギリスで難民認定を受け、国民保健サービス（NHS）で通訳をしたり、高齢者と自閉症の子供のケアワーカーの仕事をしたりした。結婚して子供も3人できた。だから再びやってきた地中海では、初めてのときとは違う種類の感動や苦悩を感じている。

特につらかったのは、最近アルゴ号が救助した船で、すでに5人が脱水症状で息絶えていたことがわかったときだ。その中には若い母親がいた。「あんなに泣いたのは人生で初めてだったと思う」と、アマニは振り返る。「彼らは自然死だったんだと、自分に言い聞かせようとした。でも、犠牲者の中に3人の子供がいる母親がいて……。私にも3人の子供がいるから、もしこれが私の妻だったら、そしてこの子たちが私の子供だったら、どんなにつらいだろうと思ってしまったんだ」

エリトリア人のアマニは、救助した人たちとすぐに打ち解ける。その中に、アマニを見て特に安心した人がいた。地理の先生のリンゴだ。全員がアルゴ号に乗り移ると、リンゴはアマニに、「私のこと、覚えてるかい？」と声をかけてきた。アマニには、見当もつかなかった。相手は白いヒゲにしわだらけの顔で、アマニよりずっと年配に見える。まったく思い出せなかった。

だが、リンゴはアマニを覚えていた。２人は同い年の35歳で、大学では同級生だったのだ（かつてはエリトリアにも大学があった）。２００２年には同じ学生デモに参加して、逮捕されて、同じ地下牢に入れられた。あれから13年、２人は地中海のまんなかで再会を果たしたのだ。ようやくリンゴが誰かわかったアマニは、目を見開いた。「年齢よりもずっと年老いて見えた」と、後につぶやいた。

「エリトリアのせいだ」

アマニも変わったと、リンゴは言う。「少し太ったよね」と、彼は笑った。「ヨーロッパの料理のせいでさ」

混乱の中での感動的な瞬間だった。早朝の劇的な慌ただしさは下火になった。妊婦はイタリア海軍の船に引き取られ、後にマルタ島で出産した。アルゴ号は救援活動を終えてイタリアに向かっていた。甲板は大混乱していた。なにしろ定員５００人のところに１０００人以上が乗っていたのだ。船長はしぶしぶ前甲板を開放したが、全員が快適に座る余裕はなかった。それでも一部の人はまったく気にしなかった。彼らにとって、この船はここ数か月でいちばん安全な場所だったから、文句を言わずに床に横になり、目を閉じ、眠った。

だが、ほとんどの人は動きまわっていた。半分は安全であることを喜んで、半分はつぎに何が起きるか心配で。これからどこへ行くのか。イタリアまではどのくらいかかるのか。向こうに食べ物はあるのか。もっと水はあるのか。タバコは？　船では次々と小さなトラブルが起きた。トイレが詰まった。甲板が水びたしになった……。

取材はやりにくかった。立っていられる場所がほとんどないから、眠っている人のすぐ横でインタビューをしなければならなかった。それにMSFのチームが必要としていたのは、難民にあれこれ質問する人物ではなくて、救助活動に手を貸してくれる人物だった。私もときどき取材ノートを横に置いて、MSFの手伝いをした。アラビア語話者の通訳をしたり、夜になったら金色のアルミ保温シートを配ったり。全員がそれにくるまった光景は、難民の集団ではなく、派手な衣装でカーニバルに出かけるグループのようだった。

いちばん大変なのは食べ物を配るときだ。1000人もいると、きちんと列をつくらせるのは難しい。アマニたち通訳は、なんとか段取りを立てようとしたけれど、こんなに大勢の人が、こんなに限られたスペースにいると、最終的には本人たちに調整させるしかない。

ゴーディ・ハットは深く息を吸い込んだ。「人間のにおいがする」と彼は言った。「（ミッションが終わっても）いつまでも忘れられないのは、このにおいだ。長い間、恐怖に震えてきた人たちのにおい。恐怖にもにおいがあるんだ」

医務室では、その恐怖の原因が明らかにされていた。人々は数か月ぶりに医者に見てもらうために、医務室の外に行列をつくった。1日中待つことになってもお構いなしだ。多くはリビアの密航業者の待機所に3回監禁され、殴られていた。サハラ砂漠でトラックが転倒して骨折したのに、手当てを受けていない人もいた。ISISに撃たれ、拉致されたときの傷が残っている人もいた。ある女性は、膣内に400ドルを隠してきたため手当が必要だった（リビアでは財布なんて、あっという間に盗まれてしまう）。

多くの女性は、それよりもずっと悲惨な経験をしていた。「入ってくるときは絶対にノックしてちょうだい」と、看護師の1人が私に念を押した。「レイプされたときのことを話している女性がいるかもしれないでしょう」

臨床スタッフの仕事は、医療だけでなくパストラルケア（患者と家族の心のケア）も重要だ。家族連れと、家族のいない子供は、スタッフの目が届きやすい医務室のすぐ外に座るよう手配された。この船にも、親のいない子供が70人いた。ほとんどはエリトリアでの奴隷的な扱いを逃れてきた子供たちだ（繰り返すが、エリトリアでは未成年でも全員子供兵にされる）。なかにはわずか10歳とか12歳の子もいて、看護師たちは特別に注意を払っていた。

国を出たときは母親と一緒だったのに、途中で死別してしまった子もいる。「3人の子供を連れた父親もいたわ。母親は死んでしまったけれど、子供たちはそれに気がついていなかった」と、看護師の1人が前回の救援活動の話をしてくれた。「でもイタリアに近づくにつれて、だんだんわかってきたのね。私に、『ぼくたちのお母さんになってくれる？』って聞いてきたわ」

イタリアで待ち受ける無情な仕打ち
――再び、人から「数字」に

イタリアまでは2昼夜かかった。たいていは最大の受け入れセンターがあるシチリア島に寄港するが、そのときはリビアの密航シーズンのピークの8月末だったため、シチリアは満員だった。そこでアルゴ号は、ブーツ型のイタリア半島の靴底部分に位置するクロトーネ港に入港した。

それはほろ苦い瞬間だった。アルゴ号が減速して港に入っていくと、医者、沿岸警備隊、フロンテックスの職員、それにジャーナリストが待ち構えていた。一方で、それは大いに祝福するべき瞬間だった。ほとんどの人は砂漠を越え、リビアで繰り返し拷問と屈辱を味わい、恐ろしい海の旅を乗り越えてきた。長く悲惨な旅がついに終わろうとしていたのだ。子供たちは喜びと期待で笑みを浮かべながら乗降口に集まった。その後ろでは、エリトリア人の見習い神父が目に涙をためていた。「あのサハラの旅を経て、本当にあと少しだなんて信じられない」と彼は言った。「夢がかなおうとしている。現実に起きていることが夢のようで信じられない」

しかしある意味で、こみ上げてくる喜びを抑えた見習い神父は正しい。たしかに最悪の段階は終わった。だがここから、長く混乱した難民認定手続きが始まる。ほとんどの人がほとんど考えてこなかったプロセスだ。「この船で働けないかな」と、別のエリトリア人が言った。乗降口が波止場とつながった。「誰に聞けばいいのかな。メールアドレス教えてもらえないかな」

船からまだ1人も降りないうちに、お役所仕事は始まる。乗降口が波止場に触れるやいなや、フロンテックスの職員3人が乗り込んできた。これは密航ネットワークを取り締まるためのEUの不器用な試みの一つだ。1000人の難民の中から、密航業者を見つけようというのだ。3人ともティグリニャ語はできないが、1人はアラビア語ができる。だからエリトリア人の中でアラビア語を話せる者を集めた。このエリトリア人グループは、特別な扱いをしてもらえるのではないかと期待して、フロンテックス職員の言うことを熱心に聞く。しかし彼らを待ちうけているのは、リビアの密航業者に関する何時間にもわたる要領を得ない質問だ。エリトリア人は密航業者の食い物にされただけで、密航業の全容など何も知らないにもかかわらず。

MSFのリンディス・フルムは、その無情な仕打ちに激怒していた。アルゴ号にいた2日間、難民たちは人間として扱われてきたが、再び単なる数字になろうとしていた。彼らは船を下りると番号シールを貼られ、待っていたバスに乗せられ、キャンプに連れていかれる。

私も少しばかりその気持ちがわかった。私が下船すると、波止場で待ち構えていた役人たちが突進してきて、番号シールを突き出し、拳銃のような形の体温計を私のこめかみに当てたのだ。彼らはすぐに勘違いに気づいて笑い出したが、本物の難民たちにとって、それは笑える経験ではない。ダニを持っている難民は、その場でズボンを脱ぐように言われ、服は焼却される。

それを見て顔をしかめながら、フルムは言った。「（MSFの）船では、難民はそれぞれに事情を抱えた人間として扱われる。ところが（ヨーロッパに）上陸した途端に、彼らは統計として扱われ、マスクをつけた役人に指図される」

だが4時間後、全員の下船手続きが終わると、フルムは落ち着きを取り戻していた。彼女はその前の年、西アフリカのエボラ危機対応チームのリーダーを務めた。それは彼女の人生で最も気落ちする経験の一つだったという。フルムを含めMSFのチームは全員、感染防止のために宇宙服のような防護服を着なければならなかった。だから感染者と有意義な関わり方はできなかったし、ケアした相手はほぼ全員が死んだ。

でも、地中海では、ほとんどの人の命を助けることができる。

「エボラのような絶望的なミッションから立ち直るのには、ぴったりのミッションだわ」とフルムは言う。「エボラとはまるで正反対ね。この数週間で5人が命を落としたけれど、数千人を救うことができた」

「それに、彼らを抱きしめることができる」

第6章

ストレスだらけの「約束の地」

ハーシム、ヨーロッパで戸惑い逃げる

Promised Land ?

2015年4月26日　日曜日　午前11時30分　イタリア、フランス

ハーシムに訪れた最大の危機

列車がフランス国境を越えてから約1キロ、ハーシム・スーキは、もうトイレを出てもいいか悩んでいた。警官の姿が見えたため急いで逃げ込んでから、かれこれ10分はたっている。もういなくなっただろうか。それとも、このトイレを調べに来るだろうか。

それは、まったく予想もしていない出来事だった。スウェーデンを目指す旅でいちばん大変なのは、地中海越えであり、ヨーロッパ縦断ではないと思っていた。

ところが船を下りてから5日たった今、ハーシムはイタリアに来るまでは考えもしなかった多くのハードルに気がついた。列車の時刻表、国境、警官……。

目下の最大の問題は警官だ。イタリアから列車に乗ったのはいいものの、フランスに入って最初の駅マントンで、フランスの警官隊が乗ってきたのだ。ハーシムのようにイタリアから来た難民を探しているのだ。ハーシムがトイレに駆け込んだ後、ハーシムのすぐ近くに座っていたエリトリア人2人が連行された。おそらくイタリアに送り返されるのだろう。そしてEUのルールどおり、イタリアの警察で指紋を取られ、イタリアで難民認定申請をしなければならない。

それはまさに、ハーシムが避けたいことだった。EUのダブリン条約は、EU圏に入った最初の国で難民申請をすること、と定めている。ハーシムの場合、イタリアだ。

しかしイタリアやフランスは、家族の呼び寄せが認められるまでに長い時間がかかる。だからハーシムは、このプロセスがもっと効率的に行われる国に行きたかった。たとえばドイツ。だがドイ

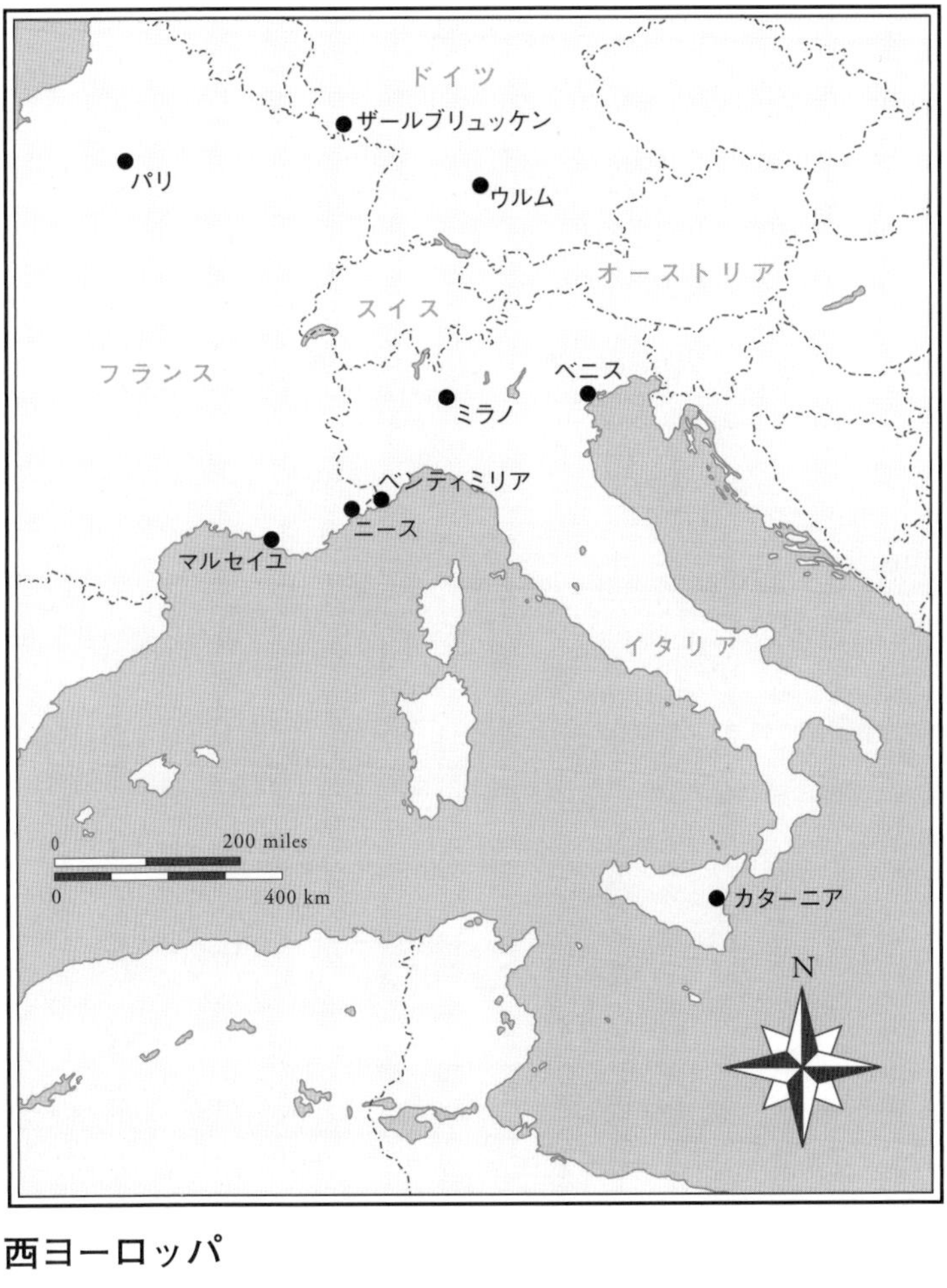
ドイツ
ザールブリュッケン
パリ
ウルム
オーストリア
スイス
フランス
ベニス
ミラノ
ベンティミリア
ニース
マルセイユ
イタリア
0
200 miles
0
400 km
カターニア
N

西ヨーロッパ

ツが、あらゆるシリア人を受け入れると発表したのは、その数か月後のこと。だからその時点でハーシムにとっての最善策は、シリア人には例外なく永住権を与えると約束していたスウェーデンだ。ここなら子供たちは再び移住しなければならない不安にさいなまれずに、長期的な未来を思い描くことができる。

だが、まずはフランスを通過しなければならない。スウェーデンは、他のＥＵ加盟国で指紋を取られた人は受け入れていなかったから、もしフランスで捕まって、ここで難民申請をすることになったら、ドイツでもスウェーデンでも難民の地位は得られなくなる。

いや、フランスの警官が列車内をうろうろしている今は、フランスどころかイタリアに送り返される恐れがある。ハーシムは忍耐強く待った。今しなければいけないのは、警官が降りるまで待つこと。それだけだ。だから待った。考えた。そして自分に言い聞かせた。乗客全員を調べるわけではない。ちょっと目立つ人を調べるだけだ。いずれ降りていくはずだ。そうだろう？

ハーシムはパニック気味になってきた。この列車に乗るべきではなかったのかもしれない。本当はミラノからミュンヘンまで列車で北上したかった。それがドイツまでの最短ルートだったからだ。ところが途中のオーストリアで警察に捕まる恐れがあると多くの人が警告してきた。そして南仏ニースを回る列車なら警察が調べることはないだろうと、口々にアドバイスしてきたのだ。まったく話が違うじゃないか。

数分が過ぎた。列車はまだ動かない。でも、いいかげんに警官は別の車両に移ったのではないか。そのはずだ。ハーシムはそう判断すると、トイレのカギを開け、息を深く吸い込み、ドアを開けた。

一か八かの瞬間だ。自分の人生だけでなく、妻と子供たちの人生もかかっている。
もといた車両に足を踏み入れ、目を上げると……そこには警官が立っていた。

新たな大陸がもたらした新たな問題

わずか5日前、ハーシムは役人を見て大喜びした。彼の乗った船はイタリア沿岸警備隊に救助されたのだった。沿岸警備隊が用意した船に乗り移ると、誰もがイタリア人に何度も何度も礼を言った。それから、その先の計画を夜遅くまで話しあった。スウェーデンに行きたいのは誰か、ドイツに行きたいのは誰か。こうして翌4月22日水曜日の朝、彼らはシチリア島東岸のカターニア港に到着した。

ところがまだ誰も下船しないうちに、船に警察が乗り込んできた。そして難民たちの間を歩き回り、エジプト人船員を見つけ出した。まるで密告でもあったかのように、まっすぐ歩み寄ると、周囲の難民に「こいつらは密航業者か？」と質問した。難民たちは否定した。そして「ゴムボートで逃げました」と言い張った。だが、警察は信じていないようだった。そしてエジプト人たちは連行された。

やがて下船が始まった。まず子供、次は女性、そして男性の順だ。ついにハーシムもイタリアの土を踏んだ。その一歩は、とてつもない安心感を与えてくれた。すぐに家族のことが頭をよぎった。なんて遠くまで来てしまったんだろう。次にハーシムの頭に浮かんだのは、自分の足の裏のイメージだった。彼の足の裏に、未来への不安の数だけトゲが刺さっているとすれば、ハーシムは今いちばん痛いトゲを抜いたのだ。

彼らは赤十字のテントに連れていかれ、健康診断を受けた。そこでボトル入りの水1本、リンゴ1個、そしてサンドイッチが配られた。それから、全員が用意されたバスに乗り込んだ。

おそらく難民申請者向けのキャンプに連れていかれるのだろうとみんな思っていたが、夜になってもバスは停まる気配がない。ついに誰かが運転手に「どこに行くんですか？」と聞いた。すると運転手は答えた。「ベニスだ」

スマートフォンを持っている者は、すぐに地図を調べはじめた。シチリアの街だろうか？　驚いたことに、そうではなかった。シチリアどころかベニスはイタリア北部に位置するではないか。みんな大喜びだった。誰もがイタリアを北上したいと思っていたからだ。

バスに揺られること18時間。一行は木曜日の昼頃に、ベニス（イタリア本土側）に到着した。運河やゴンドラは次の機会までおあずけだ。ボランティアの男性が案内してくれた施設で、みんな体を洗い、電話を充電した。その男性は、北ヨーロッパへの旅の起点となるミラノへの行き方を教えてくれた。ハーシムたちはその説明どおりにベネチア・メストレ駅に行くと、駅のベンチで一夜を明かした。そして翌朝早くミラノ行きの列車に乗り込んだ。ミラノ中央駅に到着したのは、午前9時前だった。

ミラノ中央駅は巨大だった。20世紀初めに建設されたロマネスク様式の荘厳な建物で、回廊は3階建てのショッピングモールになっていて、ザラやマンゴー、スワロフスキーといった店が入っている。コンコースのカフェでは、仕立てのいいスーツを着た老人たちがエスプレッソをすすりながら、髪をなでつけたビジネスマンたちがプラットフォームに急ぐ様子を眺めていた。

だが、天井の高いアトリウムの中二階には、別の世界が広がっていた。石造りのバルコニーには、何百人もの難民が集まり、今後の計画を練っていた。ミラノで立ち往生する難民があまりに増えたため、数か月前から地元の警察が、駅の一角を難民用に確保してくれたのだ。忙しそうに通りすぎるイタリア人をよそに、ここにはシリア人、イラク人、エリトリア人、ソマリア人などが集まっていた。まだ海で日に焼けて肌が真っ赤なままの人もいた。数時間おきに、新たなグループが到着した。リビアから船に乗った人もいれば、エジプトから来た人もいた。その全員がこのミラノ中央駅の荘厳なアトリウムに集まっていた。

ハーシムは感嘆して周囲を見まわした。大理石の像や柱、荘厳なランプに囲まれたエリアは、一瞬、難民たちのために建てられた城のように感じられた。地元の支援団体が水と食料を配っている。役所の人間もいて、難民たちがその晩寝る場所を探してやっていた。それは多くの難民たちが、数日前まで受けていた扱いとは大違いだ。大理石のベンチに座っていたあるシリア人は、リビアの海岸に4か月間監禁されていたという。

ミラノ駅にはＷｉ－Ｆｉもある。ハーシムはエジプトを出てから初めて、メッセージアプリ「ワッツアップ」を開いた。未読のメッセージが大量に届いていた。

ヨーロッパに来て安心はしたものの、新たな大陸は新たな問題をハーシムに突きつけた。ここからどうやってスウェーデンまで行くか。ハーシムはそれまで、この点を深く考えたことはなかった。

ヨーロッパに来さえすれば、あとは簡単だと思っていたのだ。だが今、ハーシムは難しい問題に直面していた。警察を避けるためには、どの国境を越えればいいのか。資金は足りるのか。そしてこの鉄道網はどうなっているのか。コンコースを見上げると出発時刻掲示板があったが、ハーシムにはヒエログリフのようにちんぷんかんだった。

「海はラクだったな！」とハーシムは皮肉を言ったが、半分は本心だった。「イタリアまで直行便で、乗り換えも警察も駅もなかった。指紋採取もない」

オーストリア経由？　フランス経由？

支援団体のボランティアは、まずベローナに行き、そこでドイツ行きの列車に乗り換えて、それからスウェーデンに北上するルートを勧めた。だが、ハーシムはそれでいいのか決心がつかなかったため、友達のメフヤールに電話してみた。メフヤールは前の年に地中海を渡り、今はドイツで安全に暮らしている。彼はいったいどうやったのだろう。

ドイツまでの最短ルートは避けたほうがいい、とメフヤールは言った。そのルートだと、スイスとオーストリアで乗り換えなくてはいけない。この二つの国では警察が列車に乗ってきて乗客を調べることがある。だから地中海沿いにフランスを経由する遠回りをするべきだ。ピエモンテ山脈を越えて、ニースに行くんだ。メフヤールはそうやって警察のチェックにあうことなく、ドイツにたどり着いたという。

決めるのは明日にしよう――ハーシムは思った。彼は10日ぶりにぐっすり眠りたかった。久しぶりに洗濯もして、心身ともにリフレッシュしたかった。そこでミラノ市が宿泊場所を割り当ててくれるのを待つことにした。家族連れが優先されるから、ハーシムは最後だ。昼が夜になり、駅はその輝きを失いはじめた。どこにも寝る場所がなくては、荘厳な駅舎も難民の厳しい運命を実感させる場所にすぎなかった。

最後にまともな食事をしてから18時間がたち、残された難民のなかには意識がもうろうとしている者もいた。1人が、広告掲示板に頭を叩きつけはじめた。いらだちで暴言を吐く者もいた。「どこにいっても家畜みたいに扱われてきた。リビアでも、シチリアでも、ここでもだ」

地元のボランティアは辛抱強く、難民たちのそばを離れなかった。必要ならここで一緒に一夜を明かすつもりだ。だが、誰もがそんなふうに寛容なわけではない。ある通行人の声が、アトリウムいっぱいに響いた。「なんで難民を助けるんだ。この国には貧しい人がもう十分いるじゃないか」

夜9時を大幅に回ってから、ついに役所の担当者たちが戻ってきた。数キロ先のチェルトーザという地区の廃校に設けた難民キャンプに、最後の数人が泊まれるスペースがあるという。かつて緑色のバスケットボールコートがあった体育館には、数百台のベッドがずらりと並んでいた。普通のキャンプ用ベッドだったけれど、何日も床で寝た後ではそれさえ贅沢に感じられた。

土曜日、ハーシムは地下鉄を乗り継いで、ミラノ中央駅に戻った。長い道のりではなかったけれど、ハーシムにはひどく複雑に感じられた。ヨーロッパの複雑きわまる鉄道網を使ってスウェーデンまで行けるのか、ハーシムは自信がなくなってきた。そのうえ、駅ではもっと悪いニュースが待っていた。昨日ドイツを目指したシリア人のうち、2人以外は全員逮捕されたというのだ。なかにはフランス経由でドイツを目指した人もいた。ハーシムはますます不安になった。

車で行くという選択肢もあった。ハーシムはチェルトーザのキャンプで、金を払えば車で北ヨーロッパの国に運んでくれるという業者の電話番号を入手していた。たしかに車を使ったほうが安全なような気もした。EU域内の道路では国境検問がないし、難解な鉄道網を常にチェックする必要もない。業者もいろいろいた。スウェーデン最南端の街マルメの業者は、スウェーデンまで4人を乗せてくれるという。料金は1人875ユーロ。デンマークのコペンハーゲンまで750ユーロで乗せてくれるという業者もいた。3人目は南ドイツのウルムまで運んでくれるという。バンで数十人を運べるという業者もいた。

だが、車の旅にも問題はあった。マルメの男がまさにそうだった。彼はイタリアまで迎えに行くから、料金の半額を前払いしろという。だがもしその男が金を懐に入れて、迎えに来なかったら？半額でも、列車の運賃よりずっと高い大金だ。コペンハーゲンの男も半額の前払いを要求した。しかも彼の場合はスウェーデンまでは連れていってくれない。ドイツが目的地なら、ウルムまで行くのはいいかもしれないが、ハーシムは違った。それに、車の旅には恐ろしいリスクもあった。乗用車ではなく、空調のない大型トラックの荷台に押し込められて、大量の難民が窒息死する事件が起きていたのだ。

いずれにせよ、ハーシムは義兄のエフサンの資金援助を待たなければならなかった。エフサンは経済学者で、その前の年にスウェーデンで難民申請をしていた。お昼頃、その送金手続きが済んだというので、ハーシムはミラノ中央駅のウエスタンユニオンに並んだ。その列には、何人か知り合いの顔もあった。お金の助けを必要としているのはハーシムだけではなかったのだ。ウエスタンユニオンで提出する書類には、質問事項がずらりと並んでいたうえに、ハーシムは窓口の男性の言っていることが半分も理解できなかった。

「ペンヲトッテ」

「はあ?」

「ペンヲトッテ」

「なんですか?」

「ペン・を・取って」

ようやくハーシムはペンを手に取り、書類にサインした。現金がガラスの仕切りの下から押し出された。500ユーロと少しだった。

今日こそは先に進むぞ、とハーシムは思っていた。軍資金も手に入った。エジプトから持ってきた資金と合わせれば、十分デンマークまで車で行ける金額だ。でも、本当にそれがいちばんいい方法なのか。ハーシムにはまったく見当がつかなかった。ここまで長い道のりを来たけれど、次の一歩で、すべてが台無しになる恐れがあった。

そこに一つの知らせが届いた。じつは昨日フランス国境では誰も逮捕されておらず、難民が身柄を拘束されたのはオーストリア国内だった、というのだ。突然、車よりも列車のほうが好ましい選択肢のように思えてきた。そこでハーシムは、その日に出発するのをやめて、チェルトーザに戻ることにした。ニース行きの列車は翌朝7時。それに乗るかどうかは、今夜決めることにしよう――。

車と列車、どちらにもリスクがあったが、少なくとも列車は安かった。地中海から一緒で、車での移動にいちばん乗り気だった友達は、まだ決心がつかずにいた。でも、ハーシムは早く出発したかった。スウェーデンに早く到着するほど、家族にも早く会える。だから彼は、翌朝7時発のニース行きの列車に乗り込んだ。海岸沿いの線路を西に進み、ピエモンテ山脈を抜けるルートだ。持ち物といえば、お金と大事な書類の入った防水ケースだけ。船で暖をとるのに使った青いジャンパーは、悪臭を放っていたので捨てた。それは強烈な達成感を覚えた瞬間だった。もうイタリアにいるんだ。海のための服は必要ないんだ、と。

列車に乗ってすぐ、ひやりとする瞬間があった。突然車掌がハーシムの横に現れて何かを言ったのだ。だが、ハーシムには理解できなかった。ハーシムは凍りついた。車掌はもう一度同じことを言った。もっと厳しい口調で。パスポートを出せと言っているのだろうか。さいわい周囲の客が助けてくれた。ハーシムは間違った車両に乗っていただけだった。

ハーシムが正しい座席を見つけるとすぐに、列車はミラノを出発した。いくつものトンネルを抜けると、海岸沿いの道路や、木々が生い茂る急勾配《きゅうこうばい》の丘が見えた。でも、車窓から海しか見えないこともよくあった。その光景に、ハーシムは地中海から永久に離れられないような不安に襲われた。それでも座席の向きを変えることくらいしか、対策は打てない。タバコを吸って気持ちを落ち着けたかったけれど、ヨーロッパの列車は全席禁煙。恐怖が何度もハーシムを襲った。

ニースの地で ——安全を求めて逃げる難民と観光客が交錯する

フランスに入って最初の駅マントンで、ついにピンチが訪れた。ハーシムがトイレから出てくると、警官はまだそこにいたのだ。

通路をふさぐように立っている警官を見て、ハーシムは息を飲んだ。これでおしまいか？　一瞬、引き返すことも考えたけれど、かえって注意を引きかねない。それなら目的地があるかのように堂々と歩けば、疑われずに済むのではないか。警官は全乗客をチェックしているわけではない。ハーシムの服装を注意深く見て、襟にこびりついたフケに気がつかなければ、あるいは洗っていない靴下のにおいに気がつかなければ、もしかするとフランス人だと思うかもしれない。

ハーシムが通路をずんずん進むと、警官が顔を上げた。ハーシムは堂々と会釈した。すると警官は少し体を動かして、ハーシムを通してくれた。

こうしてハーシムはピンチを乗りきった。けれどもこの出来事は、彼を極度の緊張に陥れた。午前11時50分に列車がニースに到着したときには、ハーシムはぐったりしていた。国境を越えるたびにこんな思いをするのなら、スウェーデンを目指す意味があるのだろうか。英仏海峡トンネルのフランス側の入り口カレーに行って、イギリス行きのトラックにしのび込むほうがいいのではないか。

運悪く、ニースからパリに行く列車は8時間後まで空席がなかった。だからハーシムは、極度の不安に怯えながら、半日も時間をつぶさなければならなかった。パリ行きの切符を買うこと一つを取っても、大変な苦痛だった。自動券売機の使い方がわからなかったから、何度も取り消して、最初からやりなおさなければならなかった。後ろに並んでいた人たちは舌打ちして、わざと大きな音を立てて別の列に移っていった。こんなことで本当に先に進めるのか、とハーシムはますます不安になった。

ようやく自動券売機がキーキー言いながら正しいチケットを吐き出したのは、機械と30分は格闘してからのことだ。さて、次はどうしようか。このまま駅にいるべきだろうか。いや、多くのシリア人がいるところにいてはダメだ。50メートル離れたところからでもシリア人だとハーシムにわかるなら、警察だって気づくはずだ。とはいえ、カフェでぼんやり座っていることもできなかった。ハーシムは1ユーロだって無駄遣いしたくなかったのだ。散歩をしようとしたけれど、船で悪化した靴ずれが化膿して、痛くてたまらない。それなら海岸はどうだろう。いや、もう海は見たくない。ハーシムは静かな通りにある食料品店の外のベンチに腰掛けてみた。ところがここでは店主が話しかけてくる。ハーシムはニースの街をあてもなく歩きつづけた。あと5時間……。

ひたすら待っている間に、いろいろな思いがめぐってきた。車で行くべきだったのだろうか。今から車で行けるだろうか。バスならどうだろう。パリに着いたら、ベルギー経由にするべきか、それとも当初の計画どおりドイツ経由にするべきか。ハーシムは理路整然と考えることができなかった。そして警官を見るたびにパニックに襲われ、歯を食いしばり、神経をすり減らした。

やがてハーシムは、線路にかかる橋の横に、小さな公園を見つけた。その半分では、男性グループがペタンク〔フランス発祥の球技〕をしていて、残りの半分では子供たちが走り回っていた。ハーシムはそこに腰を下ろし、自分の子供たちのことを思った。「私の子供たち」と、彼はつぶやいた。「私の子供たちはどこなんだ」

一瞬、彼の心はハラン・アル・アワミドに戻った。金曜日になるとアンズの木の下でピクニックをした、戦争で破壊される前の、静かで緑あふれる故郷を思った。公園や、街の中心にあった古代の遺跡を思った。息子たちが走り回る姿を思った。真面目で宇宙と科学が大好きなウサマ。生意気で写真を撮るのが好きなモハメド。とにかく遊ぶことに忙しい末っ子のミラード。そして幼なじみの妻ハイアム。ハーシムとハイアムは同じ通りで育ち、同じ学校に通った。ハイアムの家族に内緒で、本人に結婚を申し込んだのは2001年のことだ。ハイアムからこんなに長い時間、こんなに遠く離れるのは初めてだった。

ハーシムはハイアムにメッセージを送った。今フランスにいるという夫からの知らせに、ハイアムは困惑していた。今頃ドイツにいるのではないかと思っていたからだ。そこでハーシムは、悲しい顔の絵文字を送った。フランスにいるなんて言わなければよかった。ハイアムを不安にさせたかと思うと、ハーシムはますます落ち込んだ。あと3時間。

ハーシムは街を歩きつづけた。そうだ、スマホ用にもっといいプリペイドカードを買おう。ヨーロッパ中で使えるやつだ。1軒目、2軒目、3軒目……どこにいってもそういうカードはなかった。ハーシムは諦めて、観光客だらけの街の中心部に来た。そこで誘惑に負けて、ついにカフェに入り、コーヒーを注文した。肌寒くなってきて、ハーシムはぶるっと震えた。目の前を通るトラムを見て、一瞬それに乗りたいと思った。たくさんの観光客が店の前を通った。安全を求めて故郷から逃れてきた自分と、休暇にビーチや太陽を求めてきた人たちが同じ街にいるのは、なんだか奇妙な気がした。あと2時間。

彼は教会に立ち寄り、会堂の中央の席に座った。また腰を下ろすことができた。両脇のステンドグラスの下では、人々がお金を寄付してローソクに火をつけていた。ハーシムはシリア西部のシドナヤの丘の上にある修道院を思い出した。ハーシムはイスラム教徒だけれど、ときどき、シドナヤに行ってローソクに火をつけ、その光景を眺めたものだ。ああ、なんて遠くに来てしまったんだろう。

午後7時、パリ行きの列車まであと1時間となり、ハーシムは足を引きずりながら駅に戻った。ところが、3人の兵士が駅の入り口付近をぶらぶら歩いているのを見て、再びパニックに陥った。そしてイタリアで買った乗車券やレシートを全部捨てた。こうすれば、たとえ捕まっても、イタリアにいた証拠はないから、イタリアに送り返されることはない。かといって、フランスもハーシムが落ち着きたい場所ではなかった。フランスでは、家族を呼び寄せるのに最低2年はかかる。

ハーシムは駅の売店で、フランスの新聞を買った。群衆に紛れ込むための小道具だ。選んだのはフランスの大手夕刊紙ル・モンド。偶然その日、ル・モンドはシリア情勢を特集していた（ドイツの週刊誌シュピーゲルの記事の翻訳だったが）。ＩＳＩＳの起源に関する長い記事だった。別のページには、セゴレーヌ・ロワイヤルの写真が掲載されていた。この女性は昔、今の大統領のパートナーだったよな？　ハーシムも少しはヨーロッパの政治を知っていた。

ル・モンドはたしかにカモフラージュの役割を果たした。改札員はハーシムにフランス語で挨拶したのだ。ハーシムはぎこちなくうなずき、自分の席に急いだ。そして背もたれを倒すと、なんとか眠ろうとした（革張りの座席が180度近くまでフラットになるフランスの夜行列車について、ハーシムは感嘆した様子で記録している）。太陽が沈み、2時間もすると車両じゅうから寝息が聞こえてきた。顔に上着をかけていびきをかいているバックパッカーもいれば、ちゃんとアイマスクを用意している年配のイタリア人観光客もいた。でも、ハーシムは緊張で一睡もできなかった。頭の中にあるのは、ドイツ国境のことだけだった。

ハーシムは窓の外を見た。そしてまだ自分が海から離れられていないことに気がついた。窓の外には地中海が広がり、砂浜と波が見えた。その光景だけで気分が悪くなった。だが、マルセイユを通過するまでは、その光景に耐えなければならない。

マルセイユを過ぎると、列車は初めて海岸線を離れて、東西に大きくジグザグを描きながらフランスを北上しはじめた。だが列車は数分おきに、薄暗い照明の駅に停車した。ずっと起きていて、座席のきしむ音と、乗客の咳やくしゃみを聞いていたハーシムには、少なくともそう感じられた。タバコが吸いたい――。でも列車に乗っている間は吸えない。かといって、田舎の停車駅でホームに出て、急いでタバコを吸う勇気もなかった。

独仏国境で訪れた再びの危機

ついに夜明けになり、パリ南部の平原が見えてきた。ニースを出て約12時間後の午前7時40分、列車はフランスの首都に到着した。4月27日月曜日、エジプトを出てから、12回目の朝だった。ニースからの列車が到着するオーステルリッツ駅から、ドイツ行きの列車が出発するパリ東駅までは地下鉄ですぐ。あと1本列車に乗れば、ハーシムはドイツに行ける。そしてうまくいけば明日の早朝にも、スウェーデンに到着できるかもしれない。パリからは、フランクフルト経由ハンブルク行きのチケットを買える。ハンブルクからは、別の列車でコペンハーゲンまで行く。そしてコペンハーゲンからエーレスンド橋を渡れば、30分でスウェーデンだ。

でも、まずはパリ東駅で1時間ほど時間をつぶさなくてはいけなかった。ヨーロッパ屈指の美しい街をいくつも通っているのに、駅から見るだけで、すぐに立ち去るのは奇妙な気分だった。パリ東駅は今までで最大の駅ではなかったが、十分広大だとハーシムは思った。駅というより空港のような雰囲気だった。

「この人たちはみんな何者なんだろう」と、ハーシムは目の前を通りすぎていく通勤客を見ながら思った。「みんな仕事に行くのだろうか」。ハーシムがシリアで、毎朝ファイルーズの歌を聴きながら仕事に行っていたのと比べると、パリの通勤客はずっと殺気立っているように見えた。

ハーシムは窓口に行って、ハンブルク行きの切符を頼んだ。すると運賃は250ユーロ以上もするという。ハーシムは目をしばたたいた。250ユーロ？　聞き間違いだろうか。ミラノからコペンハーゲンまで車で行った場合の金額の3分の1にもなる。でも彼は肩をすくめた。もはやほかに選択肢はなかった。

列車を待ちながら、ハーシムは寒さに身震いした。気温のせいもあるが、昨日の昼食以来、なにも食べていなかった。駅のホームの横にある小さなカフェに行って、ディスプレーのサンドイッチを見た。どれがハラル〔イスラム法に準じた処理をした料理〕だろう。あれかな？　いや、そんなはずはない。あれは豚肉が入っている。

時計の針が9時を回ると、ハーシムはフランクフルト行きの列車に乗り込んだ。国境まで2時間20分。再び不安が大きくなってきた。ドイツで旅が終わるのは嫌だが、少なくともドイツまで行ければ、最終的に家族を呼び寄せられる。重要なのはそこだ。

「今どこ？」ハイアムがメッセージを送ってきた。

ハーシムは返事を書かなかった――まだだ。向こうに着いてからにしよう。

午前9時10分、フランクフルト行きの列車が静かにパリを出発した。ハーシムにとって、ヨーロッパの鉄道は感心することばかりだった。この列車には2階建て車両もあり、巨大な座席は肘掛け椅子に近く、列車とは思えないほどゆったりしていた。

ハーシムは髭剃りに行っておこうと思った。パリ東駅で小さな髭剃りを買っていたのだ……といっても、一つだけでは売っていなかったので、安い髭剃りがたくさん入った袋を一つ買った。だがそれは価値ある出費だった。ドイツに入って最初の駅ザールブリュッケンで警官が乗ってきたら、見た目が重要だとハーシムは知っていた。

トイレから戻ると、テーブルに週刊紙シャルリ・エブドが置いてあったので、手に取ってみた。一面の風刺画は、女優ケイト・ウィンスレットが密航船の船首に立っているようなイラストだった。「毎週タイタニック」と書いてある。ハーシムは今一つ意味がわからなかった。この女性はいったい誰だろう？　それでも彼はほほ笑んだ。彼のような難民のことを描いたイラストだということはわかった。

午前11時30分、列車は猛スピードでドイツ国境を越えると、ザールブリュッケンに向けてスピードを落とした。新たな審判のときがやってくる。ハーシムはなるべく目立たなくなる工夫に意識を集中した。フケを払い落とし、ヘッドホンをつけ、パリで買った南ドイツ新聞で顔を隠した。そこに書いてあることは一語もわからなかったから、テストされないことを願った。

ある橋にさしかかったとき、青々と生い茂る木々の間を川が流れているのが見えた。その美しい光景に、ハーシムは思わずわれを忘れて、「マンバル・アルジャミール（きれいだな）！」と言ってしまった。ヘッドホンをして大音量で音楽を聴いていることも忘れ、とびきり大きな声で。

車内の全員がギョッとしたのがわかった。何人かが振り返って、ハーシムのほうをじっと見た。

そして列車はザールブリュッケン駅に滑り込んだ。

第7章

運命を司る「見えない線」

国境に翻弄される難民とEU

Between the Woods and the Water

トルコ、ギリシャ、セルビア、マケドニア、ハンガリー

ギリシャ・レスボス島に上陸した「現代のアイネアス」

海を見ていたエリック・ケンプソンが目を細めると、何かが見えた。

ここはギリシャのレスボス島の崖の上。幅10キロほどの海峡の向こうには、ぼんやりとトルコが見える。「見てごらん」と、彼は双眼鏡を貸してくれた。でも、私にはぼんやりしていて、よくわからない。2015年6月のある朝、午前6時前のことだ。トルコの黒い岩場の向こうから、太陽が顔を見せ、空は明るくなってきたけれど、まだ海はかすんでいた。私に見えたのは、おそらく4～5キロ先の小さな黒い点だけだった。

だがエリックは、「点」を見分けるプロだった。毎朝、夜明け前に妻のフィリッパと起き出して、海を見に行く。海峡に五つか六つの点が見える日もある。今朝は一つだけだ。エリックは、それが何なのかよくわかっていた。「難民のボートだ」と、私から双眼鏡を引き取りながら言った。「15分ほどでこっちに着くだろう」

まだはっきり見えもしないのに、ずいぶん具体的な予想だなと思ったけれど、私は2人の記者仲間とレンタカーに飛び乗って、海岸に向けて急いだ。難民たちがヨーロッパに上陸する瞬間に立ち会いたいと思ったのだ。

エリックの予想はぴったりだった。その点はどんどん大きくなり、10分でゴムボートの形になった。車から見ても、人がぎゅうぎゅうに詰まっているのがわかる。ひょっとすると50人は乗っているかもしれない。向こうにもこちらが見えたようだ。私たちの車がガタガタと高台から下りていく

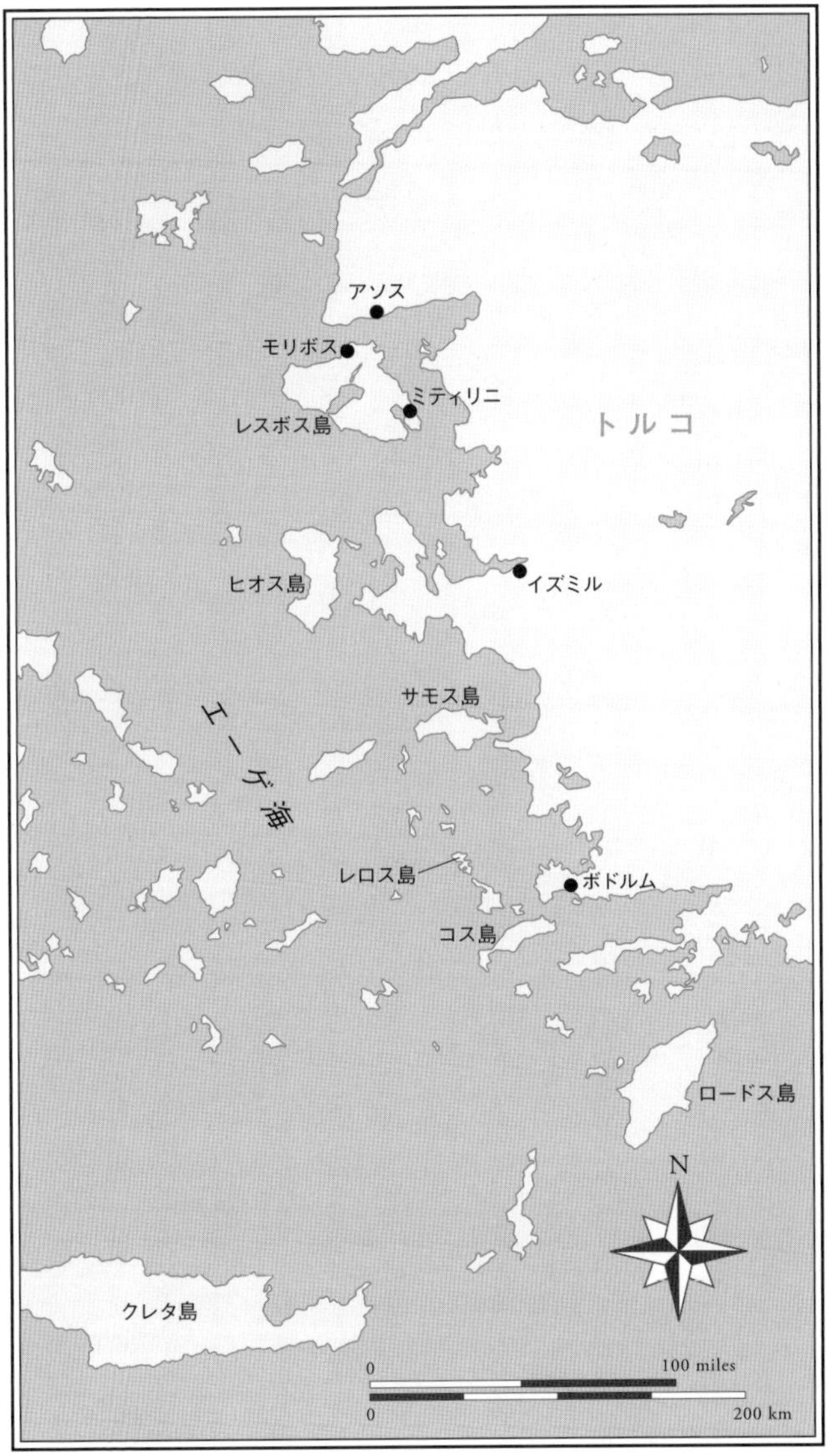
アソス
モリボス
ミティリニ
レスボス島
トルコ
イズミル
ヒオス島
サモス島
エーゲ海
レロス島
ボドルム
コス島
ロードス島
N
クレタ島
0
100 miles
0
200 km

トルコ西岸

と、何人かがこちらに向かって手を振った。人々の顔がはっきり見えてきた。さっきまで点、そしてシルエットにすぎなかったものが、オレンジ色の救命胴衣を着た人の群れに変わった。

私たちは車から飛び降りると、急斜面の岩場を駆け下りた。その途中で彼らを見失い、ようやく砂浜に下りたときには、すでにボートは到着していた。人々は救命胴衣を乱暴に脱ぎ捨て、浜に放置していく人も多かった。1人の男がゴムボートのチューブをナイフで刺し、空気を抜くと、ナイフごと海に捨てた。ボートがまだ使えると、ギリシャ人に送り返されるという噂があったからだ。

次に彼らが直面した問題は、この浜辺をどうやって出るかだった。そこは少しばかり厄介な場所で、右も左も岩場に囲まれていた。何人かが海岸線を調べに行ったが、やがて諦めて岩場を登りはじめた。低木につかまって体を引き上げたり、上から転がってくる石を避けたりしながら登っていく。

2015年にトルコからギリシャに来た難民の大多数はシリア人だったが、このボートに乗っていたのは、ほとんどがアフガニスタン人で、それ以外は内戦を逃れてきたソマリア人と、パキスタン人だった（パキスタン北部では武装組織の活動により100万人以上が故郷を追われていた）。シリア人家族は1組しかいなかった。

それはかなりちぐはぐな雰囲気のグループだった。漫画のようにぶかぶかの服を着ている人たちもいる。ある子供は巨大な背広を着ていて、袖が足首まで垂れていた。そうかと思えば、脱色したスキニージーンズに偽物のレイバンのサングラスをかけて、まるでショッピングモールに行くかのような格好をしたアフガニスタン人のティーンエイジャーもいた。ある老人は平たい帽子をかぶり、古ぼけた茶色いジャケットを肩にかけ、手には荷物を持って岩場を登ってきた。そしててっぺんまで登りきると、田舎道をよろよろと歩き出した。その姿は、フランスのプロバンス地方で午後の散歩をする年配の農夫、といっても違和感はなかった。

ギリシャ上陸は、難民たちにとって特別な瞬間に違いない、と私は思っていた。欧州連合（EU）という比較的安全な場所に到着できたのだ。ところがほとんどの人は、祝福はもちろん立ち止まりもせず、岩場を黙々と登りはじめた。てっぺんまで来ると、自撮りをしているティーンエイジャー以外は、ほとんどが一瞬立ち止まって、携帯電話にトルコの電波が入るか確認しただけだった。電波が届いている場合は、グーグルマップで自分の位置を確認し、電波が届いていない人は、肩をすくめて子供を肩車し、右と左のどちらに進むか決めて、さっさと歩きはじめた。多くはこの島の名前さえ知らなかったが、歩きつづけなければならないことはわかっていた。彼らの旅の中で、ギリシャ到着はささいな出来事にすぎず、根本的な問題を解決してくれる特効薬ではなかった。

たしかに彼らはみな、ここにたどり着くまでに長い道のりを歩んできた。アフガニスタン人の多くは、タリバンとＩＳＩＳの支配地域を逃れて、何日も歩いてイランに入り、さらにトルコを目指し、トルコでは地中海沿岸まで長距離バスに乗ってくる。だが、ギリシャにたどり着いても、彼らにはまだ長い道のりが待っている。まずレスボス島の主要港まで70キロ近く歩かなくてはならない。当局が交通機関の提供を拒否しているからだ。そこからギリシャ北部を縦断してマケドニアに行き、さらにセルビアを抜けてハンガリーへ。そこからは車または列車を使って、北ヨーロッパの寛容な国を目指す。「私、スウェーデン！」と、ナビドという名のアフガニスタン人男性は笑って、港に向けて歩き出した。

最後に岩場を登ってきたのは、このグループで唯一のシリア人家族だった。ダマスカス郊外に住んでいた6人は、2か月前にレバノンを目指してシリアを出た。そのレバノンを出てトルコを目指したのは2日前のこと。全員救命胴衣を着たままで、母親は場違いなくらい厚底の靴を履いていた。エレガントな灰色のコートは、海水で濡れている。彼らが今絶対にやりたくないのは、立ち止まって話すことだった。昨夜は一睡もしていなかったから疲れていたし、故郷に残してきた親戚も心配だった。それでも、父親のマヘルは、いちばん下の子を背中におぶって、上の2人の子供の手を握ると、歩きはじめた。ギリシャの朝日が長い影をつくっている。

もう何度目かになるが、私は学生時代に読んだ神話の英雄たちを思い出した。特にマヘルの姿を見て、私はトロイア戦争の武将アイネアスを思い出した。トロイア陥落後、地中海を放浪した後、イタリアに落ち着き、ローマ帝国の基礎となる王朝を開いた英雄だ。アイネアスはトロイアを去るとき、ライオンの皮を背中に、父親アンキセスを肩に背負い、幼い息子イウルスの手を引いていた。背が高く、堂々として、冷静なマヘルは、現代のアイネアスのようだった。マヘルが身に着けていたのはライオンの毛皮ではなく、救命胴衣だったけれど。また、マヘルの子供は1人ではなく、4人だったけれど。そのうちの1人が、よたよたと父親の後ろをついて歩きながら、しぼんだ浮き輪に息を吹き込んではしぼませて遊んでいた。それは彼らの置かれた状況と不釣り合いなほど無邪気な光景だった。

私は一緒にいたシリア人フォトジャーナリストのサイマ・ダイアブ（彼女は以前カイロでシリア難

民センターを運営していた）をちらりと見た。カメラを下ろした彼女の頬に、涙の筋が見えた。

ひょんなことから緊急対応チームを率いることになった老夫婦

このときはまだ２０１５年の6月だったから、ギリシャの島で起きていることは、リビアから次々やってくる密航船問題の補足情報的にしか報じられていなかった。だが、このトルコ・ギリシア間の銀色の海が、いずれヨーロッパの難民危機の新しい震源地になることは明らかだった。２０１４年、トルコからギリシャに渡った人はおよそ4万人だった。それが２０１５年は、半年でその倍の数がやってきた（その3分の2以上がシリア人だ）。7～10月のピーク時を加えると、その数は75万人を超えた。リビアからイタリアを目指す人の数は前年と同レベルだったが、そこにトルコ・ギリシャルートが急速に追いつこうとしていた。シリア人がエーゲ海を「見つけた」のだ。

その最大の煽りを受けたレスボス島は、イタリアのランペドゥーザ島と同じ状況に見舞われつつあった。初夏の時点でも、毎日１０００人以上が到着し、海岸には観光客のビーチチェアの隣に、救命胴衣が散らかっている光景が珍しくなくなった。ギリシャ当局は経済危機への対応で精一杯で、難民への対応には手が回らなかった。その空白を埋めていたのが、ケンプソン一家だ。

エリックがエーゲ海の密航活動を知る「権威」になったのは、ひょんなきっかけからだった。イギリスのウィンザー地方でサファリパークの飼育係をしていたエリックが、元看護師のフィリッパとレスボスに越してきたのは16年前のこと。２人は島北部の、海から１００メートルほどのところに土地を借りて居を構えた。

現在60歳のエリックは、80年代のロックスターと、70年代に流行ったマレットヘアを組み合わせた髪型をしていて、自作の木彫りの工芸品を売って生計を立てている。その作品は、ニューエイジふうのブレスレットから、著しく凝った置き物や、ムンクの『叫び』を連想させる彫像など多岐にわたる。自宅に隣接する店では、15歳の娘エレニが演奏する音楽がかかっている。庭にはトマト畑とオリーブの林、それに瞑想用に大きな石を環状に並べたスペースがある。

私がエリックの存在を知ったのは、彼のユーチューブチャンネルを通じてだった。その頃、レスボス島北岸で起きていることを定期的に伝えるニュースソースは、彼のチャンネルしかなかった。視聴回数が3桁(場合によっては2桁)しかなくても、エリックは自分が目にした難民危機の現状を、世界に発信しつづけていた。投稿のタイトルは漠然としていて、たくさんの感嘆符「!!!」がついていることが多い。「パンパースのプロ!!」「タコ!!!」「彼らが知っていれば!!」といった具合だ。やや意味不明な動画もある。2015年の初夏は、エリックが話している間ずっと庭の低木らしきものを映しているシュールなビデオが多かった。その手法を見て、私はミヒャエル・ハネケ監督の映画『隠された記憶』の冒頭のシーンを思い出した。ほとんど動きのない道路を定点からずっと映しつづけるシーンだ。ただ、エリックは抽象的な映像にかぶせて、その日の出来事を早口でまくしたてる。目の前でボートが沈んだことを思い出して、涙に暮れることもあった。

ケンプソン夫妻が知るかぎり、それまでレスボスに難民が来るペースは、ぽつりぽつりという程度だった。こんなに大勢が来たことはないし、こんなに多くの女性や子供が来たこともない。「だから数か月前から、車いっぱいに物資を積んでいって助けるようになった」と、エリックは言う。「生後2週間の子や、足にケガをしている人や、何日も食事をしていない人を見たら、誰だって何もしないわけにはいかない」

援助機関も政府の支援もないから、ケンプソン夫妻が事実上この地域の緊急対応チームになった。2人は毎朝、日の出前に起きて、夜明けのボート到着に備える。私は6月の2日間それに同行させてもらった。

2人はまず、近くの高台に行き、海の向こうを注意深く観察する。エリックは、トルコ側でボートが出てくる入江に基づき、それがレスボスのどの辺りに到着するか予測する。いつもどおりなら、まず黒いゴムボート2隻が夜明け前にやってくる。乗っているのはほとんどがアフガニスタン人だ。夜が明けると、3隻の灰色のボートが来る。こちらはシリア人ばかりだ。5隻目が最後で、女性と子供が乗っていることが多い。ケンプソン夫妻が最初に手を差し伸べるのは、このボートだ。それを双眼鏡で確認すると、急いで到着が予想される海岸に行き、上陸したばかりの最弱者に飲み水と乾いた服、そして食料を手渡す。それは相当な数に上る。妊婦、車椅子に乗っている人、最近火傷を負ったらしく「手の肉がたれている」男性もいたと、エリックは言う。「この20年間泣いたことはなかったし、私はタフな男だ。でもここ4か月は本当によく泣いた」

そこには反感も排斥もなかった

レスボス島の難民危機は当初、リッチな観光客のいる海辺に難民の大群が押し寄せて、外国人も住民も激怒しているという報道がほとんどだった。たしかに気まずい雰囲気はある。あるビーチでは、難民の子供が砂浜に残していった「アングリーバード」の浮き輪のすぐ横で、観光客が日光浴をしていた。緊張を煽る動きもあった。ある右派のウェブサイトは、難民（イスラム教徒）がキリスト教会で排便をしていると報じた（もちろん嘘だ）。

エリックの働きも攻撃された。海辺で難民たちを助けていると、近隣住民が近づいてきて、そういう慈善活動が、難民をレスボスに引き寄せるのではないかと懸念を伝えてきた。エリックのアトリエで話をしているとき、彼の携帯に無言電話がかかってきたこともある。きっと自分を脅そうとしている人の仕業だとエリックは言う。ほかの島では、援助活動家が暴行を受けたり、地元の政治家が反難民感情を煽ったりしていた。コス島の市長は、市は水1杯でも難民を助けるべきではないと語った。さらに、海から登録センターまでは60キロ以上もあるのに、行政が交通手段を提供することを拒否したため、難民たちは炎天下を歩かなければならなかった。

レスボスでは、同情した島民が自分の車で難民を運んでやることも、今のところ違法だ。* 実際に難民を車に乗せて、逮捕された島民も3人いる。エリックも警察の警告を受けた。浜辺で難民を助けるのをやめろ、さもなければ密航業者として逮捕する、というのだ。こうしたルールに抗議して、難民の家族を乗せた車41台が、島北部の観光地モリボスから中心都市ミティリニまで「デモ行進」

したこともある。

島の南部で難民キャンプを運営している女性は言った。「たとえ違法でも、子供を抱えた何百人もの人が歩いたり、横になったりしているのを見て見ぬふりして、炎天下で死なせるわけにはいかない。路上で弱っている人を見殺しにするなんて、それこそ犯罪でしょう」

ケンプソン一家は、そんなことは起こさせないと心に決めたボランティアの先駆けだ。エリックは毎朝、海岸に到着する人々を出迎えて、人数を数えて、モリボスでレストランを経営するオーストラリア人ラニー・マクロスティーに連絡する。島のこのエリアには正式な受け入れセンターがないから、マクロスティーは自分のレストラン「キャプテンズ・テーブル」の裏手を、一時滞在キャンプにした。エリックから連絡があると、マクロスティーのキッチンで食事の準備が始まる。食材や物資の多くは住民や観光客から寄せられたものだ。

イギリスのタブロイド紙で書かれているような、難民に対する反感は見あたらなかった。デイリー・メール紙は、レスボスを訪れたイギリス人観光客が、昼食中に難民にじろじろ見られて不愉快だったと語っていると報じた。

だが、私が出会った観光客は、まったく無関心か、難民を助けたがるかのどちらかだった。日光浴をやめてマクロスティーのキャンプの手伝いを始めたドイツ人看護師がいた。ケンプソン一家を手伝うために、わざわざレスボスに来たカップルもいた。あるベルギー人男性は、シリア人の家族連れが南部の港まで60キロ以上の道のりを、気温40度の炎天下のなか歩かなくていいように、滞在期間中毎日、車に乗せてやった。「最初は不安だった。やるべきかどうか迷った」と彼は言う。「で

＊この法律は2015年に廃止された。

も、女性や子供たちの横を通ったら、誰もが『やらなくちゃ』と思うはずだ。私も何かをしなくては、とね」

私はレスボス島で、外国人排斥論者を探した。ある温泉のオーナーなら、不快なことを言うに違いないと思ったけれど、もっともなことを言うばかり。ゴムボートが放置されたビーチ前にあるホテルの支配人も、難民たちに同情を示した。マクロスティーの隣人だけは不機嫌だった。レストランの裏手にできた即席キャンプのせいで、自分のケバブ店に客が来なくなると心配していた。

だが総じて、この島では難民は大いに同情されているし、共感する人さえいると、ある薬屋の主人は言った。それは彼らの親や祖父母の世代も、同じような経験をしてきたからだ。レスボスをはじめ、エーゲ海北東部の島の住民は、1922年に小アジアで起きた惨劇を逃れてきた人々の子孫が多い。「私たちは怒っていないし、怯えてもいない」と、薬屋の主人は言った。「私たちの祖父母もトルコを追い出されてきたのだから」

あるとき海岸で、1人の男性がトラックスーツ姿でゴムボートを裁断し、トラックに乗せていた。ゴミ漁《あさ》りだろうか。放置されたボートからエンジンなど値がつきそうなものを拾い集め、売っている島民がいるという噂を聞いたことがあった。でも、その人は違った。「私は村長です」と、サナシス・アンドリオティスは名乗った。これまでは週に1度ビーチのゴミ拾いをしてきたけれど、今年は毎日やらないと……と、ため息をついた。

ひょっとすると彼なら、難民の流入を迷惑に思っているかもしれない。だが、またしても私の予想は外れた。アンドリオティスは難民たちにひどく同情していた。「彼らは自分の国の政府に追われ、恐ろしい経験から逃れてきたんですよ」。そう言うと、ゴムボートの最後の残骸をトラックに投げ込んだ。彼は元警官で、引退後にこんな人生を歩むことになるとは思いもしなかったという。ましてや、ＥＵの難民認定手続きを定めたダブリン条約のエキスパートになるとは、思いもしなかった。だがそれが、２０１５年のレスボス島北部の日常だった。

イスラム国とアサド政権、どちらが難民危機の原因なのか

どうしてこんなことになったのか――。２０１５年が進むうちに、私はそんな質問をされることが増えた。その答えは主にシリアにある。もちろんアフガニスタンやイラクからの難民も相当な割合を占めた（特に冬場）。割合はずっと小さいが、バングラデシュ、モロッコ、セネガルといった国からの、いわゆる経済移民もいた（エーゲ海ルートの手軽さが知られるにしたがい、その数は増えているようだ）。

だが国連によると、２０１５年の1～10月の間にギリシャに来た難民の66％はシリア人だった。国連の統計の正確性を疑問視する声もあるが（理由は後述）、難民急増の引き金を引いたのがシリア人であることは間違いなかった。

これはやや奇妙な現象でもある。シリア内戦が始まったのは２０１１年。なのに、ヨーロッパに巨大な難民の波が押し寄せてきたのは、その4年後だ。なぜ今なのか。そして、なぜイタリアではなく、ギリシャなのか。

これについては、まだ徹底的な研究はなされていない。ただ、多くのシリア人が共通して指摘することがいくつかあった。一つは、シリア内戦に終息の気配がないこと。そして、たとえ数年以内に終わったとしても、国内は大きく分裂して、激しい報復合戦が起きる可能性が高いことだ。だから長期的に安全な生活を送りたいと思ったら、シリアから出てくるしかない。

欧米のメディアはISISの脅威を大々的に報じている。たしかに多くのシリア人にとっても、ISISの台頭は故郷を逃れる大きな理由となってきた。だが、シリアにおけるISISの支配地域は、主に人里離れた砂漠地帯だ。多くの人が住む地域は、穏健な反政府勢力の実効支配下にあり、ISISよりもアサド政権の樽爆弾とロシアの空爆のほうが、はるかに身近な危険と考えられていた。戦闘や空爆が日常化していない地域でも、いつまでも無傷ではいられまいという冷静な見通しが住民の間で広がっていた。

一方、アサド政権の支配地域では、残忍な政府軍に徴兵されるのを恐れる人々の流出が起きている。反政府勢力が発射するロケット弾も日常的な脅威となっている。最初の2～3年は、多くの人がいずれ内戦は終わると考えて、親戚や友達の家に身を寄せていた。だがもう無理だった。子供たちは何年も学校に行っていない。破壊された家を建て直すこともできない。それならこの国を出るしかない——。

2015年は、シリア人がヨーロッパに到達するのが難しくなった年でもあり、簡単になった年でもある。EUにおけるシリア人の難民申請が「たった」12万5000件だった2014年は(1)、リビア経由でヨーロッパに来た人が多かった。だが2015年には、シリア人がリビアまで行くことそのものが難しくなった。リビアの西隣（アルジェリア）と東隣（エジプト）が、シリア人の入国を認めなくなったからだ。さらにリビア内戦や、密航業者による虐待や船の質の低さ、そしてそもそもリビアまで行くのに多額の費用がかかることが、ヨーロッパ行きの船の出発地としてのリビアの魅力を低下させた。

そんなとき、トルコからバルカン半島に渡る、より簡単で、より安価なルートがあるという噂が広がった。イズミルから船でギリシャに渡るルートや、徒歩でブルガリアかギリシャに入るルートは、昔から移民たちに利用されてきた。だが、近年EUが陸の境界の管理を強化したのを受け、トルコ・ブルガリア国境とトルコ・ギリシャ国境にはフェンスが設置され、警備隊員の数も増えた。これに対して、海の境界は管理が難しく、そのことに一部のシリア人が気づいたのだ。２０１４年後半のことだった。

「シリア人が安全かつ無料で安全圏に到達するルート」

はるばるリビアまで行って、そこからイタリアまで海を３００キロ渡るよりも、シリアから隣国トルコに入り、さらにエーゲ海岸まで移動すれば、翌日にはギリシャの島に到達できる。その後バルカン半島を歩いて縦断しなければいけないが、携帯電話のGPSのおかげで、密航業者の助けを借りなくても、自力で踏破できることがわかってきた。また、「先駆者」たちがフェイスブックやワッツアップといったソーシャルメディアで自分の経験談やコツを公開したため、このルートはますます広く知られるようになった。

　私が発見した最も詳細なフェイスブックページ（「シリア人が安全かつ無料で安全圏に到達するルート」）には、2015年4月の時点で数千人のメンバーがいた。そこにはアテネからハンガリーまでのルートのほか、列車の切符の買い方から、料金、適切な身なり（「こぎれいな服、ヘアジェル、デオドラント」）、バックパックに詰めるべきもの（「国際SIMカード、かぶれ用クリーム、綿100％の下着」）まで、幅広い情報が詳細に書き込まれていた。

　9月半ばにハンガリー国境が閉鎖されるまでに、数十万人がこの手引きどおりのルートをたどった。私もその一部を歩いてみたが、見知らぬ土地なのに、そのフェイスブックの説明を読んでいたおかげで、不気味なくらい初めての気がしなかった。ギリシャからマケドニアに行くときは、「早朝にハラ・ホテルの裏手を出発すること」とアドバイスしている。「GPSを開いて歩き、しばらくすると川にぶつかる。すばやく橋を渡って歩きつづけると、右側に線路と平行に走る道が見える。幹線道路から100メートルほど離れているが、この野道を歩くこと。1時間ほどで、（マケドニアの）ゲブゲリヤ村だ」。夏の間に二つの変化があったことを除けば、これは恐ろしく正確な道案内だ。昔ながらのガイドブックは廃れつつあるが、これは難民時代の旅行案内書だといえる。

　このフェイスブックのページで、とくに説得力があるのは、管理人（匿名）による序文だ。それは、なぜ2015年にこれほど多くの人が突然ヨーロッパを目指すようになったのか、という疑問を解き明かすヒントにもなっている。

「君は悩むだろう。自力で行くべきか、それとも密航業者を探すべきか、と。誰もが同じ問いにぶつかる。わかっておかなくてはいけないのは、すべてのルートが確実というわけではないし、密航業者を使っても意図した場所に行けるとは限らないことだ。その理由をよく調べること。それをやったら、あとは神に任せること。……個人的には、自力で行くことをお勧めする」

実に名文ではないか。実際、多くの人がこのアドバイスに耳を傾けたようだ。2015年、シリア人はヨーロッパに行くのにリビアを経由する必要はないこと、そしてごく一部を除き、密航業者に頼る必要はないことに気がついた。自力でやれる。それも、今すぐに。そのとき、こうしたフェイスブックが果たした役割は大きかった。

ほかの要因もある。第1がコストだ。シリア内戦が長引くほど、ヨーロッパに行く資金を持つ人は増えた。2年前は、出国したい人のほとんどに十分な蓄えがなかった。だが今は、多くの人が友達からお金を借りたり、給料を貯めたりして資金を確保している。その一方で「旅費」は下がった。トルコからエーゲ海を越えてギリシャに渡る費用は、たった1000ドル。リビアでシリア人が密航業者に払う「相場」の半分以下だ。

だからヨーロッパに行ける人はいっそう増えたし、もっと多くの親戚を連れていけるようになった。それまでは、お金を節約するために、あるいは難民の地位認定さえ受けられれば家族を呼び寄せられると期待して、まずは父親がヨーロッパに渡るケースが多かった。今は最初から家族で旅する資金的余裕がある人が増えた。またそうするべきインセンティブも高まった。家族の呼び寄せには1年以上かかるという噂が広まったのだ。父親たちは、子供と長期間離れ離れになるよりは、比較的危険の少ないエーゲ海を一緒に渡ろうと思うようになった。

資金援助で問題を解決できるのか？

だが、なぜヨーロッパなのか。なぜ、中東にとどまれないのか。その答えは、「すでに多くの人がその選択肢を試したが、現実的ではないとわかったから」だ。

中東諸国に避難したシリア人はすでに約400万人に達する。最も人気の避難先は200万人が身を寄せたトルコだ。約120万人はレバノンにいて、人口の20％を占める。60万人はヨルダンを目指し、いまやこの国の人口の10％を占める。エジプトには、登録されているだけでも約14万人のシリア人がいるが、実際はその2倍がいると考えられている。その数があまりにも大きいため、受入国はシリア人のケアをほぼ全面的に国連に頼らざるをえない。ところがその国連の援助が縮小している。

2014年冬、国連は40％の資金不足となり、中東にいるシリア難民の食料援助を減らしはじめた。このため難民たちが、中東にとどまって内戦が終わるのを待つべき理由は、一段と小さくなった。

さらに、たとえ国連の食料援助が減っていなかったとしても、難民たちが中東にとどまろうと思ったかどうかはわからない。というのも、難民危機の直撃を受けた中東4か国では、シリア人は法的に、あるいは慣習的に就業を認められず*、公立の病院や学校も利用できない。しかも今は、ほとんどの国が新たなシリア人の入国を禁止している。このためシリア人の多くにとって、中東では新しい人生の計画を立てられない。だから国連に十分な資金があっても、出て行くことを考えた可能性がある。

それはイギリスの難民危機対策をあざ笑うような状況だった。キャメロン首相はしばしば、イギリスはヨルダンとレバノンのシリア難民キャンプに相当な資金援助をしているから、シリア難民を直接受け入れる必要はないと示唆してきた。(2)

この主張は偽善的だ。まず、ヨルダンとレバノンに身を寄せている難民のうち、キャンプに住んでいるのは5分の1にすぎない。(3)第2に、イギリスの援助は、キャンプに入れた人の生活を一時的に改善するだけで、長期的な見通しを改善するのにはほとんど役立っていない。内戦が長引くなか、難民たちは長期的な展望を求めている。だから、イギリスの資金援助が寛大だと思う人も（ちなみに私はそうは思わない。むしろイギリスの政治家がもっと有効な手段を講じない口実になっていると思う）、それが実際の問題解決につながるとは考えにくい。

援助さえ増やせば問題が解決するなら、2015年の夏、こんなに多くのシリア人がトルコの海岸に押し寄せるはずがない。

救命胴衣屋とブローカーの街となったイズミルで

「救命胴衣はどうだい？」

トルコ西岸の港町イズミルで、多くの店が立ち並ぶ大通りを歩いていると、3～4軒おきに声をかけられる。ある店員は「本物のヤマハだ」と声を張りあげた。「ちょっとこっちで着けてみない？」

＊トルコは2016年1月、シリア人に労働許可申請を認めたが、そのときまでにすでに多くの人がトルコを後にしていた。

毎度のことだが、私のことを難民と勘違いしている。

イズミルは、トルコにおける密航業の首都だ。それを隠そうとする人はいない。この通りでは、露天商が難民に風船を売っている。パーティーのためではなく、海を越えるとき防水ケースとして使うためだ（たとえば携帯電話を入れて、吹き口を結んでおく）。

ゴムボートが大量にストックされているボート用品店もある。ある店には、ゴムボートの入った段ボール箱が16個積まれていた。すべて中国から仕入れたばかりの新品で、謎めいた型番（ＳＫ―８００ＰＬＹ）が入っている。店主の読みが正しければ、2日後にはすべてギリシャの海岸に捨てられる運命だ。そう、ここは難民をヨーロッパに運ぶゴムボートが買える店。1日6個ほどのペースで売れるという。

その大通りにある店の3分の1で、難民用の救命胴衣が売られていた。ケバブ店でも売っているし（子供用もあった）、警察の制服専門店でも売っている。だが、いちばん大々的に扱っているのは服飾店だろう。ジーンズやシャツを地下の売り場に移して、救命胴衣を主力製品として売り出している店もある。ショーウィンドウのマネキンも、スーツやワンピースではなく、オレンジ色の救命胴衣を着ている。

店内では、まるで結婚式用の背広を買いに来た人を相手にするかのように、店員が客のサイズを測り、ぴったりの救命胴衣をすすめる。それはほとんど滑稽な風景だった。だが子供服売り場で、子供のマネキンがヤマハの救命胴衣を着ているのを見たときは、さすがに背筋が寒くなった。さらに、安い救命胴衣に入っているのはスポンジで、浮くどころか水を吸収することを聞いてからは、トルコ人の商魂を無邪気に笑えなくなった。

イズミルから出発するギリシャ行きの船は、ヒオス島かサモス島、またはレスボス島に到着する。トルコ南部の小さなリゾート地ボドルムから出発する船は、コス島、レロス島、カリムノス島を目指す。行き先は密航業者の都合で決まる。

歴史的に見れば、イズミルは人道危機と無縁ではない。

1922年、この街がまだスミルナと呼ばれていたとき、ギリシャ・トルコ戦争で最悪の事件の一つが起きた。街の住民の半分以上がギリシャ系だったことから、ギリシャが軍隊を送り、併合を図ったところ、トルコ軍が歴史的建造物に火を放ったのだ。街は煉獄と化し、無数のギリシャ系住民が港に殺到する大混乱になった。海にはアメリカとイギリスの船が待機していたが、当初は介入できなかった（将棋倒しが起きることを恐れて、ということになっている）。この戦争の結果、小アジアから大量のギリシャ系住民が追われた。

あれから約100年。難民たちがこの街を出て行くのは、はるかに簡単になった。

バスマネの駅前広場周辺には小さな路地がたくさんあって、ブローカーたちが「ギリシャ行きの船、紹介するよ」と、おどおどしたシリア人ににじり寄る。シリア人はバックパックを背負って心細そうにしているから、一目でわかる。ひとたび話がまとまると、シリア人は安ホテルに追い立てられる（密航業者が専用に借り上げていることが多い）。夜が更けると外に集合させられ、密航業者が手配したトラックやバスに乗り込み、2〜3時間揺られて海岸まで連れてこられる。家畜用のトラックに、本当に家畜のように詰め込まれることもあれば、公共交通機関を使った、もっと快適な旅になることもある。

　難民たちがこの街を出て行くのが簡単になった理由は、ほかにもある。爪楊枝をくわえたある密航業者は、私を散歩に連れ出すと、難民たちの集合場所の真向かいにある白い建物を指さした。警察本署だ。彼はニヤリと笑うと、トルコ当局はシリア難民のヨーロッパ行きを止めようとしていないと力説した。後に政府の報道官はこれを否定し、2015年には8万人以上の難民を逮捕したと反論した。だが、イズミルの密航業者の密集地区が西に警察本署、東に別の警察署にはさまれているのを見れば、トルコ当局が密航の取り締まりに熱心に取り組んでいないのは明白だ。

　イズミルの密航業者の「ビジネスモデル」は、だいたい次のようなものだ。まずブローカーが、ボート1隻分の客を40～50人集め、出発時間までホテルで待機させる。そして時間になると、ドライバーが彼らを海岸まで連れていく。一方、5人の作業員がゴムボートとエンジンを運び、海岸でそれを組み立てる。シリア人を運ぶのはシリア人の業者で、スタッフもシリア人であることが多い。ただし、ボートが出発する海岸の地主はトルコ人で、ふつう、複数の密航業者と協力している。彼らは利益のかなりの割合を手にする。密航業を成り立たせるためには、彼ら地主の協力が不可欠だからだ。

「どこからでも出発できるってわけじゃない。だから、このプロセスのカギを握るのはトルコ人だ」と、ある密航業者は言う。「トルコ人がいなければ、船は出発できない」

密航業者となったシリア人難民が明かした儲けのしくみ

私はイズミルで、このビジネスの規模と悲哀を凝縮したような出来事に遭遇した。2015年夏のある午後、シリア人通訳のアブドゥルサラムと、バスマネ広場からさほど遠くない通りをぶらついていたときのことだ。

救命胴衣の売り込みを数えきれないほど断ったとき、アブドゥルサラムが急に、「あれ、モハマドかな?」と言い出した。内戦前に、シリア北部でよく一緒にサッカーをした友達だという。人でごったがえす歩道の反対側をよく見ると、モハマドも同じことを考えていたようだ。2人は大きな笑みを浮かべて、おたがいに歩みよると、嬉しそうに抱きあった。故郷からこんなに離れたトルコの雑踏で会うなんて、なんという偶然だろう。

2人はとても同世代には見えなかった。アブドゥルサラムのほうが年上で、疲れて見えた。モハマドは短髪をジェルでツンツンに固め、さっそうとしていて、十代と言っても通用しそうだ（実際には2人とも20代半ばだった）。2人はその場で、これまでの数年を数分で説明しようとした。アブドゥルサラムは今、援助機関や私のようなジャーナリストの通訳をしていると説明した。モハマドは以前、電気技師をしていたという。

「それじゃ今は?」

モハマドは小ぎれいな身なりをしている。

「ああ、ほら」と、モハマドは言った。「ここで働いてるんだ」

「イズミルで？」

モハマドは恥ずかしそうに答えた。「ああ、ここで働いてる」

そして一瞬沈黙すると、告白した。「密航業者なんだ」

思わずはっとする瞬間だった。戦争で別れ別れになったサッカーの元チームメイトの2人。1人は密航業者に話を聞くのが仕事で、もう1人は密航業が仕事。そんな組み合わせができる確率は、いったいどのくらいあるのだろう。さほど高くないはずだ。けれど、さほど低くもないはずだ。トルコにいるほとんどのシリア人に合法的な仕事の口がないなか、密航業は安定した収入をもたらす数少ない仕事の一つだ。そして2人の若者が今日、イズミルにいる唯一の理由でもある。さもなければ、2人ともヨーロッパに行っていただろう。

私はイズミルで何人かの密航業者に話を聞いたが、このビジネスのお金の流れについては、みな言葉を濁した。そこで少し時間のあったモハマドに教えてもらうことにした。場所は、救命胴衣店の隣にあるカフェ。私たちはチコトプというトリュフ型のチョコレート菓子を注文した。

モハマドの暮らしは上々で、翌月には盛大な結婚式を挙げる予定だった。現在のシリア人の若者の多くには、夢のような話だ。それもこれも、家族でやっている密航業のおかげだった。

モハマドの説明によると、40人乗りボートの「乗船料」は1人1200ドルで、1隻でざっと4万8000ドルの売上になる。ブローカーが乗客1人につき300ドルの仲介料を取るから、残り3万6000ドルが密航業者の手元に残る。ボートとエンジンの値段には変動があり、ピーク時はボートが1隻8500ドル、エンジンは1個4000ドルする。それを設置する技師と運転手の費用が計４０００ドル。難民たちを待機させるホテル代が一晩５００ドル。海岸の地主への支払いは別会計だが、難民の乗船料の15％程度を要求されることが多い。つまりボート1隻あたり約６０００ドルだ。

こうした費用すべてを差し引いても、密航業者の元締めには1万３０００ドル以上が残る。ブローカーを使わずに、あと10人乗せれば、この利益を2倍にすることも可能だ。だから40人乗りと説明されたボートに50人が乗っていたり、十分な燃料なしで船が出されたりする。海岸まで来たけれど不安になり、やめようとした難民が、銃を突きつけられて乗船を強いられたという証言もある。

もちろんモハマドの会社はそんなことは絶対しない（と言っていた）。「本当に行きたい人は、何が何でも行く」と、モハマドは言う。「7回でも8回でもトライする。俺たちには止められない。はるばるダマスカスから危険をおかしてやってきた人が、ここで止まるわけがない」。そこまで話したところで時間切れになった。モハマドは私のお菓子代を払うと言い張り、持ち帰り用の小さなビニール袋に入れてくれた。

難民がこんな「顧客サービス」を受けられることは、まずない。イズミルから海岸までの道のりは、海の旅よりもひどいことがある。家畜のにおいがするバンに押し込められ、空気の薄い車内で長時間立ったまま揺られる。夜明け前に海辺に到着したときは、意識がもうろうとしている人も多いが、そこからボートまで長い距離を歩かされることも少なくない。だがそれも、海岸まで到着できたらの話だ。警察に捕まることもあるし、強盗に待ち伏せされることもある。ある密航業者は、かつて客の荷物を盗んでいたが、悪評が立って本業にマイナスになるためやめたという。

ようやく海岸に到着すると、たいていブローカーが約束したよりも乗客が10〜15人多くなっている。だが、もはや文句を言っても仕方がない。難民の中から操縦係が選ばれ、全員がボートに押し込められたら出発だ（操縦に技術を要する冬以外は、密航業者は同乗しないことが多い）。

運がよければ、2時間ほどでギリシャの島に着ける。運が悪ければ、トルコの沿岸警備隊（野放し状態という批判を払拭する程度の仕事はしているようだ）に捕まる。覆面して武装した男たちに襲われるケースも増えている。客からできるだけ搾り取りたい密航業者が雇ったギャングだという噂もある。その正体は明らかではない。彼らは難民の所持品を奪い、エンジンを壊して去っていく。難民に来てほしくないギリシャ人の仕業だという人もいる。これはギャングを乗せたボートの一部が、ギリシャ方面から来るように見えるためだが、確かなことは誰にもわからない。もちろんギリシャ政府は責任を否定している。

海が障害になることもある。2015年には500人以上がエーゲ海で溺死した。[4] 最も有名な犠牲者は、トルコの海岸にうつ伏せで打ち上げられた、クルド人の男の子アラン・クルディだろう。リビアから地中海を渡るのに比べれば、エーゲ海越えはさほど困難ではないかもしれない。それでも薄っぺらいゴムボートに、これほどたくさんの人が詰め込まれれば、非常に危険なのは間違いない。ちょっとでも波が荒れたり、少しでも生地に裂け目ができれば、ボートは転覆したり、浸水しはじめる。燃料もすぐに尽きてしまうことが多い。

レスボス島にたどり着いたアフガニスタン人のナシマも、途中でボートが沈みそうになったと言う。エンジンが止まり、ボート内に水があふれはじめた。全員荷物を海に捨て、女性はハンドバッグを空にして、バケツ代わりに水をくみ出した。カブールで航空会社の受付係だったナシマは、ギリシャの沿岸警備隊の電話番号を持っていたから、必死で電話をかけた。さいわいトルコの携帯電話の電波が入るエリアだったから、電話は通じたが、相手は彼女の言葉を理解できない。そこで彼女は家族に電話した。「泣いてしまった」と彼女は振り返る。「『たぶん死んでしまうと思う』と伝えたの」

そこにギリシャの漁船が通りがかり、助けてくれた。数時間後、ナシマはモリボスの波止場にあるマクロスティーのレストラン裏にいた。もう安全だ。話を聞かせてもらった後、私は彼女と握手をした。知らない男の人の手に触れたのは初めてだわ、と彼女は言った。

ギリシャ・コス島で逃げた市長を追う

コス島の中心都市コス・タウンには、古いスタジアムがある。その壁をよじ登るのは、かなり難しい。私はある夏の晩にそれを思い知った。スタジアムの入り口には鍵がかかっていたから、中に入るには外壁を越えるしかない。ちょうど壁際に1本の木が生えていたのだが、幹の下のほうには枝がない。そこで私は背中を木の幹に押しつけ、壁に足を突っ張って、少しずつ登る方法を試した。だが、シャツが汚れ、背中をすりむいただけでいっこうに登れそうにない。

すると1台の自転車が壁に立てかけてあることに気がついた。その自転車を踏み台に、勢いよく壁のてっぺんによじ登ると、あっという間に壁の向こう側に転がり込むことができた。自転車の車輪が曲がっていたところを見ると、このやり方を試したのは私だけではないようだ。

２０１５年のギリシャの島々の緊張と、ヨーロッパの稚拙な対応を象徴する場所を一つ選ぶとすれば、それはこのスタジアムだろう。屋根はなく、ほこりっぽいピッチに数百人のシリア人が座っていた。この猛暑の中、彼らはまる1日以上ここに閉じ込められていた。飲み水はほとんどなく、トイレも使えない。私が「壁越え」に苦心していたとき、1人の男性が「水」とあえぎながら出てきた。「とにかく水をくれ」。シリアでは銀行員だったというこの男性によると、スタジアムの中では、約12時間前に数本の水が配られたきりだったという。「それも前のほうにいる人しかもらえなかった」と、彼は私が手渡したエヴィアンをゴクゴクと音を立てて飲みながら言った。

私がレスボス島を訪れたときから数週間がたっていたが、周辺の島々の状況は悪くなる一方だった。ギリシャ政府はここ数か月、ＥＵ離脱をちらつかせてＥＵが迫る緊縮措置を緩和するのに忙しく、島部で起きている危機に目を向ける時間もエネルギーもなかった。

そうこうしているうちに、コスやレスボスには、２０１４年1年間の合計を4倍も上回る難民が押し寄せ、大量の登録作業が滞っていた。以前は島に到着してから2日もすれば、仮登録書をもらえた。この書類があれば、現金をユーロに換金して、本土までのフェリーの切符を買い、マケドニアを目指す旅を始められる。ところが今は連日数千人のペースで難民がやってくるから、この基本的なシステムすら動いていなかった。各島には担当職員が5人程度しかいなかったため、難民たちは仮登録書発行まで1週間以上待たなければならないこともあった。

レスボス島では各地域に難民キャンプが設けられた。いずれも不衛生で、過密状態で、食料や水の定期的な配給はなかったが、少なくとも難民には居場所が確保されていた。ところがコス島では、難民が滞在できる公共施設はない、とヨルゴス・キリツィス市長が断言。このため懐に余裕のある人はホテルに部屋を取り、それ以外の大多数は路上や海岸で眠った。キャプテン・イライアスという廃ホテルに身を寄せた人も数百人いた。

それでも人生は続く。難民たちの多くは一生分の貯蓄を持ってきているから、島にそれなりの経済的恩恵をもたらした。市長によると、観光業もとくに大きな打撃を受けなかった。それでも市長は、路上にいる難民を一掃したがった。そこで8月のある日、島内にいるシリア人全員を老朽化したスタジアムに集めることにした。「スタジアムに行けば仮登録書をもらえる。そうすれば次のフェリーで島を出られる」と約束したのだ。

それが本当なら素晴らしい提案だが、実際は悲惨な結果が待っていた。「『とにかく来い。仮登録書を発行してやるから』と言われた」と、元銀行員のユセフは振り返る。「そして、まるで刑務所みたいに閉じ込められた」。若い男性なら、あの自転車を踏み台にして出入りができたが、ほとんどの人には無理だった。日中は暑さのため、15分に1人のペースで失神者が出たと、国境なき医師団（MSF）は報告している。

そんな状態だから、警備員との間に衝突が起きたのは無理もない。シリア人は、盾や警棒で殴られ、消火器を噴射された。彼らにとって、それは屈辱的な出来事だった。戦争を逃れてきたのに、まだ戦場にいるかのように扱われたのだから。

私がスタジアムに入ったときは、すでに状況は沈静化していた。内部にはまだ数百人が閉じ込められていたが、約束された書類が少しずつ発行されて、その数は少しずつ減っていた。翌朝4時頃、最後の数人に書類が発行され、島内のシリア人全員が仮登録書をもらうことができた。キリツィス市長が全員を集めたときには悲劇的な事態となるのは不可避に見えたが、どうにかそれは回避できたようだ。

私はキリツィス市長の真意を問いたいと思い、大混乱が発生した日の午後、市長のオフィスに電話してみた。だが何度電話しても「市長は席を外しております」と言われるばかり。そこで翌朝、最後のシリア人グループと一緒にスタジアムを出た後、市長のオフィスを直接訪ねてみた。秘書は、市長は今日も非常に忙しくて会えないと言う。そこで私は、「市長のスケジュールに空きができるまで喜んでお待ちします」と伝えて、市庁舎の唯一の出入口の外に車を停めて待った。

1時間後、キリツィスが出てきた。だが、30分で戻るからと言うと、大急ぎで私の車の横を走りぬけていった。1時間後、秘書が「市長はスタジアムの近くのレストランにいます」と言ってきた。そこでそのレストランに行ってみると、店長は「市長?」とけげんそうな顔をした。「今日はおいでになっていません」

だまされたことに気がつき、私が2人の仕事仲間ととぼとぼ歩いていると、ふとのぞいた別のレストランに市長がいるではないか。友達とテーブルを囲み、大きなサンドイッチにかぶりついていた。もう逃がすものか。私たちが同じテーブルに陣取ると、ようやく市長は降参して、2、3の質問に答えることに同意した。あるいは、質問をはぐらかすことに決めた。

「2000人ものシリア人をスタジアムに閉じ込め、この暑さの中、水も与えずに1日中放置するなんて、どういうお考えだったんですか」と聞くと、キリツィスはしらばくれた。「スタジアムに閉じ込められた？　あそこに2時間以上いた人はいませんよ。それ以上、あそこにとどまる必要はなかったはずだ」と、彼は無表情で言った。「コンスタントに人が出入りしていた」

キリツィスは口がうまかった。別の記者のインタビューでは難民には飲み水だって与えるべきではないと言っていた。それが今日は、すっかり温和ないい人といった風情で、「難民を快く迎え入れなくてはいけない」と言う。どうせ彼らはやってくるんだからね。私としては、もっと難民を助けてやりたいんだが、中央政府の協力がないからねえ……。

だが、「中央政府」の難民受け入れ担当者は、キリツィスの見解に同意できないようだ。市民保護省第一次受入局のパナギオティス・ニカス局長によると、たしかに財政危機のために、同局の職員は150人から50人に減らされた。だが、キリツィスは同局の支援を一貫して拒否してきたという。「コス島では、市長の協力がまったく得られない」と、ニカスは電話で語った。「登録作業を遅らせれば、難民はどこか別の島に行ってくれるとキリツィスは思っていた。最近ようやく、協力しなければ状況はもっと悪化することに気がついたようだ」

どちらの言っていることが正しいのかはわからない。その理由はただ一つ。誰も責任を取りたくないからだ。コス島のスタジアムで起きた大混乱は、ヨーロッパの難民対応の問題点を象徴している。自分の職務を真剣に果たそうとしないのは、市長や中央政府の担当者だけではない。ヨーロッパ大陸全体がそうなのだ。全加盟国が協力する必要があるのに、EUはギリシャを助けようとせず、すべてをギリシャに押しつけた。危機が存在しないかのように振る舞えば、危機は消えるとでも思っているかのようだ。

少し前から、MSFがギリシャの島部で活動を始めていた。UNHCRと国際救済委員会（IRC）も援助活動を始めた。だが、難民対応の最前線を担ってきたのは、ボランティアとリソースの乏しい地元の当局者たちだ。そして悪意はなかったかもしれないが、地元当局者には十分な能力がなかったため、その対応はいいかげんで、危険で、矛盾しがちになった。

さらにギリシャ当局は、シリア人の仮登録を優先して、難民認定を受ける資格がある他の国の出身者の手続きを後回しにした。このことは民族間の対立や衝突を引き起こすとともに、シリア人でない者がシリア人を装う事態を招いた。

この種の身元の偽りがどの程度広まっているのか、はっきりしたことは誰にもわからない。だがこのことは不可避的に、国連のデータ（難民の出身地に関する最大の情報源となっている）の信憑性に疑いを生じさせる。国連の統計はギリシャ警察のデータに基づいてるが、そのギリシャ警察は、難民本人が提示する身分証明書（または本人の言葉だけ）に基づいてデータを作成している。

だとすれば、シリア人がこれほど多くの割合を占めるという統計を信じていいのか。ギリシャのほとんどの島では、提示されたパスポートをスキャンして信憑性をチェックしているが、パスポートを持っていない人は、シリアの方言を話せるかどうかのテストを受ける。だが、このシステムも完璧ではない。2015年11月のパリ同時多発テロ事件では、偽造パスポートでヨーロッパに入ることが比較的簡単であることが明らかになった（自爆犯の遺体近くでシリアのパスポートが見つかったが、同じ名義のパスポートがセルビアでも見つかり、いずれも偽造の疑いが濃くなった）。

こうした嘘や偽装がどの程度蔓延しているかは、難民たちが最終的に行き着いた国が、まとまった数の難民申請を慎重に審査したとき、初めてわかることだろう。それには数か月、あるいは数年かかるだろう。それまでは、国連やIRCが発表する統計が、入手しうる最善の統計だと信じるしかない。

封鎖されたマケドニア国境の実態

ギリシャ・マケドニア国境に広がる乾いた畑では、どこまでがギリシャで、どこからがマケドニアか、はっきりわからない。だが、マケドニア兵にとっては違うようだ。ある兵士が暗闇の中で「下がれ」と怒鳴った。「ギリシャ国境まで戻れ」

数百人の難民が南に2メートル後ずさりすると、兵士たちは満足したようだ。そのとき幼児を抱いたシリア人の母親が、「お願いです」と声を上げた。「私たちは家族連れです。どこに行けっていうんですか」

地面には、先にここを通った人たちが残していったゴミが大量に散らばっていた。そこは広大な畑のまんなかで、近くの線路を照らす光がわずかに届くだけ。唯一の「寝具」は、畑の土だけだ。

「そこで寝ろ」と、マケドニア兵は答えた。

2015年7月初旬、私はバルカン半島で難民たちがたどるルートが大きく変わろうとしているのを目撃した。

ギリシャの島に到着して、仮登録を受け、指紋を取られた人たちは、ギリシャ本土に渡ることを許される。そこから人々はマケドニアに向かう。その年の春先までは、フェイスブックの「ガイドブック」が言うとおり、この国境の畑で足止めされることはなかった。「……しばらく歩くと、右側に線路と平行に走る道が見える。幹線道路から100メートルほど離れているが、この野道を歩きつづける。1時間ほど行けば、（マケドニアの）ゲブゲリヤ村だ」。マケドニアに入って最初の村であるゲブゲリヤでは、当初、難民が交通機関を利用することは認められていなかった。そのため人々は貨物列車にもぐり込むか、法外な料金を払ってタクシーに乗るか、ひたすら歩いてセルビアを目指すしかなかった。

ところが6月になると、マケドニア政府にとって頭の痛い問題が起きた。北部を歩いている難民が犯罪組織に誘拐されるようになり、それが国際的に報道されて政府のメンツが丸つぶれになったのだ。そこで6月末、マケドニア議会は難民に3日間の滞在ビザを発行することを決めた。そうすれば彼らは国内を合法的に通過できるから、セルビア国境まで列車に乗ることもできる。

だがこの措置は、予期せぬ問題を引き起こした。ゲブゲリヤの警察署でビザを取得しようとする難民の大行列ができたのだ。田舎の警察署には、何千件ものビザ申請を迅速に処理する能力がない。そこでマケドニア政府は、大量の未処理案件を解消するまでの間、南部の国境を数日閉鎖することにした。こうして滞留者は国境のギリシャ側に「アウトソース」された。

これはバルカン半島諸国が、ヨーロッパ史上最大規模の人口移動を、対岸の火事ではないと気づく最初の出来事になった。ギリシャ・マケドニア国境では一時、兵士たちが空砲を撃って警告する

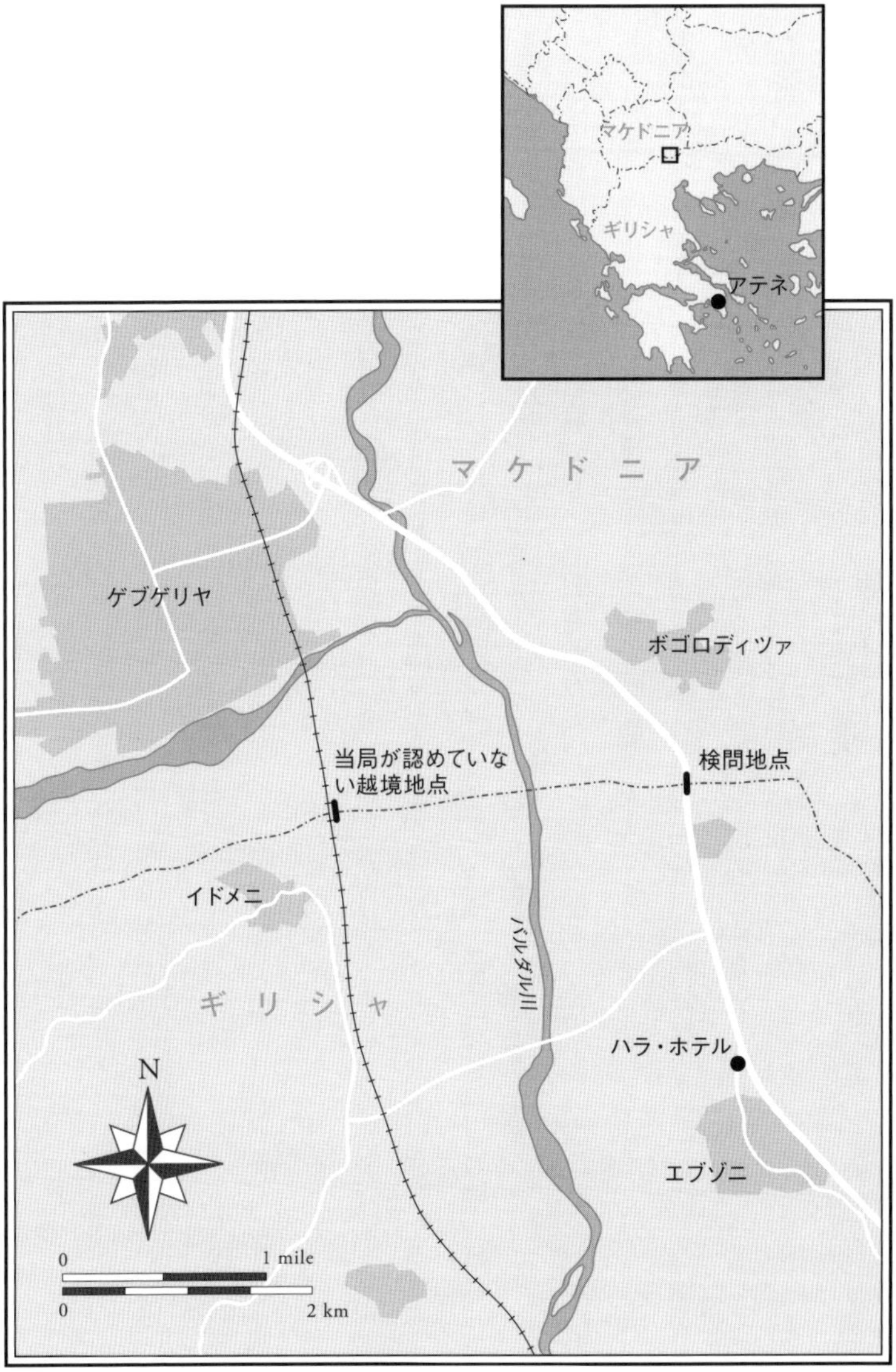

ギリシャ・マケドニア国境

なか、2000人が足止めを食らった。ゲブゲリヤ警察の行列が消えると、わずかな難民の入国が認められたが、その進捗は遅かった。

カエルやコオロギの声が響くなか、畑の雰囲気は緊迫していた。群衆は折を見ては少しだけ前進し、見えない国境を数歩ずつ北に動かした。そのたびに兵士たちは警棒を振り回して、「下がれ」と怒鳴りつけた。「黙らないと、痛い目に遭うぞ」

そのくせ、あるマケドニア人は、喉が渇くとギリシャ側にある水栓まで水を飲みに来た。そしてマケドニア側に戻るとき、「辛抱だぞ」と、カウボーイハットをかぶったシリア人男性にアラビア語で声をかけた。「あんたたちイスラム教徒は、その言葉の意味をよく知ってるだろう?」

実際、夜が深まると、群衆はますます辛抱強くなっていった。カウボーイハットをかぶったシリア人男性は、アレッポ出身の弁護士だった。シリアでは、軍人との間でもっとひどい揉め事を経験していた。アサド側の人間に4回も逮捕されたし、アサドの落とした爆弾のせいで腕には今も傷跡が残る。それと比べれば、マケドニア国境での長い待ち時間なんてどうということはなかった。

それまで70キロ近く歩いてきたのに、その晩は野宿することになったとしても、誰も一大事とは思っていないようだった。彼らが逃げてきた惨状と比べれば、一晩野宿することなど何でもなかったのだ。国境で寝る準備をしながら、誰かが言った。「帰る国がない人間には、失うものなんて何もない」

本来なら難民たちは、ここまで来ることを許されていない。彼らがギリシャの島で受け取る書面には、北部の国境付近には行かないことと明記されている。このルールはある程度は実施されている。私と兄のトムが、ギリシャ第2の都市テッサロニキからマケドニア国境まで列車に乗ったとき、何度もパスポートのチェックを受けた。トムはロンドンに住んでいて、私はカイロに住んでいたから、ギリシャで落ち合うことにしたのだが、2人とも髪が黒くて、バックパックを背負っていたから、難民だと思われたようだ。

列車がマケドニアに向けて北上すると、本物の難民たちが取るルートが見えてくる。バルダル川沿いに並行して走る列車から外に目をやると、数分おきに川辺を歩く難民のグループが見えた。目指すはギリシャ側の最後の村イドメニだ。やがて彼らがたどる道は線路とぶつかり、今度は線路沿いにゲブゲリヤまで歩く。川がカーブしているところで休憩していたグループが、こちらに向かって手を振った。私も窓から身を乗り出して手を振ったら、木の枝に頭をぶつけてしまった。

戦略的拠点「ハラ・ホテル」——難民危機が生んだ皮肉な活況

マケドニア国境を目指す難民の多くが、ギリシャ側で最後に態勢を整える場所がある。ハラ・ホテルだ。地元住民によると、2014年夏に閉鎖寸前まで経営が傾いたが、難民の先駆者たちが立ち寄って以来、持ち直したという。テラコッタ張りの屋根に、モダンな1階建てのホテルで、これといって特別なところはない。だが、長い道のりを歩いてきた人々にとって、いまやハラ・ホテルは中世の巡礼者たちが立ち寄った修道院並みに重要な通過点になっている。それを物語るかのように、グーグルマップにあるこのホテルのレビューは、みな難民危機が始まってから書き込まれたもので、少なくとも9件はアラビア語だ。「きれいで快適なホテル」と書いている人もいれば、「ものすごく汚い」と書いている人もいる。

なぜこのホテルが、難民たちの旅の重要なポイントになったのかは誰にもわからない。私が初めてその存在に気づいたのは、フェイスブックの複数の難民フォーラムで、その名前が何度か出てきたときだ。同じようにしてこのホテルの存在を知った人も多いだろう。カギはその位置にあるのかもしれない。ハラ・ホテルの駐車場には、「ギリシャへようこそ」という横断幕がかかっているが、ここを通過する難民にとっては、このホテルがギリシャで最後に目にする建物だ。ガソリンスタンドが隣接するその駐車場に立つと、マケドニアと、そこに到達するまでに踏破しなくてはいけない平原が見える。少し南にアストロ・ホテルがあるが、ハラ・ホテルのような戦略的な位置にはない。

暗くなると、ハラ・ホテルから見えるものといえば、遠くに光るマケドニアのカジノの赤いネオンだけだ。ギャンブルはゲブゲリヤ経済の中核をなす。ハラ・ホテルは真夜中を過ぎても、眠ることがない。夜の闇の中、出発する難民もいる。そのほうが安全と考えてのことだろう。テッサロニキからタクシーに乗って、真夜中すぎに到着する人もいる。駐車場には、ひっきりなしに車が出たり入ったりしている。

車を降りた人たちは、しばしホテルの玄関口に座り、電話を充電したり、その先のルートを確認したり、そこで出会った人にこれまでの旅の話をしたりする。コカコーラを飲みながら、テッサロニキで密航業者のタクシーに乗ってしまったと嘆いているシリア人グループもいた。街を出ると、運転手は車を止め、ナイフを突きつけてシリアのパスポートをよこせと脅してきたのだという。難民申請で不利になりそうな国の出身者の一部は、数千ユーロ払って偽造パスポートを手に入れるか、盗品であるシリアのパスポートを手に入れる。

難民の権利活動家のバシリスは、このホテルで数少ない「常連」の1人だ。彼はあちこち歩き回り、困っている難民たちにアドバイスしている。彼は、２０１４年8月に初めてシリア人のグループが来たときのことをよく覚えていた。「それで思ったよ。『クソッ、大変なことになるぞ!』ってね」。バシリスは茶色い長髪と、オアシスのギャラガー兄弟のような真っ青な目の持ち主で、ギャラガー兄弟と同じように口が悪かった。密航業者は最低なクソ野郎ども。シリア人は(いい意味で)とんでもない野郎ども……。バシリスは自称ジャーナリストだが、(悪い意味の)とんでもないジャーナリストとは違う。そしてギリシャの北隣は「マケドニアじゃなくて、マフィアドニアだ!」

ハラ・ホテルに入ると、レセプションのところにシモスというしわくちゃの老人が座っていた。背後には、若い頃の彼を描いた絵が、画鋲で留めてある。それは彼がここのオーナーであり、景気のよかった時代も知っていることを物語っていた。若いシモスは、顎の線がくっきりしていて、黒い前髪をふんわり後ろに流し、鋭い目をしている。今は顎と首の境界が曖昧で、顔色が悪く、目はうつろだ。商売が持ち直しても、シモスが若返ることはなかったようだ。

残念ながら、私と兄のトムも苦い歓迎を受けた。私たちのバックパックを見ると、シモスはため息をついて言った。「シリア人か?　30ユーロ」。ところが私たちがイギリスのパスポートを出すと、さらに深いため息をついた。もっとふっかけるべきだったのに、安い料金を提示してしまったと気づいたからだ。その憂さを晴らすかのように、彼は領収書を発行することも、清潔なリネン類を用意することも拒否した。

翌朝、私がジャーナリストであることを明かすと、シモスはますます青白くなった。そして私が簡単なインタビューを申し入れると、「シモスはいない」と言い出した。「テッサロニキに行ってる」

5分だけでも？

「今日チェックアウトのはずでは？」と、シモスは懇願するように言った。

2分なら？

「今日チェックアウトだろう？」もっときっぱりした調子になった。

もう1泊することになったんですと、私は言った。

「なら、40ユーロ」

「昨夜は30ユーロだったのでは？」

「40ユーロだ」

「30でしょう？」

「40だ」

シモスとの交渉の第2ラウンドが始まった。ところが、彼はオフィスに引っ込んでしまった。その代わりにバーからやわらかい白髪の女性が出てきて、会話をつないだ。ただし緊張を和らげるのではなく、シモスの冷淡な対応を引き継ぐために。彼はあなたと話したくないのよ、と彼女は説明した。誰とも話したくないの。「シモスが今の状況を喜んでいると思う？　毎日たくさんの人が外をうろついて。誰もこんな状況望んでない」

私は驚いた。難民たちのおかげでシモスの懐はおおいに潤っているように見えた。ホテルが連日満室なだけでなく、大量の食料品を売っていたから、かなりの副収入があるはずだ。レセプションには、肉の缶詰、魚の缶詰、クッキー、ポテトチップ、パン、水が山積みにしてある。「大儲けしてるよ」と、後にバシリスは教えてくれた。

だが、バーの女性はそれをまったく認めず、シモスはとてつもなく商売下手だという印象を与えようと必死だった。「利益ですって？」と彼女は言った。「ここでは利益なんてあがらない。たしかに、昔より売上は増えたけど、以前よりもたくさんのスタッフに給料を払わなくちゃいけないし。彼はこの時代にも、この場所にも、この仕事にも向いていないの」。私は思わず納得しそうだった。領収書をもらえなかったことを思い出すまでは。

1歳の子を連れて放浪する夫婦の物語

ホテルの駐車場では、数十人の難民が集まりはじめていた。ホテルに1泊した人もいれば、駐車場で寝た人もいる。さらに多くの人が徒歩で、あるいはタクシーで到着しはじめた。彼らはみな、今日マケドニアに向けて出発するだろう。ただ、その前にグループをつくりたがっていた。単独で森を歩くと危険な目に遭うという噂だったからだ。仲間とはぐれた人を待ち伏せして、電話やパスポートを奪う盗賊がいるという話もあった。こういう話は、時間がたつにつれて尾ひれをつけて広まる。

バシリスは、わざと人に聞こえる声で、国境をすぐ越えたところに密航業者や強盗が大勢待ちぶせしているビルがあると言い出した。「ダーイシュ（ＩＳＩＳ）がいるのはシリアじゃない。あそこだ」と、彼は言った。「マケドニア国境の向こうでは、毎日１００人のシリア人が殴られている」。真偽は不明だが、みな危険はおかしたくなかった。だからここハラ・ホテルで大きなグループをつくるのだ。

新たな難民が到着した。ダマスカス南部の町ヤルムークから来た、ナセルとファティマの夫婦だった。１歳の息子ハムダの顔には、いくつも蚊に刺された跡がある。ナセルは９日前、海を渡るときに使った子供用救命胴衣でおんぶ紐をつくり、それでハムダを背負っていた。トルコでちゃんとしたベビーキャリアを買ったのだが、海で捨てなければならなかった。サモス島に向かう途中でボートの燃料が切れてしまい、全員で水をかいたのだが、ボートの進みは遅く、やがて水が入ってきた。島まであと数百メートルのところで沈没寸前の状態に陥り、全員、最重要品以外すべてを海に捨てたのだった。海岸まで十分近づいたときには、誰もが数センチ水の中にいた。ナセルはハムダを頭の上高くに掲げていた。

今日のハムダはご機嫌で、抱っこしてくれた両親に熱心に触っていた。私のノートとペンを渡すと、大喜びして書きなぐっていた。ナセルは息子の芸術的なセンスに喜んでいた。ナセル自身も彫刻家であり、インテリアデザイナーだったのだ。ファティマは教師で、ハムダの手とシャツが真っ赤なインクだらけになったことに、あまりいい顔をしなかった。ペンとノートが返されると、ハムダはよじ登りを再開した。

駐車場で動きがあった。フェイスブックの「ガイドブック」どおり、ハラ・ホテルの裏手から平原に下りていく難民たちの長い列ができていた。国境閉鎖のニュースはまだ広く伝わっておらず、誰もが数週間前、あるいは数か月前の情報を頼りにしていた。新しいルートを切り拓くには、フットワークがよく、冒険心のある若者が必要だ。今は家族連れが多いから、平均的な難民たちはグループで物事を決めたがる。

ナセルとファティマは、友達の到着を待っていた。テッサロニキからタクシーに乗ったはずが、警察に捕まって連れ戻されたらしい。このため先に到着したナセルたちは、2~3時間待たなくてはいけなかった。といっても、話す以外にやることはほとんどなかったから、夫婦は少し詳しく身の上話をしてくれた。

2人は、結婚してからずっと引っ越し続きだったという。当初、結婚式は2012年12月12日に挙げたいと思っていた。12-12-12という数字の並びが気に入ったからだ。ところが、ヤルムークには同じことを考えているカップルが大勢いたため、2人の結婚式は12-12-10になってしまった。結果的には、それが幸運となった。彼らが結婚式を挙げた2日後(つまり2人が結婚式を挙げたかった日)、アサドのミグ戦闘機がこの地域の空爆を開始したのだ。ヤルムークはたちまち破壊しつくされ、住民は食料を求めて長蛇の列をつくった。ナセルの言葉を借りれば、町は「美しい場所から、蟻の行列」へと変わった。

夫婦は急いでダマスカスの別の地区に逃げたのだが、ナセルはそこで、身分証明書と自分の全作品を保存したハードディスクを自宅に忘れてきたことに気がついた。携帯電話に保存した写真をいくつか見せてくれたのだが、それは壁画と彫刻と水車をエッシャーふうに組み合わせた、ちょっと奇妙な作品だった。

忘れ物を取りに行くため、ナセルは激しい市街戦が展開されていたヤルムークに戻った。ところが忘れ物を回収できたのはよかったものの、帰り道に銃撃戦のどまんなかに踏み込んでしまった。安全地帯に行くには、スナイパーから丸見えの広い道路を渡らなくてはいけない。先に友達が渡ろうとして、途中で撃ち殺された。ナセルは5時間もの間、自分は民間人で、安全なところに行かせてくれと大声で訴えつづけた。その声がスナイパーたちに届いたか、届いたとしても信じてもらえたかは確認のしようがなかった。だから同じ場所にじっとしていた。

ある時点で、隣で縮こまっていた家族が決心を固めて、猛ダッシュで道路を渡ることに成功した。そこでナセルも彼らに続いた。一歩、また一歩、さらに一歩――何も起きなかった。銃声はしない。沈黙だけだ。4歩、5歩。道路のまんなかあたりまで来たが、やはり沈黙。ところがそこで突然ブチッと音がして、カバンの紐が切れた。そして命がけで取りに来た忘れ物が、全部地面に転がり出した。なんてこった。どうすればいい？　しゃがんで拾うべきか。それとも諦めて、せっかく取ってきたものを置き去りにするか。ナセルは衝動的に地面にかがみ込み、散らばったものをかき集めた。銃声がしたのはそのときだ。銃弾がナセルの頬をかすり、ジリッとした熱を感じた。だがスナイパーはしくじった。ナセルは命拾いをしたのだ。

「行くしかないんだ。家族を守らなくちゃいけない」

ハラ・ホテルの駐車場では、人の群れが小さくなっていた。午後3時を過ぎて、ほとんどの人はマケドニアに向けて出発していた。ナセルとファティマもそろそろ出発しないと、国境で夜を明かさなければならないかもしれない。だが友達はまだ来ない。結局もう1時間待つことになり、2人は再び彼らがたどってきた道のりを話してくれた。

息子ハムダは、悲惨な環境で生まれた。ヤルムークを逃れてから約1年がたち、夫婦は友達の家を転々としていた。自宅は破壊され、ナセルの父親と妹は死んだ。ダマスカスは再建が進むどころか、破壊が続くばかりで、インテリアデザイナーであるナセルに仕事はない。仕方なく、セメントを運ぶ仕事を始めた。かつてのナセルなら、どこかに外注していた仕事だ。

そんな状況に加えて、新たに住みはじめた地区で行方不明になる住民が増えはじめると、もう無理だという気持ちが強くなっていった。ある日突然、政府や関係機関の使者がやってきて、住民を連行しては、戦闘の最前線に送り込んでいたのだ。そこでナセルの母親が、シリアから逃げるべきだと提案した。それがゴーサインになった。ナセルの家族では2世代で3度目の避難だった。ナセルの両親は1948年にパレスチナからクウェートに逃れたパレスチナ人で、ナセルはクウェートで生まれた。そして1990年にクウェートがイラクの侵攻を受けると、一家はシリアに逃れてきた。ナセルにとって、これは2度目の避難だった。「どこに行っても、また逃げないといけない」

ハーシム・スーキが経験したように、シリアを出るだけでも大変な苦労で、お金もかかる。

ファティマとナセルは、トルコを目指して北上したが、政府側の検問所をしつこいくらいたくさん通らなければならなかった。検問所では、必ず兵士たちに賄賂を要求される。1000シリア・ポンド払わなければならなかったこともある。最後の検問所に来たとき、ナセルの所持金は450シリア・ポンドしかなかった。兵士たちはニヤニヤして、所持金がもっと少ない人たちを歯が抜けるまで殴りつけた。ISISの検問所も似たようなものだった。1人で旅している女性は逮捕された。奴隷として彼らの手元に置かれた可能性もある。ナセルはファティマとハムダとの家族連れだったから、なんとか見逃してもらい、2014年11月にトルコにたどり着いた。

トルコのシリア人受け入れ数は世界一だ。だがトルコは、中東出身者に難民の権利を認めていない。1年間の滞在許可はもらえるが、働く権利は認められない。* ナセルは大理石の塊をよりわける仕事を見つけた。不法就労だから、賃金は法的な最低賃金を大幅に下回っていた。空いた時間に、小さな大理石の塊にアヒルや水鳥を彫って、もっと高賃金の仕事ができることを証明しようとしたが、マネジャーからは肉体労働に集中しろと言われるだけだった。

こうして7か月がたち、ナセルとファティマは、ヨーロッパ行きを試すしかないと決断した。まずエーゲ海を渡ってサモス島に到着すると、16時間歩いてようやくシェルターに着いた。そこで1週間待って仮登録書を発行してもらうと、2日間歩いてマケドニア国境まで数キロのハラ・ホテルまで来た。2人にとって、これまで通過してきた場所は、まったく馴染みのない世界で、そこを放浪するのは、メガネをかけずに運転免許の試験を受ける感覚と少し似ているという。「この旅は謎だらけだ」と、ナセルは言う。「でも、ほかにどうしようもない。行くしかないんだ。家族を守らなくちゃいけない」

ドラマチックな景色の中を歩く「葬列」

友達はいっこうにやってこなかった。またもテッサロニキで足止めを食らったのだ。そこでナセルたちのグループは、彼ら抜きで出発することにした。午後6時に駐車場に集まった約50人は、ほとんどがリュックサックを背負っていた。三つも背負っている男性もいた。多くは、パンパンに膨らんだビニール袋を手に持ち、ナセルのように赤ん坊を抱いている人もいた。ベビーカーを押している家族もいた。

数人が顔を見合わせてうなずくと、一行は歩き出した。ハラ・ホテルのフェンスを回り込み、少し低くなった平原に飛び降りる。ほとんどの人は荷物の重みで前屈みになっていたが、驚くほど速いペースで歩いていく。ナセルはハムダを胸に抱き、バックパックを背負って、険しい表情を浮かべていた。ファティマもしかめ面をして、一方の手で自分の背中をさすりながら、もう一方の手にハムダのオムツが入った黒いポリ袋を持っていた。空は重苦しく、一行は灰色の雲とオレンジ色の夕日、そして薄青い山が織りなすドラマチックな風景の中を足早に歩きつづけた。誰もが重い荷物からくる疲労感と、この先への不安とで、景色を堪能している余裕はなかった。

故郷を離れると、消耗するのは肉体だけではないとナセルは言う。感情的にも消耗する。だからほかに選択肢がなくて、どうしようもないのでなければ、故郷を出たりしないと言う。「私の父は

＊2016年1月、トルコはシリア人に労働許可の申請を認めた。ただ、すでに手遅れで規模は小さすぎたかもしれない。

パレスチナを逃れ、クウェートを逃れ、今、シリアを逃れている」と、ナセルは言った。「引っ越すたびに新しい友達、新しい家、新しい思い出をつくらなくてはいけない。何もかもが変わる。そのためには強くなければいけない。すべてをゼロから始めなくてはいけないのだから」

ハラ・ホテルから500メートル先で、一行は急斜面に直面した。子供たちと老人は、乾いた土手に近づくと思い切って滑り降りた。ベビーカーを持っている一家はどうするのか。悩むことはない。答えはほぼ決まっているのだから。赤ん坊は抱き上げられ、ベビーカーは置いていかれた。

一行は歩きつづけた。どこに向かっているのかは、誰にもはっきりわからない。最終的には、フェイスブックに書かれている畑に出る必要があることは誰もが知っていた。だが、まずはバルダル川を越えなくてはいけない。橋がかかっている道は1本しかない。この道がそれなのか。GPSの地図を見ていた人が、南側にもっといい道があると言う。いや、そこでは川を渡れないと誰かが言う。それに水深はかなり深い。

突然、車の音がして誰もが口をつぐんだ。その車はサイレンを鳴らして猛スピードで走り抜け、川を越えて行く。「シュルタ（警察だ）！」と誰かが叫ぶ。途端にみんな道路や橋を離れようとパニックになった。だがそこで、冷静な意見を言う者がいた。もし警察が自分たちを逮捕しに来たなら、そこで車を停めているはずじゃないか。人々はうなずいて落ち着きを取り戻すと、道路に戻り、急いで橋を渡った。かなり立派な陸橋で、川からかなりの高さがある。だから川そのものを渡っても、道路が地面と同じ高さになるまで、なだらかな下り坂がしばらく続いていた。

だが、難民たちは、そんなに目立つ場所を気長に歩いていたくなかった。だから川を渡りきると、道路脇の土手を下りることにした。ただ、その土手はかなりの急斜面で、子供連れにとっては危険だ……と思ったのは、私だけだったようだ。おんぶ紐で赤ん坊を背負い、ぱんぱんに膨らんだビニール袋を抱えた母親たちは、さっさと私を追い越して、急斜面に飛び出すと、ゆるやかなジグザグを描きながら土手の下まで下りていった。戦争を逃れている人たちとは、「安全」の基準が違うのだと思い知らされた瞬間だった。

そして私たちは歩きつづけた。まだ国境まで3キロ以上ある。右手には、川沿いに細長い木立が広がっていた。左手にはヒマワリ畑、さらにその向こうにはトウモロコシ畑が広がっている。はるか西には、青光りする山並みに、白い雲がかかっている。まるで桟橋にぶつかる白い波を超スローモーションで見ているようだ。私たちの頭上には灰色の雲がかかっていて、ときおり雨粒が頬を濡らした。それは私たちの行動の「普通じゃなさ」と妙に一致する、シュールな光景だった。

さらに奇異なことに、右側の木立が急に開けて、屋台（それも非常に場違いな雰囲気の店）の前にギリシャ人の老人たちが座っているところに出くわした。老人たちは何も言わず、ただ葬列を見送るかのように私たちを見ていた。共感と困惑、日常と非日常が交錯した瞬間だった。

老人たちと遭遇して、難民たちの間にさっと緊張が走った。そうだ、いつでもどこでも、誰かに遭遇する可能性はある。そして誰もがいい人とは限らないのだ——。だから同行している私のことも、なかなか信用してもらえなかった。難民たちにしてみれば、私が彼らについて好き勝手なことを書かないともかぎらない。ジャーナリストだという肩書きさえ、嘘かもしれない。片言のアラビア語を話せたことは、難民たちと打ち解ける助けになったが、警戒して自分の話をしたがらない人もいた。女性のほうがその傾向は強かった。本書で女性の声があまり紹介されていないのは、そのためだ。

誰かが引いた「見えない線」に命がかかっている

それから数百メートルというもの、難民たちは木立の中をのぞき込み、誰かが襲ってきたときに備えて大ぶりな枝を探した。ファティマも小さな棒切れを拾った。だが、何の役にも立たなそうな棒切れで、ナセルもファティマも噴き出した。ファティマは棒を投げ捨てると、代わりにナセルの手をぎゅっと握った。

実を言うと、ファティマはそのとき気分がすぐれなかった。MSFと赤十字によると、バルカンルートを歩いている女性の2割が妊娠中とみられている[5]。ファティマもその1人だった。その畑を歩いているとき明かしてくれたのだが、妊娠4か月だという。このため腹部と腰がひどく痛み、徒歩の旅はとりわけつらかった。十分な食事も水分も取れないうえに、尿意を我慢するのがむずかしかった。サモス島では16時間歩きつづけて、意識を失ってしまった。治療に当たった医者は、もう少しで流産するところだと言った。トルコで妊娠がわかったときは、シリアを出てきたのが正しい選択だったのか考えあぐねたという。そして、引き続きヨーロッパを目指すのは究極の選択だったと、ファティマは涙をこぼしながら言った。お腹の赤ん坊の命を危険にさらしてでもヨーロッパを目指すか、シリアにとどまって赤ん坊とハムダの2人ともを戦争や貧困の中で育てるか。

「お腹の子は、きっとダメになってしまうだろうと覚悟した」と、ファティマは後に振り返った。「でも、ハムダのことは助けられると思った。ハムダにまともな暮らしをさせてあげられるなら、この危険はおかす価値があると思ったの」

だが、マケドニアまでの道のりで、ファティマは再びその選択が正しかったのか考えあぐねていた。お腹の赤ん坊は、もう1週間は動いていない気がした。過酷な旅のためにお腹の中で息絶えてしまったのではないか——。

一行が歩きつづけていると、また屋台があった。こうした屋台がギリシャ人農場労働者の食堂としていつもここにあるのか、それとも難民たちの足取りを探るために配置されているのかは調べがつかなかった。誰かがヒマワリの花を一つ折ってきて、瓶にさした。虹が出てきて、ようやく何人かが足を止めてその景色に見入った。深緑色の畑に濃い灰色の空が覆いかぶさり、絵画的な景色を生み出していた。それがギリシャ最後の記憶になるはずだ。もう数百メートル行けば国境だ。ハムダがそれを祝うかのように「ダ、ド、ダ、ド」と言うと、ナセルは輝くような笑みを見せた。

一行は当初、フェイスブックが教えてくれるポイントで国境を越えるつもりだった。今そこにはマケドニア兵がいたけれど、彼らはそれを知らなかったし、そもそも私が持っている情報に関心を払わなかった。彼らは外国人ジャーナリストが言うことよりも、ソーシャルメディアの友達のアドバイスを信じていた。だが、自分たちの直感と勢いを信じて進んだ結果、本来目指したのとは違うポイントで国境に達した。GPSを見ると、東に1・5キロほどずれている。まあ、いいか、とグループのリーダー役の男たちは肩をすくめて、国境を越えた。

不思議な気分だった。そこに標識はなく、ギリシャ側にはトウモロコシ畑、マケドニア側はブドウ畑が広がっているだけだった。ある国から別の国に入ったことを示すものは何もなかった。GPSも、自分の位置を示す青い点が黒くて細い線を横切ったことを教えてくれるだけだった。スマートフォンを持っていないおばあちゃんは、周囲の会話からようやくギリシャを出たことに気がついた。「ハムディラ・サラマ（やったな）」と、ベストを着た太った男が彼女を追い抜きざまに声をかけた。

こういうとき、土地を恣意的に線引きすることのバカバカしさを実感する。けれどもこの見えない線をいくつも越えることに未来がかかっている人たちがいる。自分の故郷に新たに恣意的な線が引かれようとしている人たちもいる。そう考えると、その見えない線の重みも実感するのだった。

ナセルのグループは目の前の出来事を素直に喜んでいた。マケドニアに入って安心した彼らは、ブドウ畑に生えていたブラックベリーを少しばかり口にして祝福した。ブドウをつまんだ人は、まだ熟していないことに気がついて、すぐに吐き出した。でもファティマはそれをずっと口に含んでいた。ブドウの苦さがつわりを和らげる助けになってくれたのだ。

一行の喜び（と、足止めされなくてよかったという私の安堵感）は、すぐに打ち砕かれた。数分するとサイレンが聞こえてきて、軍のジープが畑道を疾走してきたのだ。ジープは一行の目の前に停まると、5人の兵士が降りてきた。彼らの物腰は穏やかだったが、言うことは断固としていた。マケドニア国境を「非合法に越える唯一の合法的なポイント」は、1・5キロ西だと言うのだ。シリア人たちはゆっくりと、重苦しく、しかし丁寧に扱われたことに感謝して、西に向けて歩きはじめた。

そして20分後、数百人が列をつくって座っているあの畑にたどり着いた。「ほらね」とナセルは言った。「これがシリア人の置かれた現実だ」

彼らは崩れ落ちるように地面に座り込んだ。ファティマがナセルの背中をマッサージしはじめた。ハムダはトムと「いないいないいないばあ」をしている。

彼らはマケドニアまで来た。次はセルビアとハンガリーだ。

ハンガリー国境のフェンスは何を守っているのか?

アフガニスタン人の外科医ヤマ・ナヤブは、セルビアのやぶの中に座っていた。それでも約5500キロ離れた故郷カブールでの習慣を守ろうとしていた。

「これだけでも受け取ってください」と言うと、近くの井戸から汲んできた茶色い水の入ったカップを差し出した。「アフガニスタンでは、客人を食事でもてなすのは義務なんです」

その歓待ぶりは、彼自身が受けてきた「歓待」を考えると恐ろしく皮肉だった。ヤマは2015年の初めにタリバン兵に胸を4か所刺された。だから傷が回復すると同時に、妻とよちよち歩きの子供2人を連れてアフガニスタンを出た。そこから徒歩とバスでパキスタン、イラン、トルコ、ブルガリアを抜け、ようやくセルビア北部の廃レンガ工場までやってきた。EU加盟国であるハンガリーの国境まであと数キロだ。たいていの難民はトルコからギリシャとマケドニアを経てセルビアに来るが、ヤマはブルガリア経由で来た少数派の1人で、この廃レンガ工場でマケドニア経由組と合流していた。

「安全な場所ならどこでもいい」と彼は言う。「私を受け入れてくれて、チャンスをくれる国が見つかったら、そこで新しい人生を始めるつもりだ」

セルビアは、難民保護制度がほぼ機能していないから論外だ。だから次に検討する場所は、ハンガリーか、そこから始まるEUのどこかの国だ。だがヤマは今、ハンガリーが彼を客人として歓迎するつもりがないことを知った。「非リベラル」を自認するハンガリー政府が、約177キロに及ぶハンガリー・セルビア国境にフェンスを設置して、難民を締め出す計画を明らかにしたのだ。ハンガリーと西ヨーロッパを分断していた鉄のカーテンが取り払われて25年がたつが、ハンガリーは今、似たような壁を自らつくりたがっていた。

その理由を理解するのは、さほど難しくない。トルコからバルカン半島諸国には毎週数千人が流れ込んでいたが、そのほぼ全員が最終的にはハンガリーに集結する。ハンガリーに入れば、EUの（理論的には）そこから先は西・北ヨーロッパのどこに行こうと、パスポートのチェックがない。つまりシェンゲン圏（シェンゲン協定により国境検査なしで移動できる26か国圏）に入ったことになる。記録によると、2010年、このような形でハンガリーに入ってきた人は2400人以下。それが2015年は、半年でその50倍の数の人がやってきた。

「これ（フェンス設置）は必要な措置だ」と、ハンガリー政府のゾルタン・コバッチ報道官は電話でコメントした。「洪水を食い止める必要がある」

「必要がある」とか「必要な」という表現はとても便利だ。実際には、ハンガリーに入っても、こ

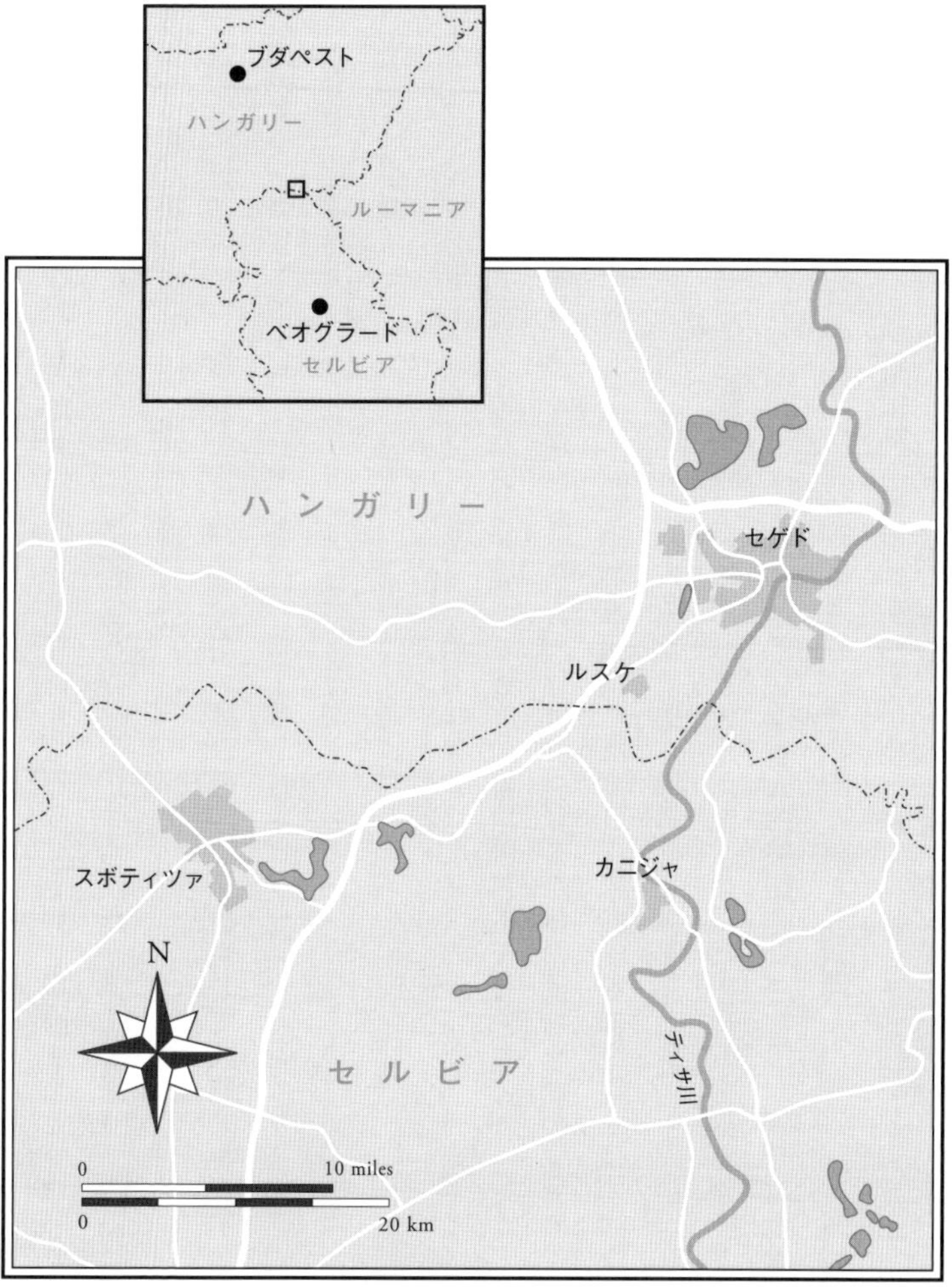

ハンガリー・セルビア国境

の国にとどまりたい人はほとんどいない。ハンガリー政府が難民の逮捕や拘禁といった茶番をやめれば、みな入国後48時間以内に別の国へと出て行くだろう。それを指摘すると、コバッチは、ハンガリーには移民たちがEUの他の国に流れ込むのを阻止する義務があると言う。これは一見合理的に聞こえるが、実のところは、単なる意地悪だ。

ハンガリーがフェンスを設置すれば、難民たちはこの国境を迂回して西側のクロアチアやスロベニア経由でハンガリーに入ろうとするだけだ。1956年、ソ連軍がハンガリーの自由化運動を弾圧したとき、近隣諸国はハンガリーを逃れてきた何十万ものハンガリー人にこんな冷たい態度を取らなかったはずだ。

それにフェンス設置は、EUとの結束を強化するためではなく、ハンガリーの内政を意識して取られた措置だ。ビクトル・オルバン首相率いる連立政権は強権的で知られるが、対する主な野党に、もっと過激な極右政党ヨッビクがある。オルバンはヨッビクからの批判をかわすために、ヨッビク並みに反動的な措置を取っている。まず、難民はハンガリー人の職を奪うことはできないと警告する看板を設置した（ただしハンガリー語で書かれていて、国民へのアピールが目的であることは明白だ）。

次に、難民は「キリスト教徒のヨーロッパ」という、ヨーロッパの根幹を揺るがすと主張した。さらに「難民とテロリスト」という、まったく異なる人間集団をわざと混同させる世論調査を実施。「誤った難民政策がテロの拡散につながると思いますか」などと質問した。フェンス設置は、こうした国内世論を操作する政策の一つだ。その悲しい皮肉は、フェンスが追い払おうとしている人々は、フェンスが守ろうとする人たちよりも、はるかに大きなテロの危険にさらされてきたことだ。

フェンス設置予定地の数キロ南にいたヤマ・ナヤブがいい例だ。アフガニスタン軍の軍医だったヤマは、2015年初めのある日、帰宅途中に1人のタリバン兵に声をかけられた。「なんで政府のために働くんだ」と、その男は言う。「今のアフガニスタン政府は、アメリカと異教徒がつくったものだ。あんたはその政府のために働いている」

そして男はナイフを取り出して、「こうしたんだ」と、ヤマはシャツをまくりあげて、心臓を囲むように残る四つの傷跡を見せた。

アフガニスタン難民がたどる厳しい「旅路」

ヤマに出会ったのは、廃レンガ工場「ツィグラナ」の裏手にある草地だった。セルビア北部の町スボティツァの外れにあって、あと一息でハンガリー国境というところまで来た難民たちが、休憩を取り、物資の調達をする場所になっている。だが、ふらりと立ち寄ったくらいでは、彼らを見つけるのは難しい。下水処理場とゴミ捨て場にはさまれた広大なスペースには、背の高いトウモロコシやイラクサ、低木、雑草が生い茂っていて、難民たちはそこに身を隠していた。彼らが「ジャングル」と呼ぶとおり、ここでは道に迷いやすい。

コオロギの大合唱のなか、背の高い草木をかき分けていくと、いろいろな国の言葉が聞こえてくる。すでに出発したグループが残したゴミも散乱している。でも薄気味悪いことに、人間の姿はいっこうに見えない。それでも茂みをかき分けていくと、突然小さな空き地に出くわす。ほっとすると同時に、ぎょっとする瞬間だ。その一つに10人ほどのアフガニスタン人が座り込んでいた。ハンガリーに出発するため、暗くなるのを待っていたのだ。

ティボル・バルガは、2011年に初めてこの町に難民がやってきたときのことを覚えている。当時はまだ、バルカン半島を北上する難民は少なかった。レンガ工場は3年前に閉鎖され、人気《ひとけ》がなくなっていた。ところがある冬、見慣れぬ人たちがそこに入っていくことにティボルは気がついた。以来、彼は定期的にこの荒地に来て、最弱者に食料を渡している。野球帽をかぶりトラックスーツを着たティボルは、このあたりの教区の聖職者で、私が見たかぎり、ここで定期的に人道援助をしている唯一の存在だった。

なぜその活動を始めたのか、についてのティボルの説明は興味深かった。そこにはキリスト教徒としての信仰と、妙に現実的な独特の理由づけの両方があった。

「困窮する人々を助けるとき、私は神さまの手伝いをしているのだと100%確信している」と、ティボルは車に寄りかかって言った。「銀行からお金を借りたら、返済しなくてはいけない。神さまは、私たちの力を借りたら莫大な利子をつけて返してくださるはずだ。それが私の活動の経済原理だ」。一方、食料の渡し方を説明するときは、ティボルは一転して預言者のような口ぶりになった。「相手が大勢いるときは、聖書的な方法をとる。イエスが5000人の空腹を満たす奇跡を起こしたときのように、全員を座らせるんだ」

ティボルが食料を配る相手は、たいていアフガニスタン人だ。夏から冬にかけてのピーク時には、ヨーロッパに来るボート難民の16%をアフガニスタン人が占める。シリア人に次ぐ大きなグループだ。ヨーロッパのほとんどの地域で、シリア難民は優先的に扱ってもらえるが、アフガニスタンの状況もシリアと同じくらい厳しいものになりつつある。

アフガニスタン政府によると、国土の80％が安全ではない[6]。タリバンとＩＳＩＳ関連組織は多くの地域で反政府活動を続けており、一度追い出された地域の奪回も進めている。市民はあらゆる陣営の爆撃を受ける危険にさらされている。クンドゥズでＭＳＦの病院が米軍に誤爆されたのがいい例だ。

市民は個人レベルでも危険にさらされている。多くのアフガニスタン人は、ヤマのように過激派から明確な脅しを受けて、国を出てきた。親欧米的な仕事に就いているとして脅された人もいれば、過激派組織に加わることを拒否したために狙われた人もいる。ジャングルで出会ったある若者は、膝下の蛇のような傷跡を見せてくれた。学校をやめてタリバンに加わらないかという誘いを断ったため、撃たれたのだという。ある男性はキックボクシングの選手だったが、外国的すぎるとして仲間がタリバンに殺されたのを機に逃げてきた。最初はパキスタンかイランに定住しようとしたが、両国とも最近アフガニスタン難民を追放しはじめたので、ヨーロッパに向かう人が増えた。イランは、国内にいるアフガニスタン人をシリア政府の応援部隊としてシリアに送り込んだことさえある。

私が会ったアフガニスタン人たちは、緊張した面持ちで草やぶに隠れていた。捕まって指紋を取られるのではないか、故郷に送還されるのではないかと怯えていた。その一方で、すでに一定の安心感も得ていた。きれいにヒゲを剃り、洋服を着て、なかにはセルビアの首都ベオグラードで床屋に行き、欧米ふうの髪型に散髪した者もいた。アフガニスタンの故郷の村では、こんな格好をすることは絶対に許されなかったという。ある人物は、故郷を離れるとき密航業者からTシャツとジーンズを渡されて、とても嬉しかったという。「こういう服を着たことは一度もなかったんだよね！」と、カルバン・クラインのTシャツの模造品を見せて、ほほ笑んだ。

それはアフガニスタン難民の旅の特殊性を示していた。彼らは、この空き地にいるどの国から来た難民よりも長く遠回りなルートをたどってきた。険しい峠を越えてパキスタンに入り、そこからイランを目指す人もいるが、多くはアフガニスタンから直接イランに入る。2日がかりの徒歩の旅で、国境警備隊に射殺される恐れもある危険な道のりだ。イランもパキスタンもアフガニスタン人が滞在するのは容易ではないから、彼らはさらにトルコまで歩く。これもイラン・アフガニスタン国境を越えるのと同じくらい長く苦しい旅だ。トルコに入るとギリシャ行きのボートに乗るか、陸路でブルガリアを経由してセルビアを目指す。

どのルートを取るかは、密航業者によって決まる。私がジャングルで会ったアフガニスタン人たちは、1人約1万ユーロで密航ネットワークと契約し、ヨーロッパまでの全旅程を立ててもらっていた。旅の新しい段階に入ると、窓口となる男に電話して、新たな指示をもらう。「GPSで行き先を教えてくれるときもあれば、地図をくれるときもある。車を寄越してくれることもある」と、ヤマは言う。詐欺に遭わないように、料金は各段階を終えた時点で支払う分割払いにしているという。

もちろんできることなら、密航業者など使いたくない。だが、ヨーロッパがキリスト教的価値観を、非キリスト教的な方法で守ろうとすればするほど、密航業者たちの懐は膨らむ。この皮肉な現状についで、ティボル・バルガは興味深い見解を示した。ヨーロッパは、外国人の流入によってヨーロッパの価値観が失われるという。だが不運な人々を保護するというヨーロッパ的な責務を捨ててしまったら、どんな価値観が残るというのか。ヨーロッパの社会の基盤がほころんでしまったら、難民たちがその基盤を守ろうと思うはずがない。

「ここにはよりよい暮らしがあることを（難民たちに）示せなければ、難民たちは、自分たちの倫理観のほうが優れていると思うだろう」と、ティボルは言う。丸々とした腹と人のよさそうな顔のティボルは、穏やかで落ち着いて見える。だが、夕暮れのジャングルで聞くティボルの言葉には、旧約聖書の預言者が口にする道徳的な非難のような響きがある。「難民たちはヨーロッパで、自分たちの価値観よりも優れた道徳基準を目にする必要がある」と彼は言う。「さもなければ、彼らは独自の道徳基準を設定するだろう」

優秀なビジネスマンたちの陽気な逃避行

ハンガリー国境まで500メートルのところで、シリア難民のグループが暗闇の中にしゃがみ込み、EUの境界線をどう越えるべきか、ひそひそ声で話しあっていた。数キロ手前で、すでに携帯電話の電源は切っていた。地元の盗賊から身を守るため、手には棒切れを持っている。彼らは熱センサーに引っかからなくて済むよう、2人ずつペアを組んで国境を越えることにした。23歳の薬剤師モハメド・フセインが、うっかりタバコに火をつけたのはこのときだった。

「バカ！　なにやってんだ！」と、みんなが怒って押し殺した声で非難した。たちまち不安が高まる。グループの中には、以前ハンガリー側に入ったところで捕まり、留置場に2週間入れられ、セルビアに送り返された者がいた。彼らにとってこれは2度目のトライだった。「ギリシャ・マケドニア国境はすごく簡単だった」と、アレッポ出身の元営業マンのサリムが耳打ちした。「ハンガリー国境はいちばん難しい」

ここの国境にはまだフェンスがなかった。だからここを越えられれば、ギリシャ以来のシェンゲン圏に再び入れる。そうすれば、理論的にはドイツだろうがスウェーデンだろうが、もう国境で足止めされることはない。だが、現実には、多くがハンガリーで逮捕され、そこで難民申請を行う選択肢を与えられる。とはいえ、ハンガリーはヨーロッパでも指折りの排外主義的な国として知られる。だからここで難民として生きていく（申請が認められればの話だが）のが嫌な人は、2週間留置された後、セルビアに戻ることを選べる。私はその夏、このプロセスをすでに2回経験した人に何人か出会った。サリムもその1人だった。

国境越えのスタート地点は、16キロ南側のセルビアの町カニジャだ。ここは人口の大多数がハンガリー系だが、やはり強引な線引きによってセルビアに組み入れられている。この町は、巨大なカゲロウが見られることで有名だ。カゲロウは初夏の1週間に、無数の卵が孵化して成虫になる。1年のうち364日は休眠しているが、6月末にカニジャの町を流れるティサ川から出てきて、交尾して、川底に卵を産みつけ、数時間後には死ぬ。1週間にわたり地元で「開花」と呼ばれる魅力的な光景が見られ、かなりの数の観光客がやってくる。カゲロウはヨーロッパのほとんどの場所で絶滅しており、カニジャはまだ大量に見られる数少ない町の一つなのだ。

この町は今、別の種類の訪問客の交差点にもなっている。マケドニアあるいはブルガリアからセルビアに入ると、サリムとモハメドのいるシリア人グループは、3日間のトランジット・ビザをもらった（セルビアはEU加盟国ではないから、ダブリン条約に基づく難民申請を行わせる必要がない）。そこから首都ベオグラードのバスターミナルまで行き、そこからカニジャ行きのバスに乗る。

カニジャに長居する難民はいない。午後になると、町の広場は新たに到着する難民と、ハンガリー国境に向けて出発する難民とでごった返す。バス停の反対側に位置するホテルの受付係は、その様子に驚きを隠さない。「こんなに小さな町なのよ」と、彼女は言う。「こんな光景見たことがなかった」

ギリシャ・マケドニア国境で見られたのと同じように、ここで難民たちは20～30人のグループになり、軍隊のように2列に並んで町を出て行く。強盗に遭うのを防ぐためだ。公園のベンチや、広場に面した二つのレストランでは、情報交換がさかんに行われている。ハンガリー国境警備隊はさておき、強盗のことは大いに心配だ。「知ってるか？」と、ある男性が目を大きく見開いて言った。「連中はテーザー銃を持っているらしい」

この種の誤情報はたちまち広がっていく。そこには一定の事実が交ざっているからなおさらだ。その前の晩、町でクルド系シリア人の3人組が警察に声をかけられ、犯罪者の面通しに協力してくれないかと頼まれた。3人は嫌がった。何かの罠ではないかと思ったのだ。そこで私とフォトジャーナリストのサイマが一緒に行ってやることにした。私たち5人は警察署でしばらく待たされた後、マジックミラーが張られた部屋に入るよう命じられた。

「おまえとおまえ、そこのおまえも――ついてこい」と、セルビア人警官が3人のシリア人に言った。「それからおまえもだ」

私は思わずキョロキョロした。そして警官が私を見ていることに気がついた。

「私ですか?」

「そうだ、おまえだ。面通しには4人必要なんだ」

こうして私は、ロマのティーンエイジャーを特定するための面通しに参加することになった。私は1番で、ロマの少年が2番だった。なぜ逮捕されたのか聞いてみたが、少年は答えなかった。代わりに警察が答えを教えてくれた。シリア難民の金品を奪ったのだ。それが本当なのかどうか私には知る由もなかったが、セルビア北部の森に強盗が隠れているという噂は、まったくのでまかせではなかったということだ。

だから翌日の夕方、ウヤズ・ホテルで国境に向かう15人のシリア人グループに加わったときは、私もサイマも少しばかりビクビクしていた。それは小説のような光景でもあったし、とても日常的な光景でもあった。一行は『カンタベリー物語』で、巡礼の旅に出る登場人物たちが、ロンドンのサザークにある宿屋に集まっているかのようだった。と同時に、サッカーの試合を見に来た15人の男たちのようにも見えた。少なくともEUの境界線という聖なるラインを越えようとしているようには見えなかった。たいして急いでいるようにも見えなかった。ホテルの周辺をうろつき、ジョークを飛ばし、電話を充電しながら、遅れてくる人の到着を待っていた。青白い顔にひげをたくわえたマフムードだけが緊張した様子だった。持ち物といえば、洗濯用洗剤の箱一つだけで、それを驚くほどきつく握っていた。

45歳のアサドはグループ最年長。俳優のジョン・グッドマン似の太った髭面の男で、滑稽なしかめ面をして静かに待っていた。ウエストポーチを着けて、ホテルの前で写真を撮ってもらっている姿は、観光客のようにも見えた。いや、グループの全員が多かれ少なかれ観光客ふうだった。多くは短パンにTシャツ姿で、国境を越えるというより散歩に出かけるようないでたちだった。実際、彼らは貧しいわけではなかった。ただ、戦争を逃れるにあたって、多くの荷物を持ち出せなかっただけだ。ヨーロッパに来るシリア人のほとんどは商人階級で、トルコに行き、さらにエーゲ海を越えるボート代を払う蓄えがあった人たちだ。

たとえばアサドは、戦争で商売が立ち行かなくなるまでは、シリアでカフェを3軒経営していた。のんびり屋で最後にホテルから出てきたネハイヤドは、携帯電話店を所有していた。ワジーフはフォーシーズンズホテルにカメラ店を出していて、ロシア語を話すことができ、今は日本語を勉強していた。ショーン・ペンにそっくりのサリムは、自宅近くの遺跡がロケット弾で破壊されるまで、アレッポのお菓子工場の営業責任者だった。

シリア時代からの仲間もいる。サリムは甥っ子のザカリアと一緒にここに来た。あるいはアフメドとナザムとモハメドのように、道中で意気投合した仲間もいる。革のジャケットとジーンズに黒い肩掛けカバンを持ったアフメドは、通勤途中のグラフィックデザイナーのようだ。24歳のナザムはコンピューターサイエンスの専門家。タトゥーだらけでエネルギッシュなモハメド・フセインは薬剤師だ。３週間前にボートでレスボス島に到着したモハメドは、出迎えたケンプソン夫妻やITVのエマ・マーフィー記者に、そこに来たことを真摯に謝った。「みなさんたちの国に来てしまって本当に申し訳なく思っています。でも、仕方がなかったんです」

「準備はいいか？」

出発がずるずると1時間先延ばしになり、しびれを切らしたワジーフがついに声を上げた。彼はすでに1度このルートを歩いたことがあり（失敗した）、サリムは２度経験があった（失敗した）。だから自然と２人がリーダーになった。文字どおり右も左もわからない者だらけのグループでは、ハンガリー警察に逮捕され、追放された経験のある２人が一番のガイド役だ。こうして私たちはのんびりと出発した。

公園の横を過ぎて、中央広場を通ると、ほかのシリア人グループも出発の準備をしていた。ちょうどそのとき、近くの教会から婚礼の行列が出てきた。スーツを着たセルビア人たちが、広場の西側に向かって進んだ。広場の東側に列をつくりはじめたシリア人たちと対照的な雰囲気だった。陽気なシリア人グループと違って、セルビア人たちは硬い表情で、足取りは重かった。何人かのシリア人が思い切って新婚カップルに歓声を送った。けれど、新郎新婦は真面目くさった様子で、横目でちらりと見ただけだった。

私が同行したグループのシリア人は、にぎやかな都市部出身者が多かったから、東ヨーロッパの田舎の地味な雰囲気に困惑するばかりだった。「やけに静かだな」と、ワジーフは心配そうなふりをして、声を押し殺して言った。「大きな声を出すなよ。みんな起きちゃうから！」

一行は意気揚々としていた。心の片隅では、強盗や警察を心配していたけれど、今はすべてを忘れようとしていた。「行こう」と、モハメドが言った。「とにかく歩きたい」。一行はその言葉どおりにした。まずはカニジャの東部を流れるティサ川を目指した。看板のない小さなピザ屋の横を過ぎて、町で1軒だけのバーと、シリア人には手が出ない4つ星ホテル「アルト・ガルニ」を過ぎた。ドイツ語で「空室あり」という看板が出ている。家の前庭で水やりをしている男性がいる。

その間、モハメドはひたすらしゃべりつづけていた。まるで感情的な重荷（あるい物理的な重荷）を取り除かれたかのように。実際、彼の世俗的な持ち物はビーツのヘッドホンだけだった。口癖は、「プログレッシブロックって最高だな！」だ。それは冗談でもなんでもなかった。「私は音楽とその理念から生き方を学んだ」と、モハメドは大真面目だ。「本当は80年代に生まれたような気がするんだ。輪廻なんて信じていないけどね」

やがて会話は無神論に移っていった。「モハメドなんて名前じゃなかったらよかったのに」。「私はイングランドが大好きだ。イギリスの思想家が好きなんだ。ダーウィン。リチャード・ドーキンス——素晴らしいよね」。そしてモハメドはこの2人の著書を、自分の旅に結びつけた。「生き延びるのは、いちばん強い者でも、いちばん賢い者でもなく、環境に最も適応した人間だ。それが最大の進化の法則だ。それはここでも同じだ」

一行は、町の最後の家の前を大股で通り過ぎた。夕方の散歩中の夫婦が、町に向かって戻っていく。緑色のトラクターに乗った農夫が、背後から私たちを追い抜き、励ますように手を振った。このまま畑と森を数キロ行けばハンガリー国境だ。そこで再び、強盗や国境警備隊のことが心配になってきた。もちろんモハメドは違う。「私は全然怖くないね。だってISISを逃れてきたんだぜ」。だが、ほかのメンバーは冒険心と恐怖心、これから起きることへの不安、そしてこれまでよりもひどいことはないはずだという確信の間で葛藤していた。シリア時代からモハメドの友達であるナザムは、いろいろなシナリオを思い描いていた。国境で全力疾走し、捕まり、またトライしなくてはいけないかもしれない——。その一方で、自分が逃れてきたものも思い出した。父親を殺したロケット弾。徴兵。ISISの拡大……。

難民からヨーロッパはどう見えているのか?

やがてティサ川が道から逸れていった。川のすぐ西側には細長い森があり、さらに森の西側には堤防が設けられていた。私たちは急いで森と堤防の隙間に下りていった。ティサ川はハンガリーまで流れているから、国境までその流れをたどろうと考えていたのだ。

モハメドと並んで川沿いを歩きながら、私は82年前にティサ川沿いを歩いたもう1人の若者のことを思った。その若者はパトリック・リー・ファーマー。愛馬マレクの背中に乗ってティサ川を渡ったことを、『遙かなるドナウ——ヨーロッパ徒歩旅行〈2〉(海外旅行選書)』(邦訳・図書出版社)に書いている。リー・ファーマーは、1930年代初めにオランダからイスタンブールまで歩いて旅したことを3部作にまとめている。ティサ川が出てくるのはその第2巻だ。18歳の純情な青年リー・ファーマーが、ヨーロッパ大陸をひたすら歩きながら、多くの発見をしていくさまに、読者は共感せずにはいられない。

この3部作を読み、リー・ファーマーの足取りをたどって、彼が味わったのと同じ解放感と探求心を体験しようとした人は少なくない。その経験を自分の著書にまとめた人もいる。だが、そのどれもリー・ファーマーの高みには達していないように思う。団体旅行が普通になり、鉄道が複数の国をまたがって走り、インターネットに旅行ガイドやホテルランキングがあふれ、ヨーロッパにシェンゲン圏が存在する今、リー・ファーマーと同じような旅をするのはほぼ不可能だ。私は大学時代に彼について学位論文を書いたくらいだから、これはさほど言いすぎではないと思う。

リー・ファーマーの旅行記がこれほどまでに多くの人に愛されているのは、むしろ彼の旅と経験を再現することは不可能だと、誰もが心の底では知っているからではないか。もはやヨーロッパには、1933年と同じ神秘性と冒険と謎は残っておらず、純粋な旅は死んだと考える人もいる。だから昔の旅が再評価され、その喪失を乗り越えるには、身近な場所での日常への情熱を取り戻すしかないという結論が生まれるのだ。

私もまた、リー・ファーマーの旅行記を初めて読んだとき、ワクワクすると同時に、もはや同じような経験をするのは不可能だと悲しくなったのを覚えている。

でも、モハメドと歩きながら、そうした落胆はひどく恵まれた環境にいるから思うのだと気がついた。EUのパスポートとクレジットカードを持つリー・ファーマーのファンには、東ヨーロッパの畑の旅を、冒険とは思えないかもしれない。だがこの堤防の陰を、警官や盗賊の気配に耳をそばだてながら足早に進むシリア人のグループにとって、ヨーロッパは今も危険と多くの神秘に満ちた大陸だ。

彼らは『ラフ・ガイド』や『ロンリー・プラネット』（あるいはリー・ファーマーの旅行記）ではなく、フェイスブックやワッツアップで得たアドバイスや噂を手がかりに旅している。彼らにとってヨーロッパは聞いたこともない土地や国だらけで、困惑するほどつかみどころがない。彼らのヨーロッパに対する理解は、Wi-Fiや3Gの電波状況に依存している。ちょうど炭坑内の鉱夫たちにとって、自分のヘッドトーチが照らす範囲が、その炭坑に関する理解の限界であるのと同じように。難民たちの旅で、ヨーロッパの地理は再構成される。彼らにとって、ヨーロッパとは地図どおりの50の独立した国が整然と並んだ大陸ではなく、違いのよくわからないバルカン諸国という暗いトンネルを抜けると、ドイツやスカンジナビアがある大陸だ。

リー・ファーマーのイスタンブールまでの旅路を反対方向にたどる難民たちは、彼のように好奇心から旅をしているのではない。彼らは死に物狂いであり、その道のりはリー・ファーマーの旅よりも極度に危険だ。それでも、現代のバルカン半島を旅するシリアの若者たちの経験には、リー・ファーマーの1933年の経験と共通する部分がある。それは引き返すことができない状況で、荒涼とした未知の大陸を放浪する経験、すなわち現代ヨーロッパではもはや不可能と思われていた経験だ。もしかすると、もっと共通点が生まれるかもしれない。なにしろ現代のヨーロッパは、1930年代と酷似した方向（右派も左派も過激化し、ヨーロッパの結束は低下し、難民やマイノリティーがスケープゴートになっている）に進んでいる。1933年にヨーロッパ大陸を引き裂きはじめた政治の二極化が、現代のシリア難民危機後も生まれるのかどうかは、時間のみぞ知るだろう。

「そんな壁、認めるもんか」

「シャバブ（若いの）！」と、私よりもずっと目の前のことに意識を集中していたサリムが強い調子で囁いた。「電話の電源を切れ」。堤防の下を1・5キロほど歩いたところで、男たちの不安は高まりはじめていた。難民たちは、携帯電話の電源が入っているとハンガリー警察に見つかってしまうと考えていた。とにかくサリムは万全の注意を払いたかった。同時に、ついに盗賊のテリトリーに入ったのではないかと考えて、誰もが森から棒切れを拾ってきた。「連中をぶったたいてやる」と、ワジーフはゴツゴツした棒切れを持って茂みから出てきた。

瞬く間に旅の雰囲気は、『カンタベリー物語』やリー・ファーマーの世界から、コーマック・マッカーシーの終末小説『ザ・ロード』（邦訳・早川書房）の一場面へと切り替わった。堤防の上では、まだ村人が犬を散歩させていたし、シリア人たちにフレンドリーな声をかける人もいた。だが、神経質になった難民たちには、誰もが盗賊の偵察係に見えた。

現実的なものであれ、想像にすぎないのであれ、恐怖には瞬く間に広がるパワーがある。フォトジャーナリストのサイマは、明るいうちにカニジャに戻ると言い出した。時間は午後7時45分で、間もなく太陽が沈もうとしていた。彼女は暗闇の中で盗賊に遭う危険をおかしたくなかったのだ。残った私たちはとぼとぼ歩きつづけ、物音がするたびにギクリとした。ワジーフが前回トライしたとき、セルビア警察が待ち伏せしていて、1人10ユーロを取られたという空き地も通った。その数分後、みんなの悪夢が現実になった。先頭を歩いていた人物が、森の中を指差して低い声で言ったのだ。

「あそこに誰かいる」

「何者だ?」とみんな一斉に右を見た。たしかに木々の間に複数の顔が見えた。みんな持っていた棒切れを振り上げた。すると盗賊たちがこちらに向かって歩いてきた。何か言っている……アラビア語で。アラブ人の強盗か? そこでワジーフが間違いに気がついた。

「あんたたちシリア人か?」と、森に向かって呼びかけた。

「そうだ、シリア人だ」

みんな大きく息を吐き、自分たちの被害妄想を笑った。森の中から別の難民グループが荷物を持って出てくると、彼らはお互いにうなずいた。せっかくなので、一行はそこでタバコを一服することにした。アサドは低木に入っていって用を足した。「いつもああなんだよな」と、ワジーフは愛を込めて笑った。

太陽が沈んだ。そして暗闇とともに、新たな不安が襲ってきた。「道を間違っていないだろうな?」と誰かが言った。「当たり前だ」と別の誰かが言う。それ以外に道はないのだから。でもGPSをチェックしたほうがいいんじゃないか? いや、ハンガリー人が電波を探知するかもしれない。「もうちょっと先まで行ってみよう」と、ショーン・ペン似のサリムが言ったので、私たちは前進しつづけた。

月が出てきて、小さな虫も出てきた。一行は再び立ち止まり、木立の中と外のどちらを歩くべきか議論した。アサドがまた小便に行った。ワジーフが木立の中に道があるか確かめに行ったが、数分後に首を振って出てきた。「クモの巣だらけだ」と笑った。たしかに彼のシャツは、クモの巣だらけになっていた。

夜が深くなっていった。一行は歩きながら、小道にかかる木の葉を引っぱった。このあたりの道は深い轍ができていて、とても歩きにくかった。だが、私たちは、先に出発したグループよりも順調に進んでいるようだった。いまや数分おきに、森の端にうずくまって休憩しているシリア人グループに出くわした。それは薄気味の悪い光景だった。30人が黙って暗闇の中に座り、顔の半分だけ月の光が当たっている。突然、言葉もなく一斉に立ち上がるグループもあれば、亡霊みたいにただ座っているだけのグループもあった。ときどき赤ん坊の泣き声が聞こえた。

モハメドは今、ハンガリーがフェンスに障害物を設置すると発表したことについて語っていた。彼はフンと鼻を鳴らすと「私たちはシリア人だ」と言った。「何だって乗り越えられる。シリア人は世界初の（書き）言葉をつくったんだ。そんな壁だって壊せるさ。電気を通すなら、グローブをはめて切ってやる」

モハメドはシリア人の粘り強さを体現していた。左の手首には、ピンク・フロイドを讃えるタトゥーが入っている。「シド・バレット。彼は私の神だ！」右の手首には船の絵が彫ってある。昨年12月に彼がトルコで乗った、イタリア行きの船を忘れないために入れたタトゥーだ。全長72メートルの貨物船で、3週間前に乗ってきたゴムボートとは大違いだった。だがその船は1月1日に沈んだ。「誰もが（新年を）祝っていた」と、モハメドは振り返る。「その間に船は沈んでいった」。モハメドはキプロス島近くの海に投げ出された。それでも彼はくじけなかった。失う物は何もなかったから、ヨーロッパを目指して挑戦しつづけた。ハンガリーはその声によく耳を傾けたほうがいい。「(フェンスを強化するといった方法では)難民の流入は止められないだろう」とモハメドは言う。「彼らは真の問題を解決する必要がある。バシャル・アサドとISISを取り除くことだ」

だが今、モハメドたちは差し迫った問題に直面していた。国境まであと数キロのところで、堤防の上にあやしい車が2台見えたのだ。これまでさんざん聞いてきた盗賊のものだろうか。それとも警察だろうか。あるいは密航業者か。「まいったな、すごいストレスだ」と、ナザムが言う。「声を落とせ」とサリムが振り向いて言った。「森の中に隠れよう」

全員がすばやく木立に入り、しゃがんで待った。誰かがオナラをした。みんな目を細めて堤防の上を見た。1台は白いセダン、もう1台は白いハッチバックだった。「警察かもしれない」と誰かが言った。「密航業者かもしれない。強盗の可能性もある」。堤防の向こう側に住む村人かもしれないという可能性は、誰の頭にも浮かばなかった。悲観的な見方が強まった。たそがれの中で、お互いの顔もまともに見えなかった。あれ誰だ? これ誰だ? よそ者がグループに交ざり込んでいないという確信は持てなかった。「つまりさ」と、急に落ち込んだ様子のモハメドが言った。「これはピクニックじゃないんだ」。そこで車のライトがつき、誰もが息を飲んだ。だが2台とも走り去っていき、みな安堵の息をついた。一行は再び森から這い出すと、歩みを再開した。

ネハイヤドが膝をひねった。誰かがお金を落とし、別の誰かが拾って渡してやった。モハメドはひたすらしゃべりつづけた。それは彼なりに神経を落ち着かせる方法だったのかもしれない。あるいは神経がまったくないのかもしれない。彼は日が沈まない国イングランドについて思いをめぐらせ、シリアで無神論者だと告白したときのことを誇らしげに話した。エクスタシーの化学的作用を説明し（脳からドーパミンが分泌される）、難民認定を受けたらどうやって祝うか計画した（音楽フェス「トゥモローランド」のチケットを買う）。

国境から500メートルのところで、グループが立ち止まったとき、モハメドの興奮はまだ続いていた。一行は、国境には熱センサーが仕かけられているという噂を信じていた。実際には、ストライプ柄のポールと標識が立っているだけだったが、集団思考とはパワフルなもので、2人ずつペアでその標識を通過したほうが、集団で通過するよりもセンサーに感知されにくいという結論になった。だが、トゥモローランドのことを考えてハイになっていたモハメドは、ちゃんと話を聞いていなかった。そしてタバコに火をつけたのだった。

誰もがぎょっとしたが、何も起きなかった。ハンガリー警察が突然どこかから姿を現すこともなかった。モハメドは急いでタバコの火を消し、男たちはひそひそ声に戻り、おたがいをせかした。「みんなで力を合わせれば、こういうすごいことができるんだ」と、モハメドはトルコから一緒に旅してきたナザムに言った。グループは立ち上がり、近く壁が立つ予定のラインに向けて歩きはじめた。

「そんな壁、認めるもんか」と、モハメドは言うと国境を飛び越えた。

第8章

訪れた最後の試練

ハーシム、待ちわびた瞬間まであと一息

To Sweden ?

2015年4月27日　月曜日　午前11時50分　ドイツ、デンマーク

ハーシム、警察に怯えながらドイツを北へ

ハーシムはすべてをぶち壊しにしてしまったのか。列車はドイツ国境を越えた最初の駅で停車した。美しい小川を見て、思わず口を衝いて出た感嘆の言葉は、ハーシムの今までの努力を水の泡にしてしまったのか。もし警察が乗り込んできて、誰かが通報したらどうなるのか。もしかしたら、乗客に警官が紛れ込んでいる可能性だってある。

年配の女性が乗ってきて、ある男性に席を代わってほしいと頼んだ。続いて、ヒゲをたくわえたハゲ頭の男性が乗ってきた。これまでのところ、特に異常はない。でも国境警察はどうだろう。駅のホームにいるのだろうか？　南ドイツ新聞を読んでいるふりをするハーシムには、外の様子はまったく見えなかった。

1分たった。また1分。1年にも感じられた後に、列車はついに動き出した。スピーカーから流れる女性のアナウンスは、ドイツ語が先でフランス語が次になった。ドイツに入ったんだ——。ハーシムは安堵のため息をついた。この頃はまだ、ドイツはシリア人にとって最高の目的地と考えられていなかった（ドイツ政府がシリア人の受け入れ基準を大幅に緩和したのは2015年9月以降のことだ）。それでもほとんどのEU諸国よりはましだと考えられていた。ハーシムは南ドイツ新聞を置いた。スウェーデンまで国境はあと二つだ。

ザールブリュッケンを出て、マンハイム、そしてついに列車はフランクフルトに到着した。ハーシムは列車を降りると、駅を出た。ようやくタバコが吸える。歩きながら1本、2本、そして3本。

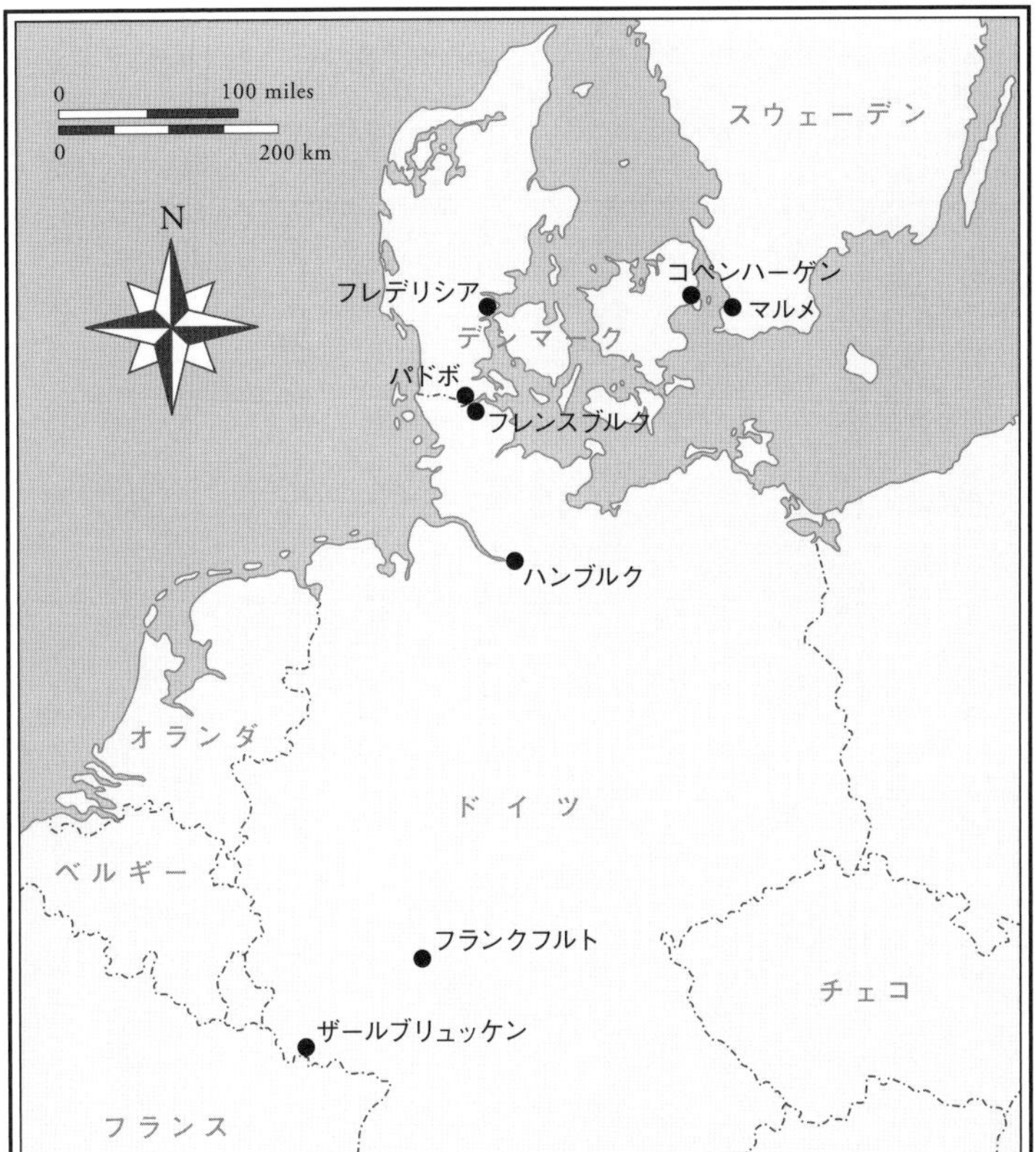
0
100 miles
0
200 km
N
スウェーデン
コペンハーゲン
マルメ
フレデリシア
デンマーク
パドボ
フレンスブルク
ハンブルク
オランダ
ドイツ
ベルギー
フランクフルト
チェコ
ザールブリュッケン
フランス

北ヨーロッパ

途中、シリアの国営航空のオフィスの前を通りかかった。オフィスの跡と言ったほうがいいかもしれない。今はもう閉鎖されていた。

ハーシムは駅に戻ると、ハンブルク行きの列車を待った。頭上には、日刊紙フランクフルター・アルゲマイネの巨大な広告が見える。ハーシムの心臓はばくばくしていた。これからの数時間で彼の人生が決まる。あと1本タバコが必要だ――そう思っていたところ、ホームに白いペンキで囲われた喫煙エリアを見つけた。初めてドイツに来たハーシムにとって、これはとても奇妙な気がした。このラインをはみ出たら、タバコを吸ってはいけないのか？　この内側ならいい？　それならあそこでタバコを吸っている女性は何なのか……。

3時間半後、ハーシムはハンブルクにいた。やはり垣間見ることしかできなかったが美しい街だった。1時間余裕があったので、駅の周りを散歩して、二つのゴシック建築の時計塔に驚嘆した。誰もが信号が青になるまで待っている、秩序だった街の雰囲気も気に入った。スウェーデンの近くまで来たことがわかると、ハーシムは急に空腹を覚えた。そこで2ユーロで小さなピザを1切れ買った。そして一瞬、今日はここに泊まろうかと考えた。デンマーク国境ではパスポートが調べられることがあり、夜に移動しているほうが疑わしく見られる気がした。とはいえ、それは机上の空論だ。身を寄せる知り合いはいないし、ビザがない以上、ホステルに泊まることもできなかった。

そこでハーシムは自動券売機に行くと、スクリーンを操作して、コペンハーゲン行きの切符を買った。もう券売機の操作も慣れたものだ。乗り換えは2回ある。まず、ドイツ国境の駅フレンスブルクまで行き、そこでデンマークのフレデリシア行きの列車に乗り換える。フレデリシアからはシェラン島の首都コペンハーゲン行きの列車がある。スウェーデンはそのすぐ北側だ。

フレンスブルク行きの列車は、これまでハーシムが乗った五つの列車のなかでいちばん快適度が低かった。自転車を持ち込めるコンパートメントに乗ってしまったため、自転車を固定したいのでと言われるたびに、足をずらさなくてはならなかった。ぺったり起伏のない田舎の風景は、ときどき見かける白い風車がぴったりだった。風力発電か、いい考えだなと、ハーシムは思った。車掌はタトゥーが入った大男で、ハーシムの切符に黙って検印を押した。何も聞かれることはなかった。

フレンスブルクに到着したときは、すでに日が沈もうとしていた。20時56分発のフレデリシア行き列車は、ホームの反対側に到着するはずだ。フレンスブルクから1・5キロも行けば、デンマークの国境だ。ハーシムは列車に乗り込み、ドアからいちばん遠い席に座った。アナウンスの言語はごつごつしたドイツ語から、くぐもったデンマーク語に変わった。

ハーシムは最新のカモフラージュで顔を隠した。ピンク色の表紙をしたデンマーク国鉄(DSB)の車内誌Ud&Seだ。そしてじっと待った。もうすぐ自分の運命がわかる。5分もすれば、最後から2番目の国境を越えて、デンマーク側の最初の駅パドボに着く。そこでは何が待っているのだろう。

何か悪いこと、とハーシムは真っ先に思った。パドボ駅のホームに制服のようなものを着たデンマーク人が2人立っていたのだ。ハーシムは座席に深く身をうずめ、最悪の事態を覚悟した。2人はハーシムの車両に乗ってきた。ところが列車は再び静かに動き出した。ハーシムのパスポートを調べるなら、ここで降りるはずじゃないのか? ハーシムは少し待った。ピンクの車内誌はもう捨てしまったので、眠っているフリをした。制服の1人が近づいてきた。目をつぶっていても、鍵のカチャカチャした音でわかった。その音は、ハーシムのテーブルの横で止まった。ハーシムが薄目を開けると、ただの検札係の交代要員だった。

午後10時31分、列車はフレデリシアに滑り込んだ。もちろんハーシムはこんなに北まで来たのは初めてで、寒さで体が震えた。そこでピカピカの待合室でコペンハーゲン行きの列車を待つことにした。ポール・ヘニングセンのランプシェードが天井からぶら下がっている。ハーシムは日刊紙ポリティケンを手に取った。新たなカモフラージュだ。待合室は禁煙だから、ハーシムは何度もニコチン補給のために外に出ては、暖を求めて中に入った。午後11時を過ぎて、ようやくその繰り返しが終わった。コペンハーゲン行きの列車は、到着するとすぐに東に向かって動き出した。

コペンハーゲンで直面した最後の試練

2時間半後の火曜日未明、ハーシムはデンマークの首都の駅に降り立った。エジプトを出て13日、イタリアに到着してから6日がたっていた。あと30分も列車に乗れば聖なる目的地だ。だが、それにはまず乗車券を買わなくてはいけない。

ところがそれが簡単にはいかなかった。最初に訪ねた駅の窓口では、クレジットカードを要求された。そんなものを持っているシリア難民はあまりいない。二つ目の窓口は現金で買えたが、もっと大きな問題が明らかになった。デンマークはユーロ圏ではなかったのだ。ハーシムはデンマーク・

クローネを持っていなかった。時間は午前1時半。両替所も閉まっている。

そこでハーシムは、足を引きずりながら誰もいない赤レンガのコンコースを歩き回り、ユーロで買い物ができてクローネでお釣りをくれる店を探した。ついにマクドナルドを見つけたが、入ってみると、ちょうど別の人がユーロでは支払えないと断られているところだった。外のセブンイレブンに行ってみな、と言われている。

駅から人通りのない道に出ると、セブンイレブンが見えた。まるでエドワード・ホッパーの絵画のように、明るく照らし出された交差点にあった。ユーロを使えるだろうか。ハーシムがジェスチャーと片言の英語で聞くと、カウンターの男は「イエス」と答えた。ただし使えるのは10ユーロ札だけだという。それではダメだ。スウェーデンまでの乗車券は、18〜19ユーロ。だからハーシムは、20ユーロ札で支払い、できるだけ多額のおつりをもらう必要があった。懸命に説明すると、店員が根負けした。わかった、いいよ。

ハーシムは店内でいちばん安いものを探した。結局、いちばん小さなガムを選び、それを20ユーロ札で払い、クローネでお釣りをもらった。

足を引きずってゴシック様式の駅に戻ると、入り口の時計は1時54分を指している。スウェーデン南端行きの列車の発車時間まで、あと18分ある。ハーシムはクローネを券売機に入れた。ぴったりの金額だった。これでついにエーレスンド橋を渡れる。片道切符を印刷するキーという機械音が、これほど快適に聞こえたことはない。ハーシムはエスカレーターに乗ってホームに降りた。あと一つ列車に乗ればいい。あと一つ国境を越えればいい。

ハーシムは少しでも早く到着したかった。肉体的にも、精神的にも、感情的にも疲労困憊していたのだ。この3年間はトラウマと屈辱の連続だった。そしてこの2週間は、逮捕されたり、命を落としたり、餓死する危険にさらされながら海と陸を越えてきた。今も喉が渇き、空腹で、悪臭を放ち、睡眠不足で、神経が高ぶっていた。そのうえ一歩踏み出すごとに、化膿した足の傷が激痛をもたらした。

彼の旅は、ホメロスの『オデュッセイア』のように叙事詩的な英雄物語だった。だが今、ハーシムはただ惨めで吐き気がした。寒さと不安で膝がガクガクした。歯を食いしばり、ホームを行ったり来たりしていると、ついに遠くのトンネルに二つの白い光が見えてきた。スウェーデン行きの列車だ。あと1回列車に乗ればいい。あと一つ国境を越えればいい。

列車が東に向けて滑り出すと、まずコペンハーゲンの東のエーレスンド駅に、次にトーンビ駅に停車した。昼間だったら、エーレスンドに最近建てられた奇抜な住宅を見ることができるだろう。ランダムに三角形のバルコニーが突き出している、巨大なヤマアラシのような形をしたマンションだ。だが今は暗い。それにハーシムの心はスウェーデンへの思いでいっぱいだった。そこに逮捕されずに到達できるかどうかで、一時的な安全地帯を見つけるだけか、永久に落ち着ける場所が得られるかの違いがある。

深夜だったが、まだ乗降客はいた。ハーシムはその1人1人にさっと目を配った。誰が国境警察かもわからない。列車がコペンハーゲン空港に到着した。デンマークで最後の駅だ。さあ、ハーシムと約束の地を切り離しているのは、エーレスンド海峡とそれを結ぶ橋だけだ。彼は拝むように、両の手のひらを何度も何度もこすりあわせた。

2列向こうに座っていた男性がハッと目を覚まし、乗り過ごしたことを知ってショックを受けているようだった。ハーシムはそれにほとんど気がつかなかった。彼の心は、先だけを向いていた。

列車が橋にさしかかった。外は真っ暗だから、まだトンネルの中にいるのかもしれない。遠くに見えるスウェーデンの海岸の光だけが、この2週間で5番目の、最後の国境を越えようとしていることを教えてくれた。この橋は、デンマークとスウェーデンの国境線をまたいで置かれた遺体をめぐるドラマ『THE BRIDGE／ブリッジ』の舞台として、世界的に知られている。ハーシムは今夜、ドラマチックなことが何も起きないことを祈った。

スウェーデンの光がどんどん近づいてきた。そしてついに線路が陸と同じ高さになる。スウェーデンに入ったのだ。列車が減速してスウェーデン最初の駅ヒリーに滑り込む。でも、デンマークとの違いはほとんど感じられない。スペリングの変化（デンマーク語のøがスウェーデンではöになる）だけが、新しい国に来たことをハーシムにはっきり教えてくれた。

最後にサプライズが待っているのではないか。ハーシムは空っぽの駅のホームに警官が現れて、ついに連行されるのではないかと、車窓から目をこらした。だが誰も乗ってこない。乗客は1人もいなかった。ドアが閉まり、列車が再び走りはじめた。

ついにやったのか？　ハーシムはまだ信じられなかった。そして喜ぶ前に、もう一度確認しないと、と思った。「もう」と、彼は小声で言った。はっきり声に出すのが怖かったのだ。「スウェーデンにいるのか？」

改めて確認すると、何日かぶりにハーシムは満面の笑みを浮かべた。それから少しだけ、さらにはっきりと親指を立てた。そして右の耳をかくと、現実をかみしめた。２０１５年４月28日、午前２時41分。彼は、残りの生涯にわたり、故郷と呼びたいと願う場所にたどり着いた。ハーシムは目を閉じると、眉をつり上げた。それから長く肺いっぱいの息を吐いた。

スウェーデンで最初の大都市マルメで、ハーシムは遠く離れたエジプトにいるハイアムに電話をかけた。

「もしもし?」と彼は言った。「着いたよ」

第9章

「門戸」を閉ざされて

根本から解決する方法はあるのか

A Gate Clangs Shut

ハンガリー、オーストリア、セルビア、クロアチア

オーストリアの老ユダヤ人は、なぜ国境越えを手伝うのか？

暗闇の中、車を走らせながら、61歳のハンス・ブロイアーはカーナビと格闘していた。場所はセルビア国境からハンガリー側に約1・5キロ入ったあたり。ドイツ製のナビゲーションシステムは、オーストリアにあるハンスの自宅までの最短ルートを示している。だが2015年9月のこの夜、ハンスには別の考えがあった。地図にはない農道を走ろうというのだ。

カーナビが、推奨ルートから外れたことを知らせる。ハンスは車のヘッドライトを消して急ハンドルを切り、農作業や羊飼いに使われる道に入ると、西に向かう一本道に出た。地図にある幹線道路とは違う。そのまま20分ほど進んだ暗い畑のまんなかで、ハンスはブレーキを踏んだ。そして後部座席を振り向くと、置いてあったブランケットに向かって「オーケー」と声をかけた。「もう出ても大丈夫だ」。毛布の下から三つの顔がのぞいた。クルド系シリア人のガルバリ・フセインと、息子のフセインとシャヘドだ。

ハンスは急に喜びを爆発させて、満面の笑みを見せた。「私の母の友達は、SS（ナチスの親衛隊）のふりをしてナチスから逃げた」と、ドラマチックに宣言した。「その話を聞いて育ったことが、今日の準備になったよ！」

ハンス自身も、3か月前はこんな状況になるとは予想もしていなかった。ふだんはセルビア・ハンガリー国境になんて来ることはない。それどころか、現代的な生活自体にあまり縁がない。「オーストリア最後のさすらいの羊飼い」を自任するハンスは、オーストリア最後の放浪のユダヤ人で

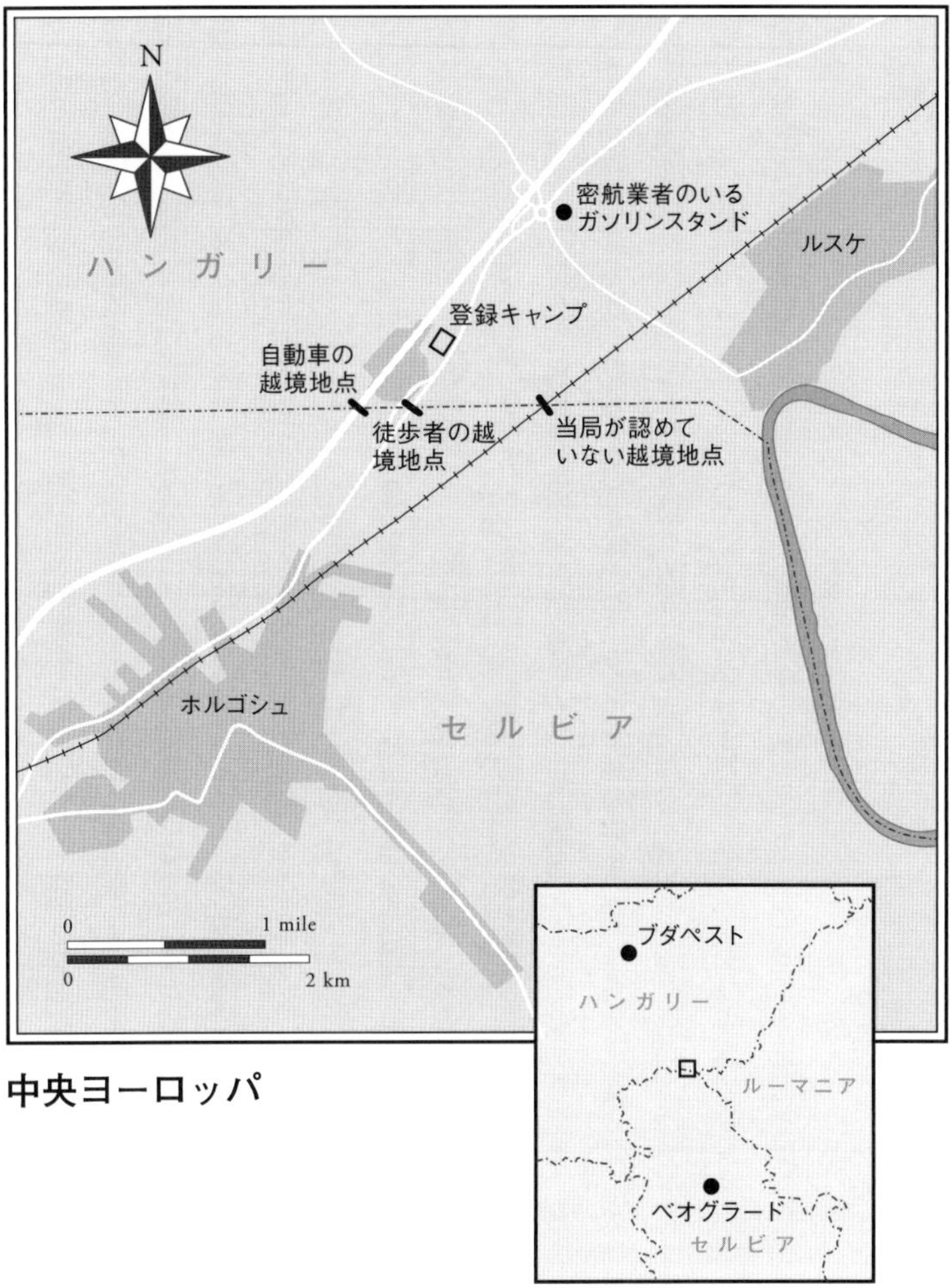
N
密航業者のいる
ガソリンスタンド
ハンガリー
ルスケ
登録キャンプ
自動車の
越境地点
徒歩者の越
境地点
当局が認めて
いない越境地点
ホルゴシュ
セルビア
0
1 mile
0
2 km
ブダペスト
ハンガリー
ルーマニア
ベオグラード
セルビア

中央ヨーロッパ

もある。

オーストリアの山岳地帯で羊飼いをしていないとき、そしてバンドでイディッシュ語〔東欧のユダヤ系移民の言葉〕の曲を演奏していないとき、ハンスはオーストリア南東部の森の外れにある2台の幌馬車に住んでいる。暖房設備はない。コンロに火をつけると、ほかの電灯が暗くなるような家だ。水道もない。ハンスと26歳の妻ミンゴは、石けんではなくレモン汁で皿を洗い、2人の子供たちは、レゴではなくドングリで遊ぶ。

トイレは庭の小屋で、ジューイッシュ・ソーシャリスト誌〔イギリスの「ユダヤ人社会主義グループ」の機関誌〕のバックナンバーと、ザ・ランド誌〔イギリスの土地所有に関するNGOの機関紙〕の最新号が積まれている。土地所有権の問題は、ハンスにとって大きな喜びであると同時に、大きな不満の種でもある。「あれを読むのに半年かかったよ」と、ある晩私がトイレから戻ると、ハンスは言った。そして急いで、ずっと腹をこわしてたからじゃなくて、英語力がなかったからだよ、とつけ加えた。

私がトイレで軽く目を通したところでは、ザ・ランド誌の編集理念は、「正義、自由、社会の安定、そして民主主義の根幹は、お金や投票箱へのアクセスではなく、土地と資源へのアクセスにある」というものだ。それはある意味で「戦え」という呼びかけであり、歌う羊飼いハンスが、羊や家族や庭から500キロも離れたセルビア・ハンガリー国境で、3人の難民の逃避を助けにいった理由でもあった。

世論の潮目が変わった3歳の男の子の遺体写真

9月のその晩、ハンスがここにきた理由をきちんと理解するには、6月にモハメド・フセインがハンガリー国境を越えた後、バルカン半島で何が起きたかを確認しておく必要がある。

バルカン半島を踏破する難民の数は、爆発的に増えた。6月にギリシャの島に上陸する人は1日約1000人だった（それでも前代未聞だった）が、9月半ばには平均5000人に到達。秋には9000人に達するとみられていた。[1] 当然、彼らが上陸後にたどるバルカンルートのマケドニア、セルビア、ハンガリーにも、同じ数の人たちが流れ込んだ。それは驚異的な数になり、悲劇的な結果をもたらした。

コス島とレスボス島は、6月と7月の時点ですでに大混乱に陥っていたが、その状況は飛躍的に悪化し、何万人もの難民が非衛生的で、多くの場合びしょ濡れの状態で仮登録書の発行を待った。イタリアにも記録的な数が押し寄せていたが、4月にハーシム・スーキがたどったルートは、いまやほとんど忘れられていた。その分、バルカン危機が巨大化していった。

メディアの報道も、同じペースで増えた。2015年の前半、難民危機は無視されていたわけではなかったが、連日ニュースになっていたわけでもなかった。私が7月にマケドニア国境閉鎖の記事を書いたときも、ガーディアン紙はさほど大きなニュースではないと判断して、紙面への掲載を見送った。ウェブ版には掲載されたが、ほかのメディアで報じたところは皆無だった。

ところが8月に再びマケドニア国境が一時閉鎖されたときは、ヨーロッパの全ニュースメディアが、まるで前代未聞の出来事であるかのように報じた。レスボス島では、ケンプソン一家がちょっとした有名人になっていた。チャンネル4が彼らを「エーゲ海の天使」と呼んで特集を組み、ザ・サン紙とインディペンデント紙は、それぞれ「独占」インタビューを掲載した。

世の中が夏休みモードで、ほかにあまりニュースがなかったことも、この問題が大きく取り上げられるきっかけになった。とはいえ、報道量が急増した最大の理由は、この難民危機がいかに身近なところまで迫っているかということと、犠牲者の人間的側面がよく知られるようになったからだろう。それを決定づける事件が二つあった。

第1の事件は8月末、オーストリアの道路脇で密航業者のトラックが放置されていた事件だ。悪臭を放つ液体がしたたり落ちる荷台を開けてみると、難民71人の遺体が見つかった。

第2の事件は、その1週間後にトルコの海岸に打ち上げられた男の子、アラン・クルディの遺体写真だ。クルド系シリア人一家が乗ったボートはギリシャからコス島を目指したが、すぐに転覆して、アランは兄と母親とともに命を落とした。突然、ヨーロッパで難民に対する関心が高まった。アランの遺体写真は、翌日ヨーロッパじゅうの新聞の1面を飾った。イギリスのタブロイド紙ザ・サンも例外ではない。

だが同紙コラムニストのケイティ・ホプキンスは、そのわずか数か月前まで、移民をゴキブリと呼んでいた。「海を漂っている遺体を見せてほしいものだ」と、ホプキンスは4月に書いている。「それでも私にはどうでもいいことだけれど」。ところが9月になると、彼女もザ・サンの編集者たちも気が変わったようだ。10月には再び反移民の論調に戻るのだが、9月の数週間は、彼らでさえもトルコ人フォトジャーナリストの優れた働きによって、考えを変えざるをえなかった。私は移民担当記者でありながら、自分の記事がこのような変化を起こせなかったことに無力感を覚えた。

そんな中、報道で使われる用語に疑問を投げかける声が出てきた。メディアは基本的に、ボートでヨーロッパにやってくる人々を「移民（migrant）」と呼んできた。本来、「移民」とは、理由にかかわらず一つの国から別の国にやってくる人を意味する、ごく中立的な表現のはずだ。

ところが夏も終わりに近づいてくると、「移民」をはじめ中立的な意味合いを持つ「庇護希望者（asylum seeker）」や「移住者（immigrant）」といった言葉をネガティブな意味合いで使うメディアが出てきた。なかには「移民」とは、経済的な理由で故郷を捨ててきた人だと示唆するメディアも現れた。８月に移民に同情する声が高まると、ＵＮＨＣＲ[2]とアルジャジーラ[3]などの報道機関が中心となり、批判的なニュアンスが少ない「難民（refugee）」という言葉を使う動きが高まった。

こうして一夜のうちに、リベラル派の間では移民危機は難民危機と再定義され、その変更に首をかしげる人は、彼らの苦境を思いやれない冷酷な人間とみなされるようになった。私自身は、この表現の変更は理解できた。この危機の背景にいる圧倒的多数は、１９５１年難民条約で保護を受ける資格があるからだ。そのことをはっきりさせる「難民」という表現を使うのは、短期的には道理にかなっている。それに彼らを保護する義務を、政治家に思い出させることもできるだろう。このため本書でも（特にバルカンルートに関する章では）難民と認定される可能性が高い人たちを難民と呼んでいる。難民という言葉が何度も続きそうなときは、文章表現上の理由から移民という言葉を使った。

しかし中長期的には、ややマイナスの影響も考えられるから、いずれ移民という言葉が、再び中立的な意味で使われるようになることを私は願っている。第1に、この表現のほうが状況を正確に表している。自分がよく知らない大規模な人間集団の呼称を決めるとき、視覚的に把握できる行動によって呼ぶほうが、その行動の動機によって呼び方を決めるよりも理にかなっている。移民という言葉は、その最も効率的な方法だ。つまるところ、移民とは複数の地点を移動する人という意味であり、移動する理由には関知しない。

第2に、「難民」という表現を推進する人の多くは、難民は移民とは違うと考えている。彼らに言わせれば、難民には保護を受ける権利があるが、移民にはない。難民には故郷を逃れなければならない十分な理由があるが、移民にはない。この分類法には問題がある。まずそこには、難民と移民を見分けるのは簡単だという誤解がある。だが、実際にはそれはどんどん難しくなっている。難民と呼ばれる人と、移民と呼ばれる人の経験にはしばしば共通点があり、多くが両方のカテゴリーに当てはまる。二つのグループの違いを妙に誇張したり、単純化したりすると、全員の存在を否定することになりかねない。

第3に、たとえ言葉の上では二つのグループを明確に定義できても、その定義が役に立つとは限らない。こうした定義の目的は、移動する権利がある人とない人の間に線を引き、移動を阻止するべき人を明らかにすることだ。だが歴史を見ればわかるように、人間の移動を止めることはできない。現在の危機も同じだ。人間は昔からさまざまな土地に移り住んできた。人間の歴史は、移住の歴史と言ってもいいかもしれない。近い将来、移民はもっと増えるだろう。一部で指摘されている気候変動による未曾有の移住が起きればなおさらだ。人間の移住は止められないことなのだと早く気がつけば気がつくほど、その管理方法も早く検討しはじめられるだろう。

アラン・クルディの死後、EU諸国への圧力は高まった。ヨーロッパの指導者たちは、ギリシャとイタリアに上陸する難民（中東にとどまっているもっと多くの難民はもちろん）のごく一部を引き受ける以上のことは、断固拒否してきた。これらの国は、危機の最前線にいる国々（ドイツ、ギリシャ、イタリア、スウェーデン）が独自に対処することを期待した。ただ、これは加盟国の結束という、EU基本条約が定める義務の放棄に等しい。ほとんどの政治家は、ヨーロッパ全体における極右台頭への不安と、難民危機の不可避性を認めることへの嫌気から、政治家としての仕事を放棄した。これに対してドイツのアンゲラ・メルケル首相は、難民危機の余波はユーロ危機よりもはるかに大きくヨーロッパを揺さぶる恐れがあると指摘。国連の報道官も、ヨーロッパの結束が危機に瀕していると語った。

ある意味で、オーストリアの事件とアランの死は、この問題の解決にわずかな前進をもたらした。だがそれは大きな一歩ではなかったし、優雅な一歩でもなかった。一連の会合の末、EU加盟国はついに、向こう2年間でイタリアとギリシャに来た難民12万人を分担して受け入れ、レバノン、ヨルダン、トルコにとどまっている4万人については第三国定住を認めることで合意した。イギリスはこの合意には参加せず、代わりに向こう5年間、毎年4000人の難民を受け入れることを約束した。ブリュッセルにいる頭の固い連中は、加盟国のそれまでの頑なな態度を考えると、これは大きな前進だと自画自賛した。

だが現実には、これはまったくお粗末な措置だった。なにしろレスボス島には、キャメロン英首相が向こう1年間で受け入れると表明した数よりも多くの人が、1日で到着しているのだ。ギリシャには、EU全体が向こう2年間で受け入れると言っている数よりも多くの人が、1か月で到着している。レバノンには、EUが第三国定住の受け入れを宣言した数の10倍のシリア難民がいる。2015年の冬も、何十万もの人々がバルカン半島に到着し、溺死し、冷たい雨に震えている。ヨーロッパの対応は恥ずべきものだ。

難民流入は抑え込めない
――悟りはじめたEUのバラバラな対応

そんな中、一部の国の高潔な精神は輝いている。とりわけそれがはっきりしているのがスウェーデンとドイツだ。両国とも難民流入の規模に圧倒されて、当初約束した数を下方修正することになったが、2015年のほとんどの間、EUに割り当てられた分を大幅に上回る数の難民を受け入れた。特にスウェーデンは、その庇護システムがパンク状態に陥り、極右政党の支持率が急上昇するなど、大きな代償を払ってきた。

ドイツは少しばかりましだろう。少子高齢化が進むドイツでは、教育水準が高い生産年齢の難民が大勢やってくることはプラスになる。それでも不信感を持つ有権者にこうした政策を売り込むのは、政治的にかなり勇気のいることだ。だが、メルケル首相は間違いなくその勇気の持ち主だ。たとえギリシャやハンガリーなど他のEU諸国で仮登録を受けていても、ドイツはシリア難民を歓迎すると約束したのだから。しかしその過程で、ドイツは意図せず問題を大きくしてしまった。メルケルの表明を受けて、ギリシャにやってくる難民が急増したのだ。かつてシリア人にどこを目指しているのかと聞くと、たいていの人はオランダと答えたものだ。次はスウェーデン、オーストリア、イギリスだったろう。それが今は、ほぼ全員がドイツに行きたいと言うようになった。

バルカン半島南部の国々も、現実的な対策をとるようになってきた。当初、マケドニアやセルビアやギリシャは、難民の入国を阻止するか、その流入ペースを調整しようとしたが、もはやそうした努力が無駄であることを認め、事実上ハンガリーまで人道的な回廊を設けた。私が初夏にギリシャ北部のハラ・ホテルを訪れたとき、難民たちはテッサロニキから徒歩または白タクで来ていた。ところが9月に再訪したときは、ギリシャ政府の許可を得て、バス会社がアテネからホテルまで「直行便」を運行していた（法外な料金でだが）。ホテルのオーナー、シモスでさえ、以前会ったときよりもフレンドリーになっていた（私のことは覚えていなかったようだが）。

ギリシャ・マケドニア国境でも似たような事態が起きていた。警察と兵士が難民を追い返して、難民の間で恐怖と混乱を引き起こすような事態はなくなり、代わりに整理番号システムができていた。アレッポ出身の雑貨商の家族は、国境に到着するとすぐに106番グループに入れられた。1グループは約50人からなり、105番グループはすでに国境の向こう側にいた。マケドニアに入ると、最近設置されたばかりのキャンプで速やかにトランジット・ビザが交付され、さらに新設された鉄道駅に案内される。夜までにそこに特別列車が来て、彼らをセルビア国境まで運んでくれる。

セルビアでも同じようなシステムが構築されていた。役人たちは難民流入を抑え込めないことに気づき、彼らの通過を手伝うようになった。以前は長い距離を歩かなければいけなかったルートが、今は政府の手配したバスと列車でほぼ完全に移動できる。かつては若者でないと難しかったルートが、子供連れの家族でも利用できるようになった。それは現状に対する前向きな対応であり、EU諸国が見習うべき対応だろう。

ハンガリーでさえ、無駄な努力をやめた。大いに話題になったフェンスは設置されたものの、9月初旬の時点では有刺鉄線の輪があるだけだから、効果はなかった。分厚いコートか寝袋を着て越えれば、かなり簡単に通過できることに難民たちは気がついたのだ。私もコイルの部分をブーツで踏んでフェンスを越えてみた。かかった時間は27秒。たいていの人は、この半分の時間で越えているはずだ。ここ数週間、「フェンス破り」に成功したと思われる、服の破けた移民たちを数メートルおきで見かける。「もう、あらゆるところから入ってくるわよ。ここも、そこも、あっちも」と、ハンガリーの国境警備隊員はフェンスが低くなっているところを指差して言った。そこは、私がモハメド・フセインと歩いて越えたところからさほど離れていなかった。

その結果、ハンガリーもお手上げ状態となり、9月15日にもっと高いフェンスを完成させ、非正規越境（現在は民事犯）を刑事犯罪とする新法を施行することを決めた。だがそれまでは難民が入ってくるのを黙認している。ただし、難民たちが国境線に無数の「穴」を開けて入ってくるよりも、1か所にまとめたほうがいいと気づいたハンガリー政府は、カニジャの数キロ北のフェンスに穴を開けた。廃線となった線路があるところで、この線路沿いを行けば、セルビア国境のホルゴシュ村からハンガリー国境のルスケ村まで止められることなくスムーズに行ける。

このEUの玄関となる線路で、私は1週間過ごした。かつてモハメド・フセインとやったような、夜中の秘密の行進はなくなっていた。いまや毎日数千人が、白昼堂々と線路沿いを歩いており、警察もそれを止めようとしない。妊婦もいれば、赤ん坊を抱いた女性もいる。7人家族の小さな子供たちは枕木沿いをゆっくり進んでいる。

実際、初夏に見た光景との最大の違いの一つは、子供や女性、病人が増えたことだろう。車椅子に乗った人もいる。足をひきずり、棒切れをステッキにして歩いている人もいる。松葉杖を使いながら息を切らしている少年もいる。それは排外主義的なハンガリー政府さえも撃退することができなかった人の波だった。実際、私が歩いてルスケに入ると、待っていた警官たちはほほ笑むだけ。「ここはハンガリーですか？」と、シリア人に聞かれると、彼らは「そうだ」と答えて、どんどん行けと手でジェスチャーした。彼らは難民の流入を阻止するのではなく、もっぱら管理することに注力していた。

ところがハンガリー国内に入ると、難民たちはとうてい人間的とは言えない扱いを受ける。難民たちはハンガリーを通ってオーストリアやドイツを目指すつもりだが、その前に登録を済ませる必要がある。そしてこのプロセスが、彼らの尊厳を打ち砕く。

線路沿いに歩いてハンガリーのルスケに入ると、ほとんどの難民は空き地に集められ、近くの登録キャンプに空きができるまで、屋外で数日間待たされる。ようやくキャンプに入れても、状況はちっともましにならない。登録と指紋採取の順番を待つ間、難民たちは檻に入れられ、動物のような扱いを受ける。関係者から流出した動画では、まるで動物園のサルか何かのように、警備員が檻の中のシリア人とアフガニスタン人に食べ物を投げ込んでいた。そしてここでも私腹を肥やすのは密航業者だ。難民たちは国境警備隊の管理や、キャンプでの屈辱的な扱いを避けるため、首都ブダペストまで自力で行こうとする。私は、松葉杖をついた14歳のハッサンが、登録キャンプから数分のところにあるガソリンスタンドに消えていくのを見かけた。その売店の横には、5人のずんぐりした坊主頭の男たちがいて、木のピクニックテーブルを囲むように座っていた。ハッサンと3人の友達は、彼らに会いに行ったのだ。

テーブルに近づくと、「ブダペスト。4人」と、ハッサンの兄が口を開いた。「いくら?」

5人の中でも髪が長めの密航業者が「1200ユーロ」と答えた。そして、口いっぱいにサラミサンドを頬張ると、「車をまるまる1台使っていい」と言った。

900でもいいか? ダメだ、1000ならいい——。これで取引成立だ。シリア人4人は指定された車に急いだ。トヨタの黒いハッチバックで、脚にケガをしたハッサンが助手席に座った。するとどこかから5人目となる末の弟が走ってきて、すでに3人座っている後部座席に割り込んだ。

「カネ(が先だ)」と、密航業者が言う。まだサラミサンドを手に持っている。「ほら」。ハッサンたちが現金を手渡すと、車は急発進した。ところが駐車場の出口で、別のシリア人家族が乗り込んできた。さらに曲がり角には、また別のシリア人家族が待っている。オーストリアで71人の難民がトラックの荷台で死んでいるのが発見されたように、密航業者は危険で信頼できない。だが、登録キャンプでの屈辱を受けずにハンガリー南部を脱出するには、密航業者の手を借りるしかない。

ただし、ハンス・ブロイアーのような人物が現れれば話は別だ。ハンガリーに到着した難民の扱いがニュースになると、オーストリアやハンガリーから何十人もの市民ボランティアがルスケの線路付近にやってきた。彼らはハンガリー国境警備隊の目を盗んでやってきた難民家族を車に乗せ、オーストリア東部まで密かに運んでやる。密航業者に命を預けずに、ハンガリーのキャンプを迂回する方法を難民たちに提供しているのだ。ハンスはその1人だった。

過去の難民危機のサバイバー、現代の難民危機のサバイバー

2015年9月13日、私はオーストリアのハンスの家から、ルスケの線路に向かう車に同乗させてもらった。そこに到着すると、ハンスは草むらに向かって話しかけはじめた。

「友よ、まだそこにいるか?」

ハンスは頭のネジが外れてしまったわけではない。国境付近の畑は、警察がパトロールにやってくる。そのため、難民たちがボランティアと会うか、ガソリンスタンドで密航業者に会うには、草むらに身を隠さなければならない。だからハンスは草むらに向かって話しかけたのだ。その日、ハンスはあるシリア人アーティストと待ち合わせしていた。

「ハロー?」と、ハンスは草むらの中をのぞき込んだ。「友よ?」

しかし相手はいなかった。

ハンスは急に動揺しはじめた。ここに来るまでの道のりでは、実に威勢がよかったのだが。ハンスはラスロというハンガリー人ヒッチハイカーを拾って、自分がこれからやろうとしていることを

自慢げに話した。ラスロの英語力は完璧ではなかったが、ハンスの話を聞くと、彼の身の安全を心配した。そして友達に電話して、もし捕まったら刑務所に何年も入れられる恐れがあることを、ハンスに英語で説明してくれと頼んだ。ラスロの友達から話を聞いたハンスは、あきれた顔をして言った。「すごく感謝していると（ラスロに）伝えてくれ。クソ野郎でないハンガリー人がいて嬉しいってね」と、ハンスはイライラした様子で言った。「でも、危険なことくらい私もわかってるさ！」

ところがルスケに来て、ハンスは急に弱気になっていた。もし相手のシリア人が草むらに行く途中で逮捕されていたら？　今通り過ぎた車がハンスの車を探していたら？　私が近くにいたシリア人とアラビア語でおしゃべりを始めると、「そんな大声で話すな」とハンスは押し殺した声で警告した。「誰がスパイかわからないんだから」

結局、ハンスはシリア人アーティストを見つけるのは諦めて、援助活動家に電話して、助けが必要な家族を紹介してもらうことにした。援助活動家たちは難民とも、難民が集められている空き地の警護にあたる警察とも良好な関係を築いていた。警官たちは、活動家は食料を配るだけで、秘密の逃亡を仲介しているとは思いもしなかった。だから難民を連れて、空き地の周辺を歩き回ることを許していた。

活動家が電話に出ると、そこでハンスはおもむろに聞いた。「オーストリアまで乗せてもらいたい家族、いる？」

すると活動家は、ちょうどいい家族がいるという。クルド人の女性と子供2人だ。そこで私たちは空き地に急いだ。何度か道に迷ったけれど、太陽が沈む前に到着できた。ハンスはトランクに飲み水を数カートン積んでいたから、車を停めると、それを下ろしはじめた。まるで物資を配達しているかのように。こうすれば難民を助けに来たようには見えないはずだ。数人の活動家が手伝いに来て、警察の注意がそちらに向くようにした。実際、２人の警官がこちらに目を止めたが、状況を把握すると立ち去っていった。すると３人のクルド人がすばやく後部座席に乗り込んできて、その上にブランケットがかけられた。しばらくごそごそ音がしていたが、すぐに静かになった。

ハンスは車を発進させると、派手なＵターンを始めた。すると２人の警官が再びこちらを見て、歩いてきた。それを見たハンガリー人の活動家が、大声を出して遠くの仲間に身振り手振りで指示を出しはじめた。ハンスの車から気をそらすためならなんでもいい――。その努力は実を結んだ。近くまで来た警官たちは、大げさな仕草で「行け」とジェスチャーをした。こうして私たちは走り出した。すぐに日は沈み、サイドミラーに映っていた警官も見えなくなった。

そこでカーナビとの格闘が始まった。ハンスが幹線道路から外れて、田舎の「裏道」を走ろうとしたからだ。彼は警察の検問を何より避けたかった。畑の中の泥道なら検問所があるはずがない。いくつかの畑を縫うように走ると、もう大丈夫だとハンスは思ったようだ。車を停めて、「オーケー」とブランケットに語りかけた。「もう出ても大丈夫だ」

ハンスはアドレナリン全開で、顔は勝ち誇ったように上気していた。まるで長距離走でライバルを負かしたランナーのようだ。だが彼は、刺激を味わいたくて、このボランティアを買って出たのではない。ハンスにとって、これはもっと個人的な戦いだ。彼の父親はオーストリアの反体制派ユダヤ人で、第二次世界大戦の開戦直前にイギリスに逃れた。その話をしていると、ハンスの目は赤くなった。

「父のこと、父が置かれていた状況、当時の難民たちのことを考えると、いつも涙がこみ上げてくる。そして現代の難民と重ね合わせてしまうんだ」と彼は言う。「(第二次大戦前に)スイスに移住しようとした両親の友達のユダヤ人たちは、スイス国境でナチに引き渡された。70年前と今の状況はあまりによく似ている」

そんな歴史の繰り返しが、この車以上にはっきり感じられる場所はなかった。ヨーロッパ初の難民危機を生き抜いた夫婦の息子が、第2の難民危機を生き抜いてきた人々を助けている。ハンスが歌いはじめると、その共感はますます高まった。前回パレスチナ系シリア人たちを乗せたときは、ハンスがイディッシュ語の民謡を歌うと、難民たちがコーラスに加わった。[4] 今夜、ハンスは新曲を歌った。やはりイディッシュ語で、難民の苦難を歌った曲だ。「私の靴はハーーーンガリーの国境でひきちぎれてしまった」と、ハンスはユダヤ教の婚礼曲に合わせて歌った。[5] 「マケドニア人が催涙ガスを発射して、私たちをだまーーーらせようとした。そして指紋を取り、でーーーんわを奪った。地べたに寝なくちゃいけない。ほねーーーに地面を感じる」

そして急に黙り込んだ。「ほら」と、彼は笑った。「まだ完成してないからさ。オーケー?」

ハンスとの車の旅は、豊かな経験をもたらした。彼は、異なる時代のヨーロッパの間に多くの共通点を見つけ出す。第二次世界大戦中にユダヤ系難民が受けた扱いと、現代のシリア人が受けている扱いは、その一つだ。ハンガリー人が国境にフェンスを立てた時代だけでなく、国境を乗り越える側だった時代も知っている。当時はたった2歳だったから、直接見た記憶があるわけではない。

だが1956年10月、ハンガリー動乱がソ連によって武力鎮圧されたとき、いかにたくさんのハンガリー人がオーストリアに殺到したか、そして彼らがいかに歓迎されたかを両親が話してくれたという。

「当時、人々は貧しかったけれど、強い連帯感があった」と、ハンスは言う。「それは戦後の伝統だった。国境から難民を連れてきた人は英雄だった」

ハンスは1930年代のヨーロッパにおけるファシズムの台頭と、現代の風潮の間にも共通点を見出していた。彼の両親は戦前、オーストリアのファシストたちと戦った。そして現代のヨーロッパで、極右の過激派があまりに社会（ハンガリーだけではない）を侵食するようなら、ハンスも両親にならって戦うつもりだ。彼はハンドルを軽く叩き、前方を見てうなずいた。

「これはヨーロッパで台頭するファシズム（と戦うため）の準備だ」

「（難民を助けたせいで）10年間刑務所に入れられないように、レジスタンス組織をつくるんだ。いつかオルバンが探している男を差し出さなければならなくなったときのために、この泥道について知っておく必要がある。これはそのための訓練だ」

「私たちはみんな人間よ」

だが、後部座席のガルバリと2人の息子たちは、もっと差し迫った懸念を抱えていた。彼女たちは、目の前にいる奇妙な2人組が何者なのか知らなかった。8日前にISISの国を逃れてきた3

人は、この車に乗るという賭けに出た。彼女たちにとっては、歌なんかよりもドイツにたどり着くことのほうが大事だった。「こわいんです。すべてがこわいんです」と、ガルバリは暗闇から言った。「お願い、とにかく運転しつづけてください」

現実に引き戻されたハンスは、再び車を走らせた。「いくぞ、ハンス」と、自分に発破をかけた。「集中しろ。勝利はまだだ」

ときどき遠くに農家の光が見えるなか、車はでこぼこ道を走りつづけた。後ろではガルバリが、まだ不安そうにしていた。「私たち、こわいんです」と彼女はたどたどしい英語で言った。「いったいどこに向かっているんですか?」。そこで私がたどたどしいアラビア語で答えようとすると、ハンスは蚊帳の外に置かれた気がしたらしく、「なんて言ったんだ?」と聞いてきた。私たちが何者で、どこに行こうとしているかを説明したのだと言うと、ハンスは首を振った。これまでの経験上、それはいい考えではないというのだ。オーストリアに着くまで、曖昧な返事をしておいたほうがいい。さもないと、いらぬ期待を抱かせることになる——。

このロジックをガルバリに理解してもらうのは難しかった。2人の見知らぬ男たちの車に乗っている以上、彼女は何がどうなっているのか知る必要があった。彼女を落ち着かせるため、私は携帯電話を渡して家族に連絡するよう勧めた。だがそれは大間違いだった。彼女は家族に、あと2~3時間でウィーンに着くから、今夜中に会えると言ったのだ。それをハンスに伝えると、彼はパニックになりはじめた。今夜中にウィーンに着くなんてぜったい無理だ。彼が選んだ農道はオーストリア南部に続いており、北部のウィーンではない。朝一番にハンスの妻がウィーンまで運転してやれるが、ハンスは疲れていて今夜はそこまで運転できない。「私は61歳だ」と彼は言った。「睡眠が必要だ！」

ガルバリは、ハンスがなぜ自分たちの行きたい場所に連れていってくれないのか理解できなかった。ハンスは、警察が目を光らせている幹線道路を走るわけにはいかないことを、なぜガルバリが理解できないのか、理解できなかった。ああだこうだと議論しているとき、車は一瞬だけ幹線道路に出て、偶然警察の車とすれ違った。ハンスがギクリとするのがわかった。

それは緊迫した数分間で、私は私の英語を完全に理解できない男性と、私のアラビア語を完全に理解できない女性の間で、板挟みになった。ようやく農道に戻ると、ハンスは車を停めて、あらためて自己紹介をした。

「私の名前はハンスだ。羊飼いで、歌手で、ユダヤ人だ」

すぐに後部座席から温かい返事が来た。

「ユダヤ人、イスラム教徒、キリスト教徒――そんなの重要じゃない」と、ガルバリは言った。「私たちはみんな人間よ」

怒りがおさまり、ハンスは再びエンジンをかけた。フセイン親子は後ろで眠りに落ちた。ハンスは、40年にわたる羊飼いの経験が導くままに、夜どおし車を走らせつづけた。その40年で、ハンスは農地がどのように区画されていて、その中を農道がどのように走っているかを学んできた。たとえば、ハンガリーのこの地域では、何世紀にもわたり土地が共有されてきたことをハンスは知っていた。だからここには、幹線道路に出なくてもオーストリアまで行ける農道がある。私有地が連なる地域ではそうはいかない。農道は地主の家と所有する畑を結ぶだけで、横のつながりがない。一方、私たちが走っていた共有地はかつて、さまざまなところからアクセスできる必要があった。だからその道に終わりはない。「素晴らしいじゃないか」と、ハンスは感嘆して言った。「すべての道はつながっているんだ！」

彼が土地の共有を熱烈に讃えるのは、今のような状況で現実的な助けになるからだけではない。ハンスはその根底にある理念に心酔していた。すなわち市街地以外の土地は共有されるべきであり、誰もがその恩恵を享受できるべきだというのだ。だからハンスは、羊を追って自分の所有地ではない土地を放浪する仕事を選んだ。彼が英雄と崇めるのは、ミハエル・ガイスマル（16世紀に現在のオーストリアの一部に原始的な社会主義国をつくろうとした）のような歴史に忘れられた反逆者だ。ガイスマルは時代を400年も先取りして、共有地の概念や無料の病院や学校を唱えた。「1525年にオバマケアを唱えるなんて、想像できるかい」と、ハンスは涙を浮かべて言った。

共有地への思い入れは、ハンスが難民支援を個人的な戦いと位置づけている理由の一つでもある。ハンスは、地方では誰もが共有地で働き、共有地を通過するのを許されるべきだと考えている。「羊飼いの仕事は、いろいろな土地を歩き回るものであり、それがあるべき姿だ」と、彼は言う。「人間はかつて、いろいろな場所を移り住んでいた。冬が近づけば、（暖かい場所に）移動したんだ」。今もそうだったらいいのにと、ハンスは思っていた。だからその晩、真夜中を過ぎてもハンガリー南西部の田舎道で、ひたすら車を走らせていた。

変調が表れたのは午前1時頃だった。16時間ぶっ続けで運転してきて、しかもこの悪道で、ハンスの疲労はピークに達しつつあった。「ぜったい眠らないからな」と言いつつ、弱音を吐いた。「ときどきボーッとしてしまうんだ。両手はちゃんと動いてるんだけど、どこを走ってきたか思い出せない」。突然、後部座席でガルバリが目を覚まして、まっすぐ座り直すと、悲鳴を上げた。でも同乗者が安全な人間だと気づくと、またすぐに眠りに落ちた。ハンスは気の毒そうにうなずいて、「母もそうだった」と言った。「ゲシュタポ〔ナチスの秘密警察〕に拷問されたんだ。毎晩悲鳴を上げていたよ」

私たちは黙り込んだ。ガルバリと子供たちは眠りつづけていた。ハンスは畑を右へ左へと縫うように進み、6時間後、ついにオーストリア国境付近までやってきた。ハンスは国境をまたぐ小道を見つけた。GPSには表示されない、地元住民しか知らないような小さな道だ。そしてスピードを上げて一気に国境を越えた。ついにやったぞ。

「羊飼いが故郷に戻ったぞ」と、ハンスは言った。シリア人親子は後部座席でいびきをかいていた。

国境封鎖の瞬間、何が起こったか

それは、ハンスが難民たちを運ぶ最後の旅となった。嫌気が差したからではなく、運ぶ相手がいなくなったからだ。その前日、ハンガリーはついにセルビアとの国境を封鎖した。最初に設置したフェンスはまったく効果がなかったから、政府は兵士と受刑者を日夜働かせて、もっと大きくて頑丈なフェンスを設置した。それが完成したのは9月14日のこと。そこでハンガリーは、15日午前0

時をもって南側の国境を封鎖すると発表した。

私は14日の夜、その国境のセルビア側に行ってみた。2日前にハンガリー側でハンスとガルバリの旅に同行したばかりだったけれど、門戸を閉ざされる瞬間をセルビア側で目撃したいと思ったのだ。ここは2015年のこれまでに、20万人以上が通過したEUの本当の玄関口だった。ここが封鎖されてしまったら、みんなどこへ行くのか。

私が到着したとき、すでに線路は貨物列車の車両でさりげなくブロックされていた。このため14日の最後の数時間、線路をたどってきた難民たちは約800メートル西の正式な越境地点に向かわなければならなかった。国境が閉鎖されることは、難民たちにはあまり知られていなかったため、夜遅くになってもやってくる人は後を絶たなかった。真夜中が近づいても、ハンガリーの鉄のゲートの前にはまだ20メートルほど列ができていた。

午前0時を過ぎた。束の間だったが、ハンガリー当局は少しばかり人間的な対応を見せた。0時を過ぎても仲間から遅れた人たちの一部を入れてやりつづけたのだ。0時10分、まだ国境のゲートに向かって懸命に走り、足をひきずり、よたよたと息を切らして歩く家族がいる。誰もがヨーロッパという砦に締め出される第1号にはなりたくなかった。(6)

「なんとか間に合うように、なんとか、なんとか」と、あるシリア人エンジニアは、息を切らして歩きながら言った。「この国境を越えないといけない。シリアでは家も友達も家族もすべて失ってしまったんだ」

その後ろには、赤ん坊をおぶった母親たちと、胸に赤ん坊を抱いた父親たちが続く。イラクから来たおばあちゃん、アフガニスタンから来たおじいちゃん。アレッポの廃墟を逃れてきた子供たち、ヤルムークを逃れてきたパレスチナ系シリア人（彼らの親はかつてイスラエルからダマスカス郊外に逃れてきた）がいる。モロッコ北部の街フェズから、仕事を求めてはるばるやってきた人もいる。車椅子に乗った男性。バグダッド出身の太った22歳のイラク人男性は、あえぎながら国境にたどり着いた最後の数人の1人だ。松葉杖が必要な足でギリギリ国境を越えた気分を聞いてみた。彼は「マブスート（嬉しいよ）」と、ゼーゼーと息を切らして答えた。

その後ろで、ついにゲートがガシャンと音を立てて閉められた。9月15日午前0時20分頃、ハンガリーは、難民にとって最大のEUの玄関を封鎖した。約100人がセルビア側に取り残された。

その晩、ハンガリー警察は、念のため国境のフェンスの後ろにもう一つフェンスを立てた。

ひょっとするとその必要はなかったのかもしれない。門前払いをされて行き場を失い、意気消沈した難民たちは、無理にフェンスを越えようとすることはなく、ただ道路に崩れ落ちてしまった。最初に門前払いされた家族は、どういうことなのか理解できず、困惑してゲートに顔を押しつけていた。印刷工のラドワンは、2人の赤ん坊と3人の子供を連れて、はるばるヤルムークからやってきた。彼の親はパレスチナからシリアに逃れてきたが、今度は彼らがシリアを逃れる番だった。その彼らに、ヨーロッパは門戸を閉ざした。

「私たちはパレスチナ系シリア人だ。今度はどこへ行けって言うんだ」と、ラドワンは嘆いた。「故郷の破壊と殺戮を逃れてきたのに。ここで門前払いを食らうなら、5人の子供をわざわざ連れてくるべきじゃなかった」

疲れはて、ショックを受け、途方に暮れたラドワンと妻のマヤダは、リュックサックの上に崩れ落ちた。3歳の息子は、2週間前にシリアを出て以来一言も口をきかない。マヤダは末っ子の赤ん坊を眠らせようとしていた。一家はその晩、路上で身を寄せあって過ごした。周囲には同じようにEUから締め出された約100人が同じように座り込んでいた。

次はどうなるのか。一つのルートが閉ざされたら、次のルートが見つかるまでどのくらい時間がかかるのか。

答えは、意外と長い時間、だった。

人々はとりあえず、閉ざされたハンガリー国境の前でじっと待った。フェイスブックに代替ルートは書いていない。このため翌日も、新たに数千人がハンガリー国境に到着した。疲れて混乱した群衆は、ハンガリー側にプラスチックのボトルを投げ込み抗議しはじめた。それに対するハンガリーの対応はおかしなものだった。すぐ隣とはいえ、群衆が騒いでいるのはセルビアという別の主権国家の中だ。しかも自分たちは何層ものフェンスに守られている。それなのに、ハンガリーの機動隊は騒乱を鎮圧しようと、隣国に催涙弾を撃ち込み、放水銃を発射した。この混乱で、少なくとも7人の子供が負傷した。

2日間の膠着状態の末、ついに人々は、ここではらちがあかないと考えるようになった。ジャーナリストたちが、別のルートがあるとしきりに話しているそうじゃないか。そっちに行ってみよう――。セルビアの西隣、クロアチアを経由するルートだ。

クロアチア国境で引き裂かれる家族

イラク人ビジネスマンのアフマド・リアドは、この新しいルートの「開拓者」の1人だ。セルビア・クロアチア国境は317キロに及ぶが、北部はドナウ川が国境線になっており、川幅の広さから渡ることは難しい。そこでアフマドと2人の友達は、南側の平坦な畑からクロアチアに入った。このあたりは、1990年代のバルカン紛争で埋められた地雷が残っている。でも、アフマドはもっとひどい光景をイラクで見てきたから、セルビアのシド村からクロアチア側のトバルニク村まで、乾いた農道を大股で歩きつづけた。

がっしりした体格にビーチサンダルを履いたアフマドは、1982年に観光でクロアチアに来たことがあった。でも、大学の青い建物以外、あまり多くは覚えていない。それから33年後、難民としてこの国に入ろうとする彼が最初に見たのは、国境に並ぶクロアチア警察の青い線だった。「警察が待ちかまえているのか？」と、アフマドは友達に聞いた。「私たちを送り返すのか」

そこは、ヨーロッパの難民危機の新しい最前線だった。「ひどいよな」と、アフマドはその線を越える直前に言った。「彼らは私たちを受け入れなくちゃいけない。私たちを助けなくちゃいけない」

さいわいクロアチア人たちは、彼らを受け入れてくれた。ひょっとするとそれは、クロアチア人もそう遠くない昔に、戦争と避難を強いられた記憶があるからかもしれない。トバルニクの北にある古都ブコバルは、1990年代前半にセルビア軍に包囲され、200人以上のクロアチア兵が近くの農村に連れていかれて虐殺された。ここの住民たちは、戦争の残虐行為から逃げるとはどういうことか知っていた。だから、アフマドたちが国境に姿を見せたとき、ハンガリーよりも思いやりを見せたのだった。

だが、アフマドは運がよかった。それから24時間もしないうちに、数千人が同じ畑を横切ってやってきた。アフマドのときは、セルビアとクロアチアの畑を結ぶ乾いた道路には、2、3のタイヤの跡しかなかった。それが翌日には、無数の足跡で埋め尽くされた。小さな子供の足跡もあれば、大きな足跡もある。24時間前は、のどかな平原だったところが、大量の難民の足で掘り返された。

体の不自由な人も大勢いた。その1人に、私はとくに感銘を受けた。23歳のシリア人モフタルは、よたよたとした足取りでEUに入ってきた。そこで彼はシャツをたぐり上げて、足を引きずっている理由を教えてくれた。彼の両の肩甲骨の間には、2011年にホムスでデモに参加したとき、政府軍の兵士に銃剣で脊髄を突かれた傷跡が残っていた。モフタルは半年ほど体が麻痺して、起き上がれるようになった後も、よろめくようにしか歩けなくなった。

新しいルートに、これほど急速に多くの人がやってきたのはなぜなのか。この場合フェイスブックが果たした役割は乏しかった。そもそも難民たちが移動するエリアは、インターネットの接続環境が悪く、ハンガリー国境閉鎖のニュースが伝わるには、しばらく時間がかかった。

これには、セルビア政府が果たした役割が小さくない。ハンガリーが頑として国境の通行再開の要請に応じないため、セルビア政府はハンガリー国境前で立ち往生している人たちをバスでクロアチア国境まで運びはじめたのだ。最初にバスに乗った人々は、ほとんど状況を理解できていなかった。また海を越えなくてはならないのかと質問する者もいた。「その国は、なんて名前だったっけ？」

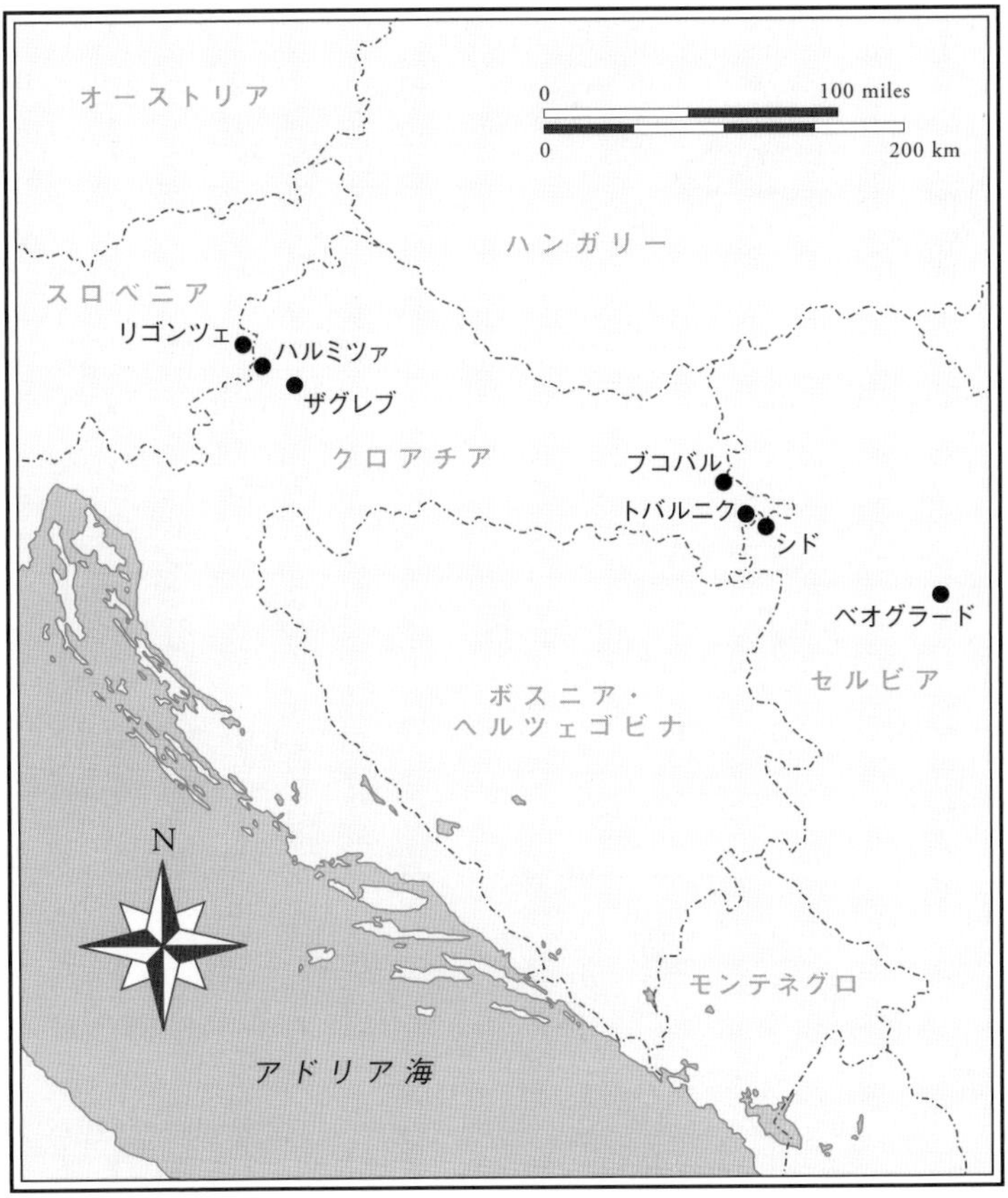
オーストリア
0
100 miles
0
200 km
ハンガリー
スロベニア
リゴンツェ
ハルミツァ
ザグレブ
クロアチア
ブコバル
トバルニク
シド
ベオグラード
セルビア
ボスニア・
ヘルツェゴビナ
N
モンテネグロ
アドリア海

クロアチア

と、別の男性は私に聞いた。「クロ……クロ、アチア?」

セルビア政府は、アフマドのような先駆者たちの動きを見て、腰を上げたのかもしれない。ハンガリー国境が閉ざされた直後、ほとんどの人はそこに座り込んでしまったが、イラク人のアフマドや、シリア人のアフマド3兄弟のように単身の若い男性たちは違った。アフマド3兄弟は、門前払いを食らうとすぐにセルビアの地図を調べて、クロアチア国境と接している町を探した。そしてタクシーを拾い、目的地で降りると、国境につながる畑を早足で歩きはじめた。

私が3兄弟に出会ったのもこのときだ。長男（医師免許を取ったばかりだった）は、この後のことはまったくわからないと認めた。「ただ、このルートのことを聞いて」と、少し息を切らしながら言った。「すぐに調べてみるべきだと思ったんだ」

新しいルートをつくるのは、こうした失うもののない20代の単身の男たちだ。彼らは誰よりもすばやく行動を起こし、誰よりも大胆不敵な（ある意味で無謀な）決断を下す。彼らには重荷となる、あるいは決断を躊躇させる家族がいない。子供を連れていないから動きが速く、危険な賭けにも出られる。

一方、子供が一緒だとすべてがとてつもなく難しくなる。「子供がいるとスピードがずっと遅くなる」と、ヌラディンという男性は言った。「自分だけでなく、子供たちの荷物もある。子供たちの世話もあるし、休憩やトイレの時間も増える」。ヌラディンの一家は2週間前にシリアを出発した。クロアチア国境を一緒に越えた学生グループよりも1週間も早い。ところが今、両方のグループは同じ場所にいて、ヌラディンたちは追い抜かれようとしている。「一緒に旅をする人は、しょっちゆう変わる。私たちはペースがとても遅いからね」と、ヌラディンは言う。

家族連れの難民は、国境を越えたクロアチアで、別の問題にも直面する。家族が離れ離れになる可能性だ。当初は難民を歓迎してくれたクロアチアも、こんな田舎に、こんなに多くの人がやってくる事態に対処する準備はできていなかった。

それからの数か月でここを通過した人は40万人以上。[7] これはハンガリーを通過した人よりも多い。当初、クロアチア政府は東の国境沿いの村から、難民をどう移動させればいいか、まったくわからなかった。難民たちは田舎の駅で、1日1本しか来ない専用列車を待った。ヌラディンもトバルニク駅で列車を待っていた1人だった。誰もが早く出発したくて仕方がなかったけれど、それはできなかった。なにしろ、列車は立ち乗りを入れても1000人を運ぶのが限度だ。これに対してホームにはすでに1500人以上がいた。

だから真夜中を大幅に過ぎて、ようやく列車が到着したとき、駅は緊迫した雰囲気に包まれていた。ヘルメットをかぶって警棒を持ったクロアチア警察は、人々に警棒を振り上げることはなかった。それどころか秩序を保とうとした。彼らには節度があって、人々に警棒を振り上げることはなかった。それを逆手に取って、シリア人、イラク人、アフガニスタン人の群衆は警官の列ににじり寄り、隙間から列車に乗り込んだ。まず体の大きい男たちが成功し、家族を引っぱり上げようとする。ホームは一気に押しあいへしあいの大混乱に陥った。ここで家族を見失ってしまったら、ヨーロッパの別の国に行き着くことになってしまうかもしれない。二度と会えない可能性だってある。家族と生き別れになって、行方不明になってしまった人は少なくない。[8]

そのうえ、ティーンエイジャーは親や年下のきょうだいと一緒に列車に乗れないことが多かった。家族と一緒に旅する年齢には見えなかったからだ。フォトジャーナリストのサイマは、そのホームで胸の張り裂けるような光景を目にした。警察は一家族だけ乗車を許したのだが、最年長の息子の乗車は認めなかった。彼も家族の一員だと信じなかったのだ。列車に乗り込んだ父親は、窓から顔を突き出すと、うねる群衆の中に息子の姿を探した。そして持っていた携帯電話のフタをもぎ取ると、ＳＩＭカードを取り出して紙に包み、息子に投げてよこした。「電話するんだ」と、父親は叫んだ。妻は幼い娘をあやしながら、むせび泣いていた。後にサイマは、「あの駅のシーンがいちばんつらかった」と語った。「家族が引き離されたり、ときには全員が連れ戻されたりして、子供たちは泣き叫んでいた。恐怖に満ちていた」

ひとたび列車が満員になると、騒ぎは落ち着き、疲れきった沈黙が訪れる。だが、空気は張りつめたままだ。列車は一晩中その駅に停まっている。さっきまで人々は列車が来るのを延々と待っていたのに、今は早くいなくなるのを待っていた。車内の難民たちはホームをじっと見つめていた。いつになったら出発するのか聞く気力は残っていなかったが、緊張して眠ることもできなかった。

そうしている間にも、駅にはセルビアから新たな難民が続々と到着する。彼らはコンクリートの上に丸くなり、瞬く間にいびきをかきはじめた。いちばん近いホテルは数キロ離れていたから、私も彼らと一緒にホームで寝た。小さなスーツケースの中で眠っている赤ん坊もいた。そこは両親が見つけてあげられる最も温かい場所だった。

「きちんと管理すればいいじゃないか。そうしないから……」

翌日、クロアチアの北側の国境でも、同じような大混乱が起きていた。運よくトバルニクから列車に乗ってきた人たちは、今度はクロアチアを出国しようとする。ここでハンガリーに入ろうとする人もいれば（皮肉にもクロアチア・ハンガリー国境は閉鎖されていなかった）、西隣のスロベニアを目指す人もいた。私はクロアチア・スロベニア国境にかかる小さな橋で、200人ほどが足止めされているのを見た。後にスロベニアは根負けするのだが、そのときは難民の流入を食い止めようとしていた。だがそれは無駄な努力であることを、その橋で出会った若いシリア人男性があらためて教えてくれた。

たしかにヨーロッパ諸国には、難民の流入を制限する権利があると思う、と彼は言う。しかし、難民の受け入れプロセスを簡素化しなければ、結局、誰もが大変な思いをすると、シリアでソフトウエア開発を手がけていたというその男性は言った。彼は、背後でだんだんといらだちを募らせる人々を指して、「何がいちばんいいか、よく考えることだ」と言った。「彼らの様子を見るといい。彼らをコントロールするなんて不可能だ」

無秩序に難民が流入するのを放置せずに、難民が来るのを止めることはできないのだと早く認めて、ビザを発給して、難民が飛行機で来られるようにするべきだと、彼は考えていた。そうすれば、少なくとも誰が来るのか管理できる。

「なぜこんな旅を私たちに強いるんだ」と彼は問いかける。「きちんと管理すればいいじゃないか。

ビザを発給して、飛行機で来られるようにすればいい。そうしないから、人々はただ押し寄せてくるんだ」

パリ同時多発テロ事件が明らかにした抑止策の失敗

その2か月後、パリ同時多発テロ事件の実行犯9人のうち2人が、エーゲ海を渡ってヨーロッパに来た難民である疑いが生じたとき、私はすぐにこの男性の言葉を思い出した。少なくとも私には、大規模な第三国定住システムの設置が、これほど緊急かつ必要だと思えたことはなかった。

だが、誰もがそう思ったわけではない。それどころかパリの事件後、難民を完全にシャットアウトするべきだという声が多く聞かれた。アメリカでは31州の知事が、治安上の理由からシリア人の受け入れを拒否すると宣言した。チェコの世論調査では、ヨーロッパにとって難民の脅威はＩＳＩＳの脅威と同レベルだと考える人が、88％にも上ることがわかった[9]。

ポーランドの保守政権は発足早々、同じような恐怖を理由に、前政権が約束したギリシャとイタリアからの難民受け入れを取り消した。スロバキアでは、反移民を掲げるロベルト・フィツォ首相が勝ち誇ったかのように言った。「これで一部の人が目を覚ましてくれることを祈る[10]」

しかし妄想から目を覚ます必要があるのはフィツォのような人間だ。ヨーロッパの孤立主義者たちは、パリ同時多発テロのような爆発が連日起きている地域から逃れてきた人々を保護する道徳的な必要性を感じないかもしれない。しかし彼らも、自分たちが唱える「解決策」の非現実性に気がついてもいい頃だろう。

平たく言うと、国境を封鎖するなどということは不可能なのだ。長年試みられてきたが、難民たちはヨーロッパに来ることをやめなかったし、別のルートを見つけてきた。１９９０年代、北アフリカのスペイン領に入ってくる移民が増えると、スペインはそのルートを封じるフェンスを立てた。しかし効き目はなかった。そこでスペインは二つ目のフェンスをつくったが、これも役に立たなかった。そこで数年後、第３のフェンスをつくった。それでようやく流入は止まったが、人々は別のルートでヨーロッパに来るようになった。まずリビア経由で、次はトルコ経由で。

だが、政治家はこうした経験から何も学ばなかったようだ。２０１１年、ギリシャはトルコとの国境にフェンスを建設した。２０１４年にはブルガリアもトルコ国境にフェンスを立てた。しかし、どちらも時間の無駄だった。２０１５年には数千人がフェンスを突破してブルガリアに入ってきたし、さらに多くの人たちがエーゲ海経由でギリシャの島々に来た。セルビア・ハンガリー国境のフェンスは最終的には効果を発揮したが、それはそこだけのことで、ヨーロッパにとっては何の解決策にもならなかった。50万人近くの人々が、結局クロアチア経由で入ってきたからだ。

他の抑止策も失敗に終わってきた。ヨーロッパは地中海での救援活動をやめたが、それでも難民は記録的な数でやってきている。リビアの密航業者を取り締まる努力も失敗に終わった。ＥＵはトルコに資金援助を行って国境管理の強化を促したが、依然として難民は毎日数千人のペースでトルコの海岸を出発している。武力でも使わない限り（そうしている自警団がある）、難民の流入を食い止めることはほぼ不可能だ。オーストラリアのように密航船を追い払う政策は、たとえ倫理的に許されるとしても（私はそうは思わないが）、ヨーロッパでは実現不可能だろう。オーストラリアと違って、ボートの出発地は、ヨーロッパの東岸から数キロしか離れていないからだ。

つまりそこには二つの明白な事実がある。第1に、私たちが好むと好まざるとにかかわらず、難民はやってくること。第2に、そうだとすれば、現代ヨーロッパの難民対策は誰のプラスにもならないことだ。もちろんエーゲ海で溺死したり、密航業者のトラックで窒息死したりする難民のプラスにもならないし、断固として現実を認めずに、いたずらに事態を混乱させているヨーロッパ人のプラスにもならない。

ヨーロッパの難民対策を詳細に記録・分析してきたジャーナリストのダニエル・トリリングは、これはヨーロッパ難民危機ではなく、ヨーロッパの国境危機だと、ロンドン・レビュー・オブ・ブックス誌で指摘している[11]。トリリングに言わせれば、難民のヨーロッパ流入は、実のところかなり控えめなものだ（特に中東諸国への流入と比べると）。したがって危機を引き起こしているのは難民の到来ではなく、ヨーロッパの無情かつ愚かな国境管理だというのだ。

私自身は、これは難民保護システムの危機だと思う。国境での大混乱は、ヨーロッパの難民制度のばらつきと機能不全の表れだ。とはいえ、結論はトリリングと同じだ。つまりこれは圧倒的にヨーロッパの問題であって、ヨーロッパの国境を越えてこようとする人々の問題ではない。

では、どのような解決策が可能なのか。難民危機は、すでに起きているものであり、それを緩和することしかできない。たとえ難民の流入を喜ばしく思わなくても、1951年難民条約のような条約がある限り、彼らを門前払いすることはできない。

まずこの現実を認めることが、危機を管理するカギになる。本書の取材過程で、私は何百人もの難民に、なぜ命の危険をおかしてでもヨーロッパに行こうとするのか聞いた。最も多かった答えは、「ほかに選択肢がないから」だった。多くは故郷に帰ることも、中東や北アフリカの国で新しい生活を始めることもできない。だからヨーロッパを目指して失敗しても、失うものは何もないのだ。安全で合法的で現実的な移住方法がなければ、彼らはこれからも水漏れするボートで海を渡り、ヨーロッパ各地の道路を歩き、国境に行列をつくり、英仏海峡トンネルを渡るのをやめないだろう。

解決策は一つしかない

この危機に対する唯一の良識ある、道理にかなった長期的な対策は、莫大な数の難民が安全にヨーロッパに到達できる法的メカニズムを整備することだ。これは完璧なシナリオとは程遠い。だが最悪から最も遠いシナリオだ。

現在のペースでは、ヨーロッパの人が好むと好まざるとにかかわらず、向こう2〜3年で100万、200万、あるいは300万人の難民がやってきてもおかしくない。それによる混乱をどの程度に抑えられるかは、再定住プロセスをどう整備するかにかかっている。そのプロセスが現在と同程度にしか機能しないなら（つまりほぼゼロなら）、保守反動的な人々が主張するような、社会的メルトダウンが起きる可能性は高まる。

難民の流入ペースがもっとゆっくりだった時代でさえ、ブラッドフォード暴動（2001年）やデンマークの風刺漫画危機（2005年）など、ヨーロッパの多文化主義は大きく揺さぶられてきた。こんなに多くの人を、こんなに急速に受け入れれば、同じような事態が起きないと思うほうがおかしい。その影響を緩和するには、大規模な第三国定住制度を整備するしかない。この制度があって初めて、難民たちがいつどこに来るか管理できるようになる。

もちろん、これだけが戦略であってはならない。豊かなペルシャ湾岸諸国（欧米諸国と同じようにシリア内戦を煽ってきた）も、難民を一部受け入れるべきだ。西側世界全体もそうだ。また、最大のシリア難民を抱えるレバノンとヨルダンは、トルコのように難民が仕事に就くことを認めるべきだ。そして何よりも、シリア内戦に終止符を打つ必要がある。

しかしこうした代替策は当てにならない。過去5年間、ヨーロッパは難民対策に手をこまねきながら、シリア内戦が終わってくれないかと祈ってきた。毎月数十万人がギリシャに押し寄せているのに、同じような無策を続けるのは、アインシュタインが言うところの狂気にほかならない。もちろんこの危機の最大の原因は戦争だが、この種の紛争が容易に終わらないことを、私たちは今までに学んできて知っているはずだ。2016年初め、新たな和平イニシアチブの機運が高まった。世界の大国がシリアの現体制と穏健な反体制派に交渉再開を強く促したのだ。しかしたとえ和平が実現しても、難民の流出がすぐに止まるとは思えない。戦後のシリアは、非難の応酬、分断、そして新たな避難を生じさせる可能性が高い。前回ヨーロッパでこうした聖書的な人口移動が起きたのは第二次世界大戦だが、その流れが本格化したのは戦後のことだ。シリアも同じかもしれない。

さらに莫大なシリア難民を受け入れているレバノンとヨルダンに、ヨーロッパがまともな「お礼」

をしなければ、両国がヨーロッパを助けてくれることも期待できない。

本書の執筆時点（2016年1月）では、トルコがついに重い腰を上げた。EUがトルコ政府に30億ユーロの支援を約束すると、トルコにいるシリア人は労働許可を得られるようになったのだ。この法律が適切に執行されれば、難民たちがヨーロッパに向かうのをある程度抑制できるだろう。

だが、レバノンとヨルダンは、トルコよりもはるかに小さな国だ。両国がトルコと同じような措置を取るには援助金以上のものが必要かもしれない。お金だけでは、両国の小さな労働市場に、これほど多くの労働力が流入する影響（賃金低下など）は抑制できない。良識的な政府ならそんなリスクはおかさないだろう。レバノンはこのことを明言してきた。ヨルダンは2016年初め、欧米諸国からの援助が増えるなら、ヨルダンはシリア人の就労を認める可能性があると表明した。ただし、事はそう簡単ではない。ヨルダン政府が設けた条件では、実際に仕事に就けるシリア人は比較的少数にとどまるだろう。

この状況を打開するには、難民がいるのは一時的であり、いずれ第三国定住プロセスによってその数は減るから、現時点では就労を認めても大丈夫だと、中東諸国を安心させる必要がある。そのためにはヨーロッパが引き受ける第三国定住難民を大幅に増やす必要がある。ヨーロッパが大量のシリア難民、アフガニスタン難民、イラク難民、エリトリア難民をすみやかに受け入れれば、中東や北アフリカ諸国にいる難民たちは初めて、そこで働きながら自分の順番を待つ気になれるだろう。

では、そのためにヨーロッパはどのくらいの数の難民を引き受けるべきなのか。一定のインパクトをもたらすには、計100万人以上でなければならない。このラインを大幅に割り込めば、大した変化は見られないだろう。

2015年、EUは中東で庇護を待っているシリア人とエリトリア人計4万人の受け入れを約束し、イギリスは別途2020年までに4000人を受け入れるとした。しかしこれではあまりにも形ばかりで少なすぎる。本書執筆時点で約400万人を超えるシリア難民の1%程度にしかならない。これっぽっちの約束では、正式な手続きで再定住できる見込みは極めて低いということになり、違法な手段で海を渡ろうとする人は減らない。だから私たちは、難民たちが今いる場所で待つ気になれるよう、長期的にもっと多くの難民を受け入れる準備があることを約束する必要がある。ヨーロッパは難民の流入を止めることはできない。ただ、もっと秩序だった形での流入になるよう手配するしかない。大規模な第三国定住はそのための手段だ。

こうした仕組みを整えても、ボートの到来を完全に止めることはできないし、スロバキアのフィツォ首相のような孤立主義者が満足することはないだろう。しかし失敗することがわかっている締め出し戦略よりも、ヨーロッパを安全にできる現実的な方策はある。難民危機によってパリ型のテロ事件が増えることが本当に心配なら、現在の失敗戦略をやめて、難民がヨーロッパに来る前に彼らの審査を行い、その行き先（と時期）を管理するべきだ。こうすれば潜在的なテロリストが紛れ込むのを排除できる可能性は高い。トルコにしても、200万人のシリア難民を長期的に引き受ける必要はないとわかれば、エーゲ海の密航を取り締まるモチベーションが高まるだろう。難民たちが地中海で溺れ死ぬ必要もなくなる。

こうした大規模な第三国定住プログラムは、前例がある。UNHCR（と国連難民条約）は第二次世界大戦後、まさにこの種の国際問題に対処するためにつくられた。当時故郷を追われたヨーロッパ人は1200万〜1400万人に上る。[12] ベトナム戦争後も似たような状況に見舞われた。このとき欧米諸国は、最終的に130万人のインドシナ難民を第三国定住させた。[13] こうした経験があるのだから、世界はもう一度同じことができるはずだ。人口450万人の小国レバノンが難民を受け入れられるなら、世界で最も豊かな大陸（人口5億人）にもできるはずだ。[14]

「私たちは30年前にインドシナ難民のためにしたことを、シリア難民のためにするべきだ」と、フランソワ・クレポー国連移民人権特別報告官が訴えたのは、2015年4月のこと。[15]「シリア難民が、何千ユーロも払ったのに子供が地中海で死ぬような目に遭わず、イスタンブール、アンマン、ベイルートで第三国定住の順番を待てるようにする。これこそが北の国々——ヨーロッパ、カナダ、アメリカ、オーストラリア、ニュージーランドが含まれる——がとるべき包括的アクションだ」

2015年末には、一部のヨーロッパ諸国高官もこの種の現実的な対応を検討しはじめた。ドイツ首相をはじめ5〜6人の現実主義的な首脳は、EU全体での決議を迂回して、50万人の難民を中東から直接受け入れる可能性を協議した。これはシンクタンクの欧州安定イニシアチブ（ESI）のロビー活動を受けたものだ。「ヨーロッパ砦を取り巻く壁は崩壊した」とESIは2015年10月に指摘している。[16]「シリア内戦の最終的な解決を前提とせずに、ヨーロッパが思いやりの心を捨てずに、秩序だった状況を取り戻せる、現実的な解決策を見つける必要性が緊急にある」

本書が刊行される頃には、こうしたアプローチが何らかの形ですでに実施されているかもしれない。しかしこのシステムは、難民たちが第三国定住プロセスによって受け入れられた国にとどまりたいと思えなければ機能しない。２０１５年移民危機がギリシャの島から、オーストリアの高速道路とハンガリーの駅を経由して、ドイツの体育館まで広がったのは、同じヨーロッパでも、国によって難民の扱いが違ったからだ。難民は、自分たちに最も安定した地位を与えてくれる国を目指す。たとえばドイツは、ギリシャで仮登録されているシリア人でも受け入れると約束したから、シリア難民が殺到した。また、難民たちの間でスウェーデンの人気が高いのは、ほかの国よりも早く家族を呼び寄せられると考えられているからだ。

したがって大規模な第三国定住プログラムを成功させるには、全ＥＵ加盟国の難民保護システムを同じ水準にする必要がある。そのためには、ヨーロッパは共通庇護政策を策定する必要がある。ヨーロッパ人権条約が、加盟国の人権法の基準になっているように、すべての加盟国が共通庇護政策に基づき難民に同等の社会保障を与え、同じ期間だけ居住権を与えるのだ。そうすれば、難民たちがよりよい条件の国を求めて移動するインセンティブはなくなるだろう。

こうしたシステムが日の目を見る可能性は非常に小さい。それは、ほとんどの加盟国の政治リーダーが、国内の支持を失うことを恐れているためだ。しかし難民危機の影響を本当に小さくしたいなら、この種の現実的な政策を検討する必要がある。さもなければ、そしてシリア内戦が長引けば、レバノンのような国にいる難民の生活はますます持続不可能になり、大混乱が起きるだろう。

選択すべきは、現在の危機か、おめでたい孤立かのどちらかではない。現在の危機と、秩序だった大規模移住システムのどちらかだ。私たちはそのどちらかを選ぶしかない。安易な中間点は、ありえない。

第10章

世界に「居場所」を求めて

ハーシム、難民認定を待つ

Status Pending

2015年10月23日　金曜日　正午　スウェーデン

スウェーデンに来て半年がたつのに

スウェーデンまでの道のりで、つらいことは数多くあったけれど、ハーシムが泣いたことはほとんどない。でも今日、シンスカッテベリの小さな公立図書館で、ハーシムは心から泣きたかった。スウェーデンに来て半年がたつのに、まだ難民認定の審査結果が出ない。春が夏になり、もう冬がすぐそこまで迫っていた。1日が過ぎるたびに、形式的なだけのはずの決定が、永久に下されないのではないかという不安に襲われた。そして今日、その不安が確かになったような気がした。

その日はいつもと同じように始まった。朝起きると、スウェーデン移民庁のウェブサイトで審査状況をチェックした。昨日と同じ、「未決定」。そこで受け入れセンターの1階に下りていき、朝食をとった。「センター」というと、立派な場所のように聞こえるかもしれないが、実際は元ホステルで、2階建ての建物が二つあるだけだ。一方の建物の1階は食堂で、ハーシムはここで1日3回食事をする。ほかにも約70人の難民認定希望者が滞在している。

その日、ハーシムはスウェーデン語の文法の本を借りようと、村の図書館に行くことに決めた。センターを出ると右に折れて坂を下り、線路の上にかかる歩道橋を渡ると左に曲がり、銀行を過ぎたら右に曲がる。道の両側にスーパーマーケットがあり、右側のスーパーを過ぎてしばらく歩くと、一戸建ての住宅街の先に図書館がある。

ハーシムはここに週に2~3回来ている。ほかにやることがないからだ。簡単な英語で司書に話しかける。たしかリリーという名前だったと思うけれど、自信はない。スウェーデン語とアラビア

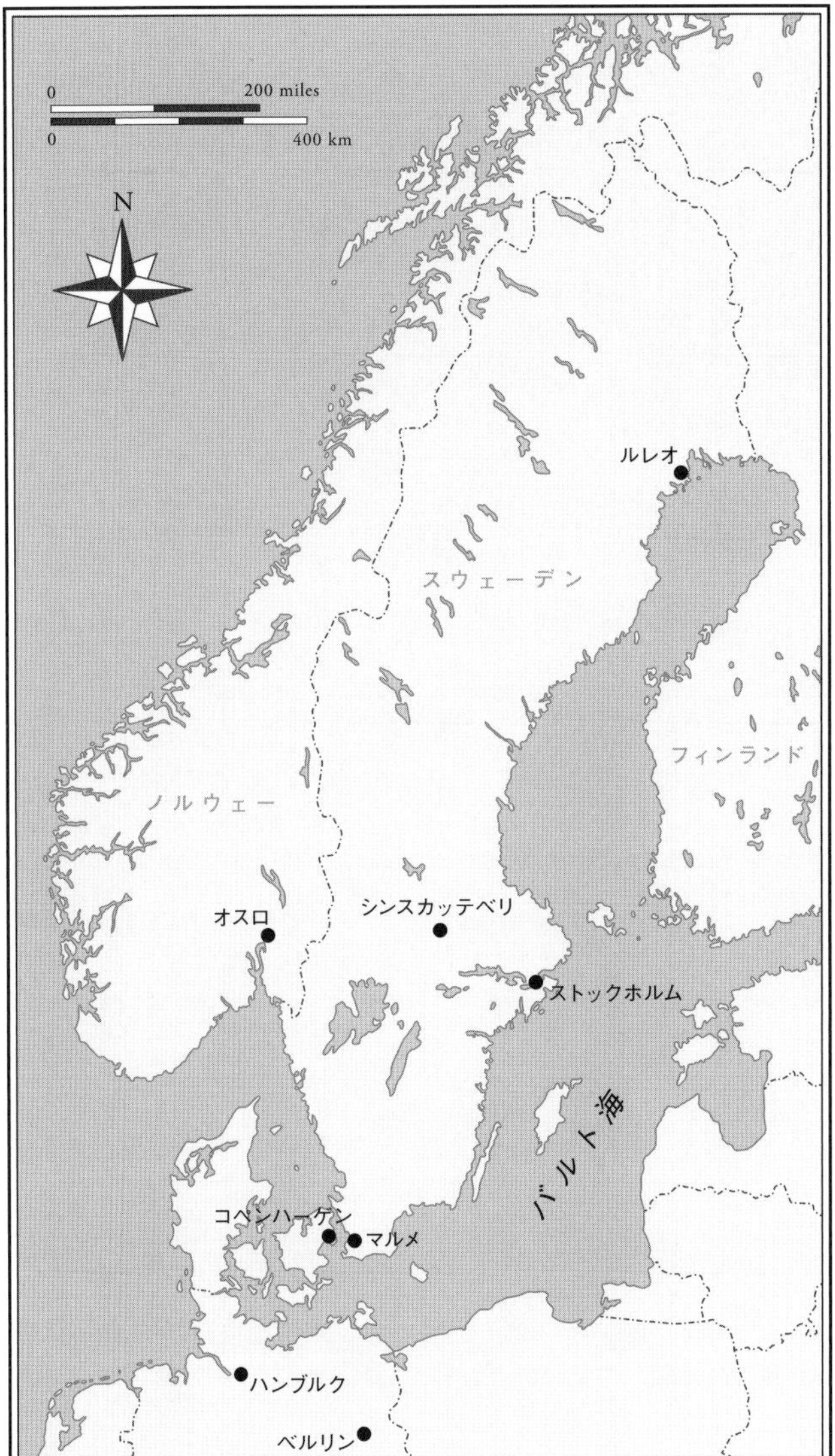
0
200 miles
0
400 km
N
ルレオ
スウェーデン
フィンランド
ノルウェー
シンスカッテベリ
オスロ
ストックホルム
バルト海
コペンハーゲン
マルメ
ハンブルク
ベルリン

スウェーデン

語の両方で書かれた児童書2冊を手に取ってみた。1冊は地理の本、もう1冊はおばけの本で、『おばけをやっつけろ！』という題名だった。

それから図書館のインターネットを使って、フェイスブックをチェックしはじめた。シリア情勢に変化はないようだ。ハーシムが泣きたくなるような投稿を見つけたのはそのときだ。スウェーデンの複数の政党が、シリア人に永住権を与えるのをやめることで合意したというのだ。例外は家族で来たシリア人だという。家族連れでない男性については、家族呼び寄せの権利に制限を設ける、とある。

ハーシムは頭がクラクラしはじめた。これが本当なら、この半年間祈ってきたことはみな無駄だったことになる。ハーシム自身は安全だ。だが地中海の向こうで、孤独の中、怯えて暮らしている家族は違う。もう永久に安全な生活を手に入れられないかもしれない。

ハーシムは急いで図書館を出ると、センターに戻って、みんなが何と言っているか聞こうと思った。彼らはハーシムよりもショックを受けていた。ここに1年いるシリア人のワシームは、叫び声を上げ、壁を叩いた。ある友達が、この決定が施行されるのは来年からで、おまえにはまだ2か月チャンスがあると慰めるメッセージを送ってきた。だがハーシムにとって、それはほとんど慰めにならなかった。スウェーデンの難民保護システムはパンク状態に陥っていて、ハーシムについて決定が下されるのも、あと半年かかる可能性があった。

1人で来るんじゃなかった。今から家族全員をトルコ経由でギリシャに行かせるお金はないが、3人の息子のうち1人分ならお金を借りられるかもしれない。でも、そうしたら子供が海で溺れ死ぬリスクがある。だからこそ1人でスウェーデンに来ることにしたのだが……。

「残念だけど」と、ハーシムは絶望しきったメッセージを私に送ってきた。「私の夢は砕け散った」

世界における自分の居場所

半年前は、すべてがうまくいくように見えた。

スウェーデンに到着した4月28日、ハーシムはマルメ駅のプラットフォームで寒さに震えながら、義兄エフサンのところに行く始発列車を待った。ちょうど太陽が出てきたところで、ハーシムの気力も高まっていた。

「エジプトでは」と、彼はプラットフォームで言った。「もし私が（地中海で）溺れたら失う人間は1人だけだが、もし成功したら、ウサマとモハメドとミラードの3人の息子たちに成功のチャンスを与えられると言ってきた。どうやらこれで、息子たちのために美しい未来を確保できた」

イタリアからハーシムを追ってきた私と彼の間には、ある種の絆が生まれていた。この威厳に満ちた男が、疲れはて、怯えきって、それでも家族に安全な未来を与えたい一心で、足を引きずりながら未知の大陸を進む姿は、愛と不屈の精神と献身とは何かを私に教えてくれた。

ハーシムは列車が発車する直前に、最後尾の車両に飛び乗った。その列車が駅を出て行くとき、まだ自分の席を探しているのが見えた。まるで新しい世界で自分の居場所を探しているかのように。どちらの意味でも、彼は正しい「車両」に乗っているのだと、列車が夜明けのまぶしい光に飲み込まれていくのを見守りながら、私は思った。

何度かの乗り換え（車両故障もあった）を経て、ハーシムは5時間後にようやくストックホルムの北西の町アベスタに到着した。エフサンはスウェーデン語の授業に出ていたから、妻のファティマが迎えに来てくれた。夫妻の家でハーシムは食事をし、シャワーを浴び、化膿した足の傷の消毒をした。そしてぐっすり眠った。ちゃんとしたベッドで眠るのは2週間ぶりだ。数時間後、帰宅したエフサンに起こされて、2人は2年ぶりに抱きあった。ハーシムは安堵に包まれた。もう今は家族と一緒にいる。それに彼らは、ハーシムがこれから何をしなければいけないか知っていた。夕食を一緒にしながら、夫妻は難民認定申請をしたらどうなるかをハーシムに教えた。翌日、エフサンは移民庁のオフィスがあるイェーブレ行きの列車にハーシムを乗せた。

ハーシムはイェーブレ駅で列車を降りると、移民庁のオフィスまでの短い距離を歩いて行った。エフサンからは、温かく出迎えてもらえると聞いていたけれど、ハーシムはまだビクビクしていた。「こんにちは」と、彼はたどたどしい英語で警備員に言った。「私はシリア人です。難民です」。警備員はほほ笑むと、「ようこそ」と言って、ハーシムを受付係のところに連れていってくれた。受付係はハーシムの情報を書き留めると、カギを渡して、センター上階の寝室に案内した。そこにはベッド、寝具、タオル、歯ブラシ、シャンプー、つまり数日間快適に暮らすのに必要なものすべてがあった。

ハーシムは、政府に人間らしく扱われるのは生まれて初めてかもしれない、と思った。シリアでは行政の窓口に行ったら、そのまま留置場に入れられたこともある。エジプトでも役人に侮辱され、誘拐されたことさえある。だが、ここスウェーデンでは、役人は彼に尊厳のある生き方をさせてくれる。

ハーシムはその週末をイェーブレで過ごし、月曜日にケースワーカーの一次面接を受けた。年内にもっと本格的な面接があるから、一次面接は基本情報の確認が中心だった。その結果は「合格」だったらしく、翌日ハーシムは、長期滞在所まで行くバスに乗せられた。

そのバスはスウェーデンの地方を滑るように走り抜けると、野原や湖を越えて、高い木の森を抜けた。すべてが静かで、交通量が少ないこと、そして豊かな緑にハーシムは驚嘆した。それは彼が経験したことがないものだった。2時間後に到着した村もそうだった。

ここはシンスカッテベリ。イェーブレから南西に145キロ、ストックホルムの北西160キロのところにある、人口4000人ほどの小さな村だ。通常なら、70人もの怯えた外国人の宿泊地になる場所ではない。だが、やってくる難民の数があまりにも多いため、政府は新規到着者の滞在場所を確保するのに苦労していた。シンスカッテベリに急ごしらえで設けられた受け入れセンターは、そのときスウェーデン政府が用意できた最高の場所だった。到着当初は、実に快適だとハーシムも思った。外には小さな芝生のスペースがあり、いくつかの椅子が置いてある。建物の裏手は美しい森だ。緩やかな丘の中腹にあったから見晴らしがよく、外を散歩すれば村全体と大きな白い教会が見えた。

ところが2階に上がると、ショックなことが待っていた。寝室には4人もルームメイトがいたのだ。相部屋が嫌だったのではない。なにしろ2週間前は、一つの甲板を500人とシェアしていたのだ。ただ、アサドの監獄で拷問されて以来、ハーシムは心的外傷後ストレス障害（PTSD）を患い、他人と部屋をシェアするとその症状が出てしまうのだ。ハーシムはパニックに陥り、移民庁の職員に個室と医師が必要だと訴えた。アラビア語で。でも、通訳がいなかったため職員たちは理解できないし、ハーシムも訴えつづけるのが恥ずかしくなった。次に移民庁の職員が来るのは、1週間後だという。移民庁は人手不足で、職員がシンスカッテベリに来るのは火曜日の午後1〜2時だけ。それ以外は、受け入れセンターには居住者しかいなかった。

それでも、ハーシムには住む場所があったし、そこはスウェーデンで、快適な村だった。ハーシムは村の教会に感銘を受け、町の南端に湖を見つけて散歩を楽しんだ。道端で警察や兵士に会うことはないし、頭上を戦闘機が飛ぶこともないのは嬉しい驚きだった。ハーシムはシリアからも、エジプトからも、この上なく遠くにいた。

また火曜日が来た。移民庁に問題点を伝えるチャンスだ。ハーシムは食堂に行き、ここで抱えている問題を説明した。ところが、またも通訳がいなかった。ハーシムは再び状況を説明しようとしたが、再び誰も理解できなかった。ハーシムは屈辱感でいっぱいになって部屋に戻った。次の週も、その次の週も同じだった。惨めだった。ハーシムは医師とプライバシーを必要としていたけれど、それを伝えることさえできなかった。ついに見かねて、私が移民庁に電話をかけた。すると毎回通訳を連れていくのは不可能だが、ハーシムはいつでもそのリクエストをできるという。ただ、私ではなく、ハーシム自身が移民庁に電話しなければならない、と。

ハーシムは、移民庁経由でなくても医師に診てもらうことができた。ただしそれには、バスで1

時間も離れたベステロースという町に行かなくてはならない。バス代は往復100スウェーデン・クローナ。スウェーデン政府から毎月支給される金額の7分の1にもなる（食事と宿泊場所は無料）。そんな余裕はなかったけれど、結局ハーシムはその医師を訪ねてみることにした。ついに医師と話をすることができて、ハーシムは安堵した。たとえ一時的であれ、ついに誰かが自分を理解してくれたと思うと慰められた。それでもセンターで個室に移ることはできなかった。

4週目、ハーシムは移民庁の職員に、個室が必要であることを英語で書いた紙を渡した。するとそのリクエストは認められて、ハーシムは医療サポートとプライバシーの両方を得ることができた。ところがそれは数日しか続かなかった。翌週のある日散歩から戻ると、1人のシリア人男性がハーシムの部屋に移ってきていて、二段ベッドの上段に陣取っていたのだ。ハーシムは怒って、その晩は食堂に座って一夜を明かした。眠るのが怖かったのだ。

さらに困ったことに、センターに滞在していたあるエリトリア人男性が、あるときからハーシムを嫌うようになった。ハーシムがエリトリア人女性に挨拶をしたことが気にくわなかったのだ。ハーシムと同胞の女性が言葉を交わすのを見て、その男性はハーシムに食ってかかり、パンチを浴びせ、以後、ハーシムとすれ違うたびに罵声を浴びせるようになった。ハーシムは寝室に引きこもりたかったが、寝室も落ち着けない。シリアとエジプトの地獄を逃げてきたけれど、スウェーデンでも、ハーシムにはつらいことが続いた。

エジプトに残した家族の苦境

ハーシムの妻ハイアムと、ウサマ、モハメド、ミラードも、エジプトで宙ぶらりんな暮らしを強いられていた。

国連の資金難で、食料品買物券の配布が減ったうえに、ハーシムの仕送りもなかったから、一家の生活はひどく苦しくなった。シンスカッテベリにはハーシムができる仕事がなかったし、そもそもハーシムはまだスウェーデン語が話せなかった。ハイアムは「ラマダン月10日市」のシリア人学校でアラビア語教師の仕事を見つけたが、収入はたった月400エジプト・ポンド〔約4600円〕。これではアパートの家賃の半分にもならない。貯金と友達からの支援で、毎月どうにかしのいでいたが、食料は十分買えなかった。断食明けのお祭り「イード」があったとき、近隣の人々はみな1年で一番のご馳走をつくっていたけれど、うちにはそのお金がないと、ハイアムは友達との電話で泣き崩れた。

けれども何よりつらいのは、貧困ではなく社会的に排除されていることだった。エジプトでは、シリア人だというだけで生きて行くのは大変だった。2013年と比べれば外国人排斥感情は下火になったものの、シリア人は相変わらず社会の最下層扱いだった。ハーシムがいないので、守ってくれる人もいなかった。

男性中心社会で、女性に対する嫌がらせが蔓延しているエジプトでは、ハイアムは日常生活を送るのも大変だ。誰もが彼女の夫は不在だと知っている。下手な注目を避けるために、彼女は仕事と買い物のとき以外は外出しないようにした。子供たちは外に遊びに行かせていたが、ウサマが少年にナイフで脅される事件があり、ハイアムは息子たちの外出さえ心配するようになった。やがて家が監獄のように感じられるようになった。ある日、末っ子のミラードがボールで遊びはじめると、階下の住民がうるさいと怒鳴り込んできた。「雑音は一切聞きたくない」

ハイアムは大家に助けを求めたが、嫌なら出て行けと言われた。さらに大家は電気代として、実費以上の金額を請求するようになり、ハイアムは大家に対しても不安を抱くようになった。彼女は完全に孤立していた。それは初めてのことではない。2012年にハーシムがアサドの情報機関に拉致されて、半年ほど消息不明だったときだ。少なくとも今回は、ハーシムと電話やチャットアプリでやり取りできる。

その一方で、エジプトには家族はいないし、気にかけてくれる友達もほとんどいなかった。だからすべてに黙って耐えなくてはならなかった。子供たちの前で弱さを見せるわけにはいかなかったし、自分がいかに孤独かをハーシムに感づかれてはいけなかった。ハーシムも必死でがんばっていることを、ハイアムは知っていたからだ。皮肉にも、何千キロも離れた場所でハーシムも同じ気持ちだった。ハイアムに自分の孤独を悟られてはならないと思っていた。2人はお互いを最も必要としているとき、相手を自分の苦悩に巻き込んではいけないと思っていた。

ハーシムの苦悩の一部は、移民庁が再び彼を個室に移してくれたとき取り除かれた。エリトリア人とも和解し、明るい日常が戻ってきた。いまや唯一の問題は、退屈と孤独だった。8月末に正式な面談が予定されており、それまではただ1日1日が過ぎていくのを数えているだけだった。ハーシムは毎日散歩に行く湖で、大きな岩の上に座り、水面を眺めながらハイアムに電話するのが日課になった。

単調な毎日を断ち切るために図書館に行くこともあった。ハーシムはどんなニュースもむさぼり読んだ。シリアについて、スウェーデンについて、イギリスについても。ジェレミー・コービンという人物がイギリスの野党の党首になったことも知った。ISISに対する空爆をめぐる議論にも目を通し、釈然としない思いをした。シリアの諸悪の根源はアサドなのに、なぜ西側が彼を野放しにしておくのか、ハーシムには理解できなかった。

ハーシムは受け入れセンターで、ほかの滞在者たちと親しくなりすぎないよう注意していた。誰かと仲違いするのが嫌だったのだ。しかし時間がたつと、何人か気の合う仲間を見つけ、恐ろしいトラウマを逃れてきたのはシリア人だけではないことを知った。エリトリアやイラクで起きていることを知り、難民認定希望者はみな同じなのだと実感した。いや、ほぼ全員と言ったほうが正確かもしれない。センターには難民を装った北アフリカとレバノン出身者が2~3人紛れ込んでいた。半年の審査期間中、彼らはスウェーデン政府の補助金を受け取り、闇で仕事をし、捕まると、別のヨーロッパの国に行き、同じことを繰り返す。彼らにとっては、不正がばれるかどうかは大した問題ではなく、とりあえず少しばかり金を稼げればよかった。

だが、ハーシムは違った。彼はここで難民認定を受けなければならない。だから待つ時間は苦痛だった。なにしろ時間はとてもゆっくり過ぎていった。

そんなある日、村人たちが教会でスウェーデン語の授業を始めてくれた。政府のプログラムではなく、6人ほどの年金生活者が自主的に開催を決めたものだ。責任者は白髪の陽気なヨスタで、ハーシムの先生はエーヴァとシャスティン。生徒はエリトリア人3人、アフガニスタン人1人、それにハーシムの5人だった。全員が意思疎通できる共通言語を見つけるのは難しかったし、シャスティンとエーヴァがスウェーデン語を教えるのは初めてだったから、授業は要領を得なかった。

私が訪問した日、2人は四つの関係代名詞の違いを説明するのに苦心し、ハーシムは理解するのに苦労していた。けれどもその授業は、言葉を学ぶ以上の意味があった。「人とのつながりができたんだ！」とハーシムは、授業後に言った。ハーシムは本物のスウェーデン人と友達になり、スウェーデン人たち（彼らも孤独だった）も授業をやることで何かを得ていた。

ハーシムはとりわけシャスティンに親しみを覚えた。か細い未亡人で、森の中のコテージに1人で暮らしていた。ハーシムにコンピューターを修理してもらったのをきっかけに、2人の間に絆が生まれ、ハーシムは授業の後、定期的に彼女の家に寄ってお茶を飲むようになった。シャスティンの家は、ハーシムがそれまで見たことのないような家だった。ある部屋には巨大な織機があり、別の部屋には1623年の部材でつくられたテーブルや、車輪でできたランプシェード、クローバー模様の緑の壁紙が貼ってあった。変わった家だったけれど、ハーシムにとっては、生粋のスウェーデン人に迎え入れてもらえたのだと初めて実感できた家だった。

ついに面談の日がやってきた。ハーシムは緊張よりも興奮していた。「運命の日だ」と、自分に言い聞かせた。シャワーを浴びて髭を剃り、午前6時に目覚まし時計をセットして、さらに寝坊しないようにエフサンとハイアムに電話をしてくれるよう頼んだ。結局その必要はなかった。ちゃんと自分で起きて、ベステロース行きの午前6時45分のバスに乗った。そしてバスの中で、面談の準備を始めた。シリアを離れるときに起きたことやその理由を振り返り、どんな質問をされるか考え、最も上手な説明を考えた。

ベステロースでバスを降りると、誰もいない通りを歩いてオフィス街に来た。エレベーターで7階まで行き、移民庁のオフィスが開くのをロビーで待った。9時ぴったりにケースワーカーのボウザングが来て、ハーシムを自分のオフィスに招き入れた。その途中、ハーシムは移民庁の職員たちが自分のデスクに静かに座っているのを見て、シリアで働いていたオフィスを思い出して胸が痛くなった。

それからの2時間、ボウザングは一連の系統的な質問をした。シリアのどこから来たのか。それはどんな地域か。そこはどんな状況なのか。戦争は彼にどんな影響を与えたか。なぜ刑務所に入れられたのか。政治的な所属はあるか。なぜシリアを出たのか。質問は厳しかったが、礼儀正しいものので、ハーシムはフェアなプロセスだという印象を受けた。質問者の態度は穏やかで、ハーシムは安心した。思わず「あなたは私の姉に似ています」と言うと、ボウザングはほほ笑んだ。

「これ以上ベッドがない」
――混乱するスウェーデン

翌日からハーシムには新しい日課ができた。朝起きるとまず、移民庁のウェブサイトにログインして、審査の結果が出たかどうか調べるのだ。決定が下されるには数週間かかると聞いていたが、今からチェックしても別にいいはずだと思った。しかし1か月ほどたつと、「別にいい」とは思えなくなってきた。何度チェックしても、何の変化もない。夏が秋になり、ハーシムはだんだんと心配になってきた。何か間違いがあったのだろうか。ボウザングは彼の話を信じなかったのだろうか。

政治情勢も助けにならなかった。秋が深まると、それまで以上に多くの難民がヨーロッパに押し寄せてきた。スウェーデンはその先進的な政策のために、不当に大きな重荷を負いつづけていた。2015年のこのときまでに、ヨーロッパに来た移民約80万人のうち、少なくとも7人に1人をスウェーデンが引き受けていたのだ。スウェーデンの人口はヨーロッパ全体の50分の1にすぎないにもかかわらず、だ。

すでに12万人以上がスウェーデンに来ていたが、[1]その数は年末までに17万人を超えると移民庁は考えていた。夏は週4000人のペースだったが、今は週1万人だ。この急増は主にアフガニスタン人が原因だった。2015年の最後の数週間は、シリア人よりも多くのアフガニスタン人がスウェーデンにやってきた。しかし出身がどこであれ、移民庁への影響は同じだった。以前は申請から2〜3か月で難民認定の可否がわかったのに、今は1人で2年かかるケースもある。

政治家は短気になった。世論調査では、極右のスウェーデン民主党（最初期のメンバーにはネオナチ関係者がいる）[2]が、ぐんぐん支持を伸ばしていた。最大野党の保守党（正式名称は穏健党）は、シリア人への永住権付与に終止符を打つことを提案。すると社会民主党を中心とする中道左派政権も、数か月以内に永住権政策に終止符を打つと約束した。そうなれば家族の呼び寄せも制限されるだろう。ハーシムはパニックに陥った。その前にハーシムは永住権を取得できるのか。スウェーデンのシステムのパンク状態を考えると、無理なような気がした。

実際、難民認定希望者があまりに多いため、移民庁は軍に助けを求めた。通常は自然災害や海外での人道支援に携わる、市民緊急事態庁（MSB）の協力も得た。しかし2015年11月初めまでに、もはや新たな宿泊場所は確保できなくなり、五つの受け入れセンターでは床で眠らなければならない人たちが生まれた。一部のセンターでは、職員を4倍に増やしたにもかかわらず、多くはダブルシフトや休日出勤が必要だった。ハーシムがスウェーデンに到着したときに受けたような一時面接は、段階的になくなっていった。そんな余裕はなくなったのだ。

移民庁の職員は、この世の終わり的な話しぶりだった。「とにかくもうスペースがない」と、広報官は言った。「今はとにかく、雨風を防げる場所を探すので精一杯だ」。ヨーロッパ各地の状況を見てきた私に言わせれば、スウェーデンの状況は、レスボスなどと比べてずっと落ち着いていて、秩序だっていた。レスボスでは、行政のサポートはゼロに近く、難民たちは雨の中を歩いたり眠ったりする。

スウェーデンで長年難民問題を担当してきた職員でさえ、未曾有の規模に動揺していた。「こんなにたくさんの人を見たのは初めてだ」と、ストックホルムの二つの大型受け入れセンターで働くベテラン職員は言った。「もう国内には空きベッドがなさそうだ。彼らを送る町がない」

だが、中期的には、状況はさほど悲観的ではない。政府は体育館などの公共施設に、6万6000人分の滞在スペースを確保できると見ている。これらの施設の半分近くは、さほど大規模な改修をしなくても宿泊施設に転用できる。しかし短期的には、強欲な（とされる）不動産所有者の問題と放火の危険性、そして保健・安全法令上の問題から、すぐに使えるスペースは見つけにくくなっていた。すでに難民の滞在施設が放火される事件が起きていた。民間の不動産所有者は、物件を貸すにあたり、政府に法外な家賃を要求した。一方、スウェーデン南部にテント村を開設する計画が遅れているのは、議会の怠慢のせいだと移民庁は非難していた。

こうした混乱が、スウェーデンにアイデンティティーの危機をもたらした。こんなに多くの外国人を受け入れつづけたら、スウェーデンは自国民のケアに手がまわらなくなると、不安を煽る者もいた。スウェーデン民主党は、レスボス島に来た難民たちに、あなたたちのせいで「私たちの社会は崩壊しつつある」とし、スウェーデンに来ないよう警告するチラシを配った。その数時間後、保守党は、難民に対する国境管理強化を呼びかけ、社会民主党政権はその要請に応えることに決めた。

その一方で、難民を保護する義務を放棄すれば、それこそスウェーデン型社会民主主義の中核的理念を捨てることになると考える人もいた。「私たちの社会は、人はみな同じ権利を持つという理念に基づき構築されている」と、スウェーデン弁護士会のアンネ・ラームベリ事務局長は言う。彼女はストックホルム中央駅で、新たに到着する難民たちに法的なアドバイスをしていた。「ただ、今は難民たちに宿泊場所さえ提供できない状況にある」

けれどもこの問題は、スウェーデンが保護基準を下げれば解決できるものではないと、ラームベリは言う。そうではなく、世界で最も豊かな大陸であるヨーロッパ全体が、スウェーデン並みに保護基準を高めることこそが解決策であるべきだ。「私たちが直面している危機は、ヨルダンやレバノンが直面している危機とは大きく異なる」と、ラームベリは言う。これらの国では、難民が人口の大きな割合を占めるようになった。「EU加盟国が結束すれば、私たちは（莫大な数の難民を）受け入れられる。ヨーロッパ大陸の人口は5億人だ。もちろんやればできる。しかし結束がない。ドイツやスウェーデンのような国ばかりではない」

この騒ぎの中で、ハーシムの心は塞いでいった。

弟が家族を連れてドイツにたどり着いたと聞いても、明るい気持ちになれなかった。もちろん、よかったと思ったけれど、自分も家族を連れてくるべきだったのだろうかと思ってしまった。弟にできたなら、自分にもできたのではないか。

ハイアムのもう1人の姉がシリアの役所で逮捕され、消息不明になったと聞くと、ハーシムはますます暗い気分になった。ハーシムはアサドの地下牢にいたことがあるから、そこでどんな恐ろしいことが彼女を待っているか知っていた。エジプトのハイアムは取り乱していて、ハーシムは妻を慰められないことがつらかった。エジプトに戻ることさえ考えた。家族がいちばん彼を必要としているときに一緒にいられないなら、難民認定を受けることに何の意味があるだろう。

そこでさらにショックなことが起きた。そもそもハーシムがエジプトを出ようと決めた理由の一つは、UNHCRを通じて第三国定住できる見込みがなかったからだ。ところが申請から2年たって、ついにUNHCRから面談の呼び出しがあったのだ。しかしハーシムがすでにヨーロッパに渡ったことがわかると、取り消されてしまった。面談が行われても、実際に第三国定住が決まるまでには何か月もかかるだろう。それでも今のハーシムにとって、その知らせはひどく残酷なものに感じられた。

再びPTSDの症状が出るようになり、ハーシムはほとんど反射的に移民庁のウェブサイトを調べるようになった。毎日が毎時間になり、そのたびに落胆した。朝食前にウェブサイトをチェックして、がっかり。朝食後にチェックして、またがっかり。昼食前も、昼食後も調べては、その度に落胆していた。

受け取ったカード、そこに書かれていたものは……

ある日、ハーシムはスウェーデン語の授業を受けるために教会に行った。授業の前にウェブサイトをチェックして、がっかり。休み時間にもポケットから携帯を取り出して、パスワードを入力し、自分のページをざっと見て、何も……。

ハーシムは目をしばたたいた。そしてもう一度そのページをよく見た。何かがあった。

ありえない、ありえない、とハーシムは思った。間違ったページにログインしたんじゃないか。ここのインターネット接続に何か問題があるんじゃないか。念のためにセンターに戻って、そこのWi-Fiを使おう……。ハーシムはセンターに戻ると、自分の寝室に行って、もう一度移民庁のウェブサイトにログインした。やはり、何かがあった。ハーシムは深く息を吸い込んで、そこに書かれていることを読んだ。

「申請状況」と、アラビア語で書いてある。「あなたの居住権、労働許可、就学許可、市民権または難民認定の申請は、受理されました」

ハーシムは画面をスクロールして次のパラグラフを見た。

「スウェーデン移民委員会は、貴殿の申請につき決定を下しました」。そして再び空白だ。

その決定がいいものなのか、悪いものなのか一切説明はない。ハーシムのケースが、政府の新しい制限措置に基づき検討された最初のケースの一つなのか、それとも旧法に基づき検討された最後のケースの一つなのか、まったくわからない。ただ「決定が下された」とあるだけだった。ハーシムは、もう一度ベステロースの移民庁に行って、祝福するべきなのか、落胆するべきなのか確かめなければならなかった。

そこで翌朝、ハーシムは再び早起きして6時45分のバスに乗った。まだ夜は明けておらず、真っ暗闇の中、ハーシムは何が起きようとしているのか考えた。難民の地位が認められたという決定のはずだ。絶対そのはずだ。シリア人で難民認定申請を拒絶された人はいないじゃないか。でも、ハーシムだけが例外だったら？　彼らがハーシムの話を信じなかったのだとしたら？

移民庁の入っているビルのエレベーターで7階に向かいながら、ハーシムはこれが最後であることを祈りつつ、あらゆる可能性のために身構えた。

とはいえ、「肩透かし」が待っているとはさすがに思わなかった。まだ書面の準備ができていないので、1週間後にまた来てくださいと、移民庁の職員は言った。それまでに用意しておきますから――。

こうして1週間が過ぎ、翌週水曜日の朝、ハーシムは再び暗闇の中、ベステロース行きのバスを待っていた。でも今回は1人じゃない。私が一緒だ。いったいどうなるのかと急いで飛行機を乗り継いできたのだった。私たちは午前6時半にバス停に到着すると、寒さに震えながらバスを待った。上着のフードに隠れてハーシムの表情はうかがえなかったけれど、15分後に来たバスの光が当たると、彼が緊張しているのが見て取れた。バスの中でも、ハーシムは一言も話さず、黙って座っていた。もうサプライズがないことを願い、祈りながら。

ベステロースに到着すると、移民庁のオフィスが開くまで1時間あったが、ハーシムはどこにも寄らずに移民庁の入っているビルに急いだ。オープンを待つ列の1番になりたかったのだ。その願いはかなえられた。7階のロビー前にはまだ誰もいなかった。ハーシムは落ち着かなさそうに歩き回っては、椅子に座り、立ち上がり、タバコを吸いに行き、戻ってきた。それでもまだ8時半。

ハーシムの不安が大きくなった。なぜ先週帰されたのか。拒絶されたのか。それとも居住権の処理が遅れていただけなのか。居住権がもらえるとしても、永住権なのか、一時滞在許可なのか。もし一時滞在なら、家族の呼び寄せは申請できないかもしれない。そうなったらすべてが無駄になる。エジプトから地中海を渡る旅、ヨーロッパ縦断の旅。それらすべてが無駄だったことになる。

薄暗い廊下に人が集まりはじめた。ハーシムは移民庁のドアの前にぴったり寄り添って立った。誰にも1番手の場所を奪われたくなかったのだ。9時ぴったり、開所時間になったのにドアは開かない。背後で人が増えていく。ハーシムは顔をしかめ、心拍が速くなった。あと数分で、これからスウェーデンで人生を送れるのか否かがわかる。

ついにドアが開いた。背後の人だかりはかなり大きくなっていた。ハーシムは整理券を取った。

806番。彼はオフィスに最初に入った1人だから、呼ばれるのも早いはずだ。案の定、1分もしないうちに（コーヒーを取りにいく余裕もないうちに）、電光掲示板に806の赤い文字が点滅した。矢印が、彼が入るべき部屋を示していた。

ハーシムは待合室を横切り、その部屋のドアを開いた。カウンターの向こうには、堅苦しい雰囲気の女性がいた。彼女はカウンター越しに封筒をよこした。ハーシムが封筒を開けると、中に1枚のカードが入っていた。

彼はそれに目を落とした。2015年11月10日火曜日。アサドの監獄を出てから3年、シリアを逃れてから2年、そして地中海の旅を生き抜いてから7か月。ハーシムはついに待ち焦がれていた言葉を目にした。

「Permanent Uppehållstillstånd（永住権）」――カードにはそう書いてあった。

エピローグ　そのあと起きたこと

本書に登場する難民はほとんどみな、今も難民認定手続きの最中だ。だから、全員について詳細を明かすことはできない。

ダーウィンを崇拝していたモハメド・フセインは、最も早く成功を収めた。セルビア・ハンガリー国境で私が同行したシリア人グループのうち、逮捕されずにハンガリーを通過できたのはモハメドと友達のナザムだけだった。現在モハメドはドイツにいて、バイエルンの大学で言語学と文学を学んでいる。ナセルとファティマ夫妻とその子供のハムダは逮捕されたが、今は安全な場所に落ち着いた。ファティマのお腹の赤ちゃん（女の子だ）も元気だとわかった。その子イラフは、２０１５年のクリスマス直前に生まれた。

ガルバリ・フセインと２人の息子たちは、羊飼いのハンス・ブロイアーに助けられた後、列車でドイツに入るところで止められたが、最終的には入国を認められた。コス島のスタジアムで会ったエンジニアのアフマドは、現在甥とともにベルギーにいて、難民認定の審査結果を待っている。

レスボス島では、ケンプソン一家が海岸のパトロールを続けた。２０１５年秋までに、それは孤独な戦いではなくなっていた。数百人のボランティアが加わり、レスボス島北岸で目を見張るほど連携の取れた救援活動になった。ニーズは巨大だった。12月前半でも、北岸に到着する人は1日2000人を下らなかった。

地中海で近年最悪の転覆を生き延びたガンビア人のイブラヒムとは、連絡が取れなくなってしまった。一方、やはりこの事故を生き延びたオマル・ディアワラは、今も悪名高きシチリア島の受け入れセンターにいて、登録書類が交付されるのを待っている。私たちは、スマホのアプリでフランス語とアラビア語の交ざった会話を試みたけれど、十分な意思疎通はできなかった。サハラで出会った何人かのセネガル人は、リビアで逮捕され、国際移住機関（IOM）の手配した飛行機で送還された。そのうち少なくとも1人は、再びサハラ越えに挑戦しようとしている。

リビアの海岸では、大物密航業者のハッジが商売の手仕舞いをしたという噂だが、いつまでも続くかどうか。

トルコのイズミルで密航業をしていたシリア人のモハマドは、いまや大金持ちだ。結婚して海岸から遠く離れた街に家も持っている。最近は密航業の「実務」にはあまり関わっていない。

ハーシムの一家は、ついにスウェーデンで家族を呼び寄せる申請をした。ウサマは2年連続で、父親抜きで誕生日を祝うことになった。

ハーシム・スーキからのメッセージ

２０１１年、シリアでバシャル・アサドに対する動乱が始まりました。それは美しい瞬間でした。自由、民主主義、正義、そして平等の風が吹いてきたのです。それまで40年以上にわたり、シリアはアサド家に支配され、この一家が牛耳る監獄のようになっていました。ああ、世界は変わったんだ、これで独裁が終わるんだと思いました。

でも、時間がたつにつれ、私たちは夢から現実に引き戻されました。私たちの前に、きわめて残虐で、この革命を終わらせるには国内外で何をすればいいかを熟知している情報機関が立ちはだかりました。そして彼らは成功しました。

シリアは、とても暮らしていけない地獄《インフェルノ》に変わってしまいました。人々の日常は崩壊し、安全な場所を求めて逃げ回らなければならなくなりました。でも、逃げるたびに、地獄は勢いを増して追いかけてきます。人々は家を失い、投獄され、屈辱的な扱いを受けました。

この国を離れなければ、自分も子供たちもダメになってしまう。非常に難しいことでしたが、正しい決断でした。私の子供たちにはもう住む家がなく、学校もない。シリアにとどまっていれば、武器や戦争に囲まれて育つことが普通になってしまう。だから国を出るしかなかったのです。

戦争の恐怖、故郷を追われた苦しみ、おんぼろ船で海を渡るつらさとトラウマ、新しい習慣や文化に適応する難しさ、未来への不安、子供たちと家族の心配――。そうした大変なことはたくさんありましたが、私は多くのことを学びました。なかでもいちばん大きかったのは、どこに行っても必ず、この暗闇をがんばって突き進もうという希望と決意を与えてくれる人たちがいたことです。

ジャーナリストのパトリック・キングズレーはその1人です。初めてパトリックに会ったのは、私と家族がエジプトでヨーロッパに行く船に乗ろうとして失敗し、逮捕され、釈放されたときでした。やがてパトリックは私の家族の一員になりました。私にとって、彼は単なるジャーナリストや友達ではなく、人生の重要な一部です。

次にヨーロッパに行くときは記録させてくれないか――パトリックがそう聞いてきたとき、私は同意しました。それは世界に、なぜ私のような人間が命の危険をおかすのか知ってほしかったからです。現在、とてつもない数の人がヨーロッパを目指している理由を、国際社会は理解する必要があると思ったのです。自由に発言するチャンスを大切にしたいという思いもありました。シリアでは40年間奪われてきた権利です。私たちの声を世界に届けたい、と私は思いました。

パトリックを通じて、私は世界には多くの文化と考え方があること、邪悪なこともあるけれど善良なこともあることを学びました。パトリックを通じて、私は素晴らしいフォトジャーナリストのサイマ・ダイアブと出会い、パトリックの親切な友達マリージーンと母親のキャロル、彼の仕事仲間のミラードとマヌとも知り合いました。ここスウェーデンでも、多くの素晴らしい人たちに出会いました。なかでも私に初めてスウェーデン語を教えてくれたシャスティン・ヴェデル、エーヴァ・トゥレーン、エーヴァ・シードフェルト、ヨスタ・グスタフソン、ミーア・スヴァーンベリ、オーナ・アンデシェン、インゲヤード・スタープベリ、そしてイレーン・ヨーセフソン。それに難民センターで食事をつくってくれたリナ、ティィナ、カメッラ、ミーア、ユーニ。また、私のケースを調査し、私の人生に大きな変化を起こしてくれたケースワーカーのボウザングにも感謝しています。

そして世界をよりよい場所にしようと努力している、あらゆる国、宗教、仕事の女性と男性にご挨拶し、愛を送ります。

著者による注釈

ジャーナリストとして、私は多くの素晴らしい人たちに会い、彼らから学ぶ機会に恵まれた。残念ながら、そのほとんどとは二度と会うことはなかったが、ハーシムは違った。２０１４年９月、私はある転覆船について記事を書き、その船に乗るはずだったハーシムと出会い、連絡を取りあうようになった。彼が家族と住むアパートを定期的に訪ね、私たちは少しずつ友達になった。

２０１５年初め、ハーシムはもう一度地中海越えにチャレンジしようと思っている、と打ち明けてきた。私はびっくりした。この前あんなに大変な思いをしたのに……。でも、ハーシムの決意は固かった。エジプトでは、３人の息子たちに未来はなかった。ヨーロッパでなら、未来を勝ち取れるかもしれない。

この英雄的な行為を記録したい――私のジャーナリスト魂がそう言っていた。ハーシムが同意してくれたことに、私は生涯感謝するだろう。ハーシムは出発前から、私と通訳のマヌ、そしてフォトジャーナリストのサイマ・ダイアブが、彼の生活に一段と深く入り込み、エジプトでの最後の日々を記録するのを許してくれた。私は、海で起きることを正確に記録できるように、ハーシムに１冊のノートを渡した。書いた内容を補足するカメラも。ハーシムが無事イタリアに到着したという知らせを受けると、私とサイマはすべてを放り出して、文字どおりイタリアに飛んだ（そのためにハーシムが要した時間を考えると、ほとんど馬鹿げた特権だった）。そこからスウェーデンまで、ハーシムがヨーロッパを北上する旅に、私は同行させてもらった。スウェーデンに到着してからは２度ほど会いに行っており、エジプトにいる彼の妻ハイアムと息子たちのところも定期的に訪問した。

イタリアからスウェーデンまで、ハーシムに起きることを冷静に観察するのは難しかったのではないかと、よく聞かれる。たしかに人間として、ハーシムに手を貸さないのはとても難しかった。でもジャーナリストとして、彼に自力でやらせなければいけないことはわかっていた。このジレンマがピークに達したのは、コペンハーゲン駅だった。スウェーデンまであと一歩だというのに、ハーシムはクレジットカードもデンマーク・クローネも持っていなかったため、列車の切符を買えなかった。時間は午前1時半、このときばかりは手を貸したくなった。でも今は、そうしなくてよかったと思っている。

ハーシムが国境を越えるとき、私が一緒にいたことが助けになっただろうか。そんなことはない、と客観的に振り返ってみても思う。ドイツ、デンマーク、スウェーデンの国境で、形だけでも国境検査があったら結果は違っていたかもしれない。一緒のテーブルに座っている人間が、ちゃんとしたシャツを着て、革のカバンを持っていたのだから。でも、これらの国境で検査はなかった。だから私の存在がハーシムにとって何らかの隠れ蓑になったのではないかという疑念は、机上の空論にすぎない。唯一警察が乗り込んできたのは、イタリア・フランス国境だった。警察が私たちの車両に入ってきて、全乗客の顔をちらちら見たとき、もし私たちが隣同士に座っていたら、それがハーシムにとって有利に働いた可能性はある。でも、そのときハーシムはトイレに逃げ込んでいた。そしてそこから戻ってきたとき、呼び止められなかった。それは彼が少しばかりフランス人ぽく見えたこと、堂々と歩いていたこと、そしてむさ苦しく見えなかったことのおかげだ。つまりひとえに彼の見た目だけが彼を救ったのだ。

ハーシムの旅の一部に私が同行していなかったこと、あるいは同行したことを理由に、本書の内容に疑念を抱く読者もいるかもしれない。だが、1人の難民の旅をできるだけ正確に描くために、私が最善の努力をしたことを、ほとんどの方が認めてくださることを願ってやまない。

謝辞

まず何よりも、自らの人生に私を迎え入れてくれたハーシムにお礼を言いたい。彼からは本当に多くのことを学んだ――愛、不屈の精神、献身、親であるということ、そして尊厳について。彼の旅について書く機会を与えられたこと、そして彼の家族が教えてくれたことを、私はこれからずっと感謝するだろう。2015年に出会った多くの難民とボランティアにも、同じ気持ちだ。彼ら全員の名前を挙げることはできない。でもこの本は、彼らに敬意を表して書かれた。

本書『シリア難民 人類に突きつけられた21世紀最悪の難問』〔原題は*The New Odyssey*〕は、ガーディアン紙のインターナショナルエディターであるジェイミー・ウィルソンなしではありえなかった。2015年3月に、移民担当記者というポジションをつくろうと提案したのはジェイミーだった。移民がその年最大のニュースになるとは、まだ誰も思いもしなかった頃のことだ。ジェイミーの先見の明がなかったら、本書は存在しなかった。というのも本書の多くの部分は、もともとガーディアン紙のために取材され、ガーディアン紙に掲載された記事がベースになっているからだ。ジエイミーとジャン・トンプソン編集主幹〔当時。現在はオブザーバー紙編集主幹〕は、私が休みをとって本書を書くのを許してくれた。しかも、後に難民危機がいっこうに縮小しなかったときも、その約束を立派に守ってくれた。

私が2014年に移民問題を取材するとき、多額の助成金を出してくれたセシル・キング記念財団にも感謝したい。あの助成がなかったら、一部の取材は不可能だっただろう。ガーディアン・フェーバー社の編集者ローラ・ハッサンがいなければ、本書は書籍のかたちになっていなかった。ローラのプロとしての技量、アイデア、忍耐力、そして巧みな編集にとても感謝している。そもそも本書がこんなに早く刊行できたのは、彼女のスキルと熱意の証だ。本書の企画を最初から信じてくれたエージェントのジョナサン・コンウェイにも、そのサポートとアドバイス、プロフェッショナリズムに感謝したい。彼のエージェンシーに加われたことを、とても誇りに思っている。

取材がうまくいったのは、現地のコーディネーターや通訳、ジャーナリストたちのおかげだ。サイマ・ダイアブは、本書の美しい写真の一部を撮ってくれただけではない。彼女の人間性とインサイトは、エジプト、ギリシャ、ハンガリー、イタリアでの取材を大いに質の高いものにしてくれた。通訳のマヌ・アブドの献身、誠実性、勤勉性、そして知性は、エジプトでの取材活動に不可欠だった。リビアでは、疲れ知らずの賢いヤシーン・カヌニがいなかったら、仕事ができなかっただろう。ニジェールでは、チェホウ・アジゾウと仕事をする機会に恵まれた。シチリアでは輝く笑みのアレッサンドラ・ボノモロが、トルコでは素晴らしいアブドゥルサラム・ダラルが宿を提供してくれた。アブデルファタハ・モハメドは、エリトリア人たちとの連絡係になってくれた。私自身はスーダンに行くことはできなかったけれど、ハルツームでリーム・アッバスが非常に重要な下取材をしてくれた。バルカン半島で一緒に仕事をしたガーディアン紙のフォトジャーナリストのアントニオ・オルモスとデービッド・レビーンも最高だった。取材活動すべてを通じて、2013年にカイロで一緒に仕事をしたシリア人ジャーナリストのモワファク・サファディは、私が難民問題の複雑さを理解するうえで、重要な役割を果たした。私が移民担当記者になってからは1度しか一緒に仕事をしていないが、私の頭の中には常に彼のアドバイスと経験があった。

ガーディアンでは、ジェイミーのインターナショナルデスクのチーム（リジー・デービス、マーティン・ホジソン、マーク・ライスオクスリー、サイモン・ジェフリー、アレックス・オロレンショー、ジュディス・ソール、エンジョリ・リストン、ラヤ・ジャラビ、マックス・ベナート、そしてデービッド・マンク）にとても感謝している。フェイルディング・ケージのチームは、際立った働きで、初期のハーシムの記事をウェブ版に載せてくれた。私があちこち動き回れたのは、トップクラスのアドミ担当者ジャナ・ハリス、カレン・プルース、サラ・ヒューイットのおかげだ。彼女たちは2015年、しばしば直前のリクエストにもかかわらず、100便近くのフライトを文句も言わずに手配してくれた。ほかの部門の多くの仲間の指導と信頼も不可欠だった。エミリー・ウィルソン、クレア・マーゲットソン、ジェーン・マーティンソン、マリク・ミーア、マーティン・チュロブ、ジョン・ヘンリー、マックス・ウォーカー、イアン・ブラック、そしてキャス・バイナーには、これからもずっと感謝している。元同僚のチャーリー・イングリッシュ、アラン・ラスブリジャー、スチュアート・ミラー、ジェニ・ラッセル、それにイアン・カッツもだ。スカンジナビアの文化と歴史に関するイアンの深い知識と、それを教えてくれた彼の親切には本当に感謝している。

難民たちの道をたどる過程で、多くの素晴らしい人たちが、いろいろな形で私を助けてくれた。特にテューズデー・レイターノ、ピーター・ティンティ、ジョアナ・カキシス、サルワ・アモール、ジャスティン・スワーブ、レオナード・ドイル、ダニエル・トリリング、アステリス・マスーラス、アポストリス・フォティアディス、エナル・バステット。彼らのアイデア、紹介、情報、アドバイスに感謝する。

過去3年間私が拠点としてきたカイロでつらかったとき、キャロル・バーガー、ルイーザ・ラブラック、アブダラ・ノゼア、ミラード・マッジー、ロフティー・サルマン、アンガス・ブレア、ジャレッド・マルシン、スティーブンとローラ・ヒッキー、マリアンヌ・ストラウド・ガバーニ、モハメド・ロフティ、リチャード・スペンサー、サメル・アトルシュが示してくれた友情とサポートに感謝している。イスタンブールでは、イジー・フィンケルが飛行機に乗り遅れた私を泊めてくれたうえに、何時間もかけてチコトプとは何か調べてくれた。

ファーバーでは、素晴らしい装丁をデザインをしてくれたドナ・ペイン、本を出版してくれたローレン・ニコール、マーケティングのジョン・グリンドロッド、最高のコピーエディターのジル・バローズ、編集を手伝ってくれたエミー・フランシスとマーサ・スプラックランド、ガーディアン・ブックストップのニック・サイドウェル、そしてこの本を世界各国で刊行する手配をしてくれた権利部門のリサ・ベーカーとリジー・ビショップにお礼を言いたい。ガーディアンの権利部門トップのロバート・ハーンも、本書で重要な役割を果たしている。本書の内容は、もともとガーディアンの記事として書かれたからだ。ほかにも出版業界では、私が初めて本を刊行するチャンスを与えてくれたレベッカ・ニコールソンとオーリア・カーペンターの友情をとても幸運に思う。

ダニエル・コーエン、エリオット・ロス、ロバート・マクファーレン、サラ・バーク、サイマ・ダイアブ、ラヤ・ジャライ、キャロル・バーガー、兄のトムと両親のジェニーとスティーブンは、直前の頼みにもかかわらず本書の原稿を読んでくれた。彼らのフィードバックと、励ましに感謝している。毎日私にやる気をもたらしてくれた兄のトム、そしてこれまであらゆるチャンスを与えてくれた両親に特に感謝したい。この本は彼らに捧げる。

最後に、マリージーン・バーガー、君の無私のサポート、アドバイス、そしてインスピレーションに感謝している。

日本の読者のために

——難民危機の最新情報

最新のシリア情勢と「人道回廊」閉鎖後の難民危機

２０１６年10月現在、シリアは依然として悪夢のような状態にあり、終息の気配はない。ここ数か月は、国内の勢力図にも大きな変化はない。反政府勢力とクルド人勢力は北部のかなりの部分を、政府軍は西部と南部の大部分を支配している。ＩＳＩＳは徐々に後退してきたが、依然として北部と東部の主要地域を支配下に置いている。ダマスカス近郊にわずかに残っていた反政府勢力の拠点は、政府軍の手に渡り、シリア最大の都市アレッポは、政府軍とロシア軍とイランの息がかかった勢力によって包囲されている。しかしどの勢力も、軍事的に決定的な勝利を収める可能性は乏しい。

その一方で、シリア人が国外に逃げ出すのは以前よりも格段に難しくなった。トルコはＥＵから60億ドルの難民支援を受ける合意をして以来、シリアとの国境に壁を建設し、これを越えようとする人には発砲するようになった。ヨルダンとレバノンも同様の政策を取っている。ビザ発給制限により、ヨルダンとレバノンにいるシリア難民が、トルコに移動するのも難しくなった。すでにトルコにいる難民がヨーロッパを目指すのも、以前のようにはいかない。ＥＵとの合意後、トルコが海上の国境管理を強化したためだ。なお、トルコは２０１６年3月18日以降にギリシャに上陸した難民の送還を受け入れることでも合意している。

現実には、ヨーロッパからトルコへの難民送還は保留状態にある。だが、強制送還以外にも、難民にヨーロッパ行きを思いとどまらせている要因はある。たとえば、バルカン半島諸国は2015～16年初頭、難民をバスでドイツまで運ぶ措置を取ったが、これを打ち切ってしまった。ギリシャの島に上陸した難民が、本土に移送されず、島内のキャンプに収容されていることも、難民の「エーゲ海越え」を思いとどまらせている。

このため新たにヨーロッパに到着する難民は大幅に減り、現在は2015年の危機前の水準にある。しかし本書が刊行当初に警告したとおり、難民の流入が途絶えることはないだろう。バルカン半島諸国が「人道回廊」を閉鎖した後も、密航業者の助けを借りて半島を北上する人は後を絶たない。その数は半年で2万5000人に達した。密航業者の手を借りずに、ブルガリアからギリシャ北部を経由して、マケドニア、セルビア、クロアチアを踏破する難民もいる。

一方、リビアから地中海を越えてイタリアに到達した人の数は、この1年で15万人と、2015年とほぼ同水準になりそうだ。人々の移住は続いているのだ。

パリの同時多発テロとEU分裂危機はいかなる影響を与えたか

2015年11月のパリ同時多発テロと、2016年1月にケルンで起きた女性暴行事件は、当初、難民が起こしたものとされていた。しかし捜査が進むにつれて、難民はほとんど関与していなかったことがわかった。だが、時すでに遅しで、一般市民の間では難民は乱暴者というイメージが確立してしまった。今も一定の数の人は難民支援を支持しているが、これまで以上に進歩的で積極的な受け入れ策を支持する声はほぼ消えてしまった。

今回の難民危機は、2016年にヨーロッパ全土で極右と愛国主義が台頭するきっかけの一つになったが、唯一のきっかけではない。イギリスではEUに対する不信感、外国人に対する恐怖、2008年金融危機の長引く余波のために、国民が僅差でEUからの離脱を選んだ。オーストリア大統領選では、有権者の半分近くが極右の候補に票を投じた。ドイツでは極右政党が台頭し、フランスでは極右政治家マリーヌ・ルペンの影響力が拡大し、ハンガリーでは極右的政策を掲げるビクトル・オルバン首相の支持率が上昇しつづけている。

ただし、ブレグジット〔Brexit、イギリスのEUからの離脱〕が難民問題に与える影響は、極めて限定的だ。イギリスは昔からヨーロッパとは一線を画した難民政策を取ってきたからだ。イギリスは大多数の難民が目指す国ではないし、第三国定住の枠も大きくない。ブレグジットによってヨーロッパ全体でナショナリズムに拍車がかかる可能性はあるが、短期的にはヨーロッパの難民政策に与える影響は限定的だろう。

日本の読者に伝えたいこと

日本の読者のほとんどにとって、シリア難民危機、いや難民危機そのものが、日常生活から遠く離れたことのように思えるだろう。ひょっとすると年配の読者のなかには、日常的に残酷な破壊行為を目にしているシリア人に共感する方がいるかもしれない。ただ、多くの方には、それは何千キロも離れたところで起きている出来事だと見えていることと思う。

しかし、日本も何らかの形でこの危機の影響を受けるはずだ。中東やヨーロッパに何百万人もの難民がいるということは、これらの地域がこれから何年もの間、不安定化する可能性があるということにほかならない。それは日本のパートナー諸国の政治経済に長期的な影響を与え、結果的には日本にも影響を与えるだろう。

シリア人が安全かつ合法的に移動できるようになれば、ヨーロッパと中東の負担を軽減できる。それは現在の日本には無関係のように思えるかもしれない。しかしパートナー諸国の負担を減らせば、日本はそこから長期的な恩恵を受けるはずだ。

さらに、長い目で見れば、移民は直接的なプラス効果をもたらす可能性がある。日本は独特の文化を持っているが、経済的・人口動態的には多くの先進国と同じ問題に直面している。すなわち少子高齢化によって年金生活者が増える一方で、彼らを支える納税者が減るという問題だ。移民はこの問題を乗り越える答えの一つになるはずだ。

世界がこの問題に対処するのをサポートすることは、日本の長期的な利益になる――私はそう考えている。

訳者あとがき

2015年夏、ヨーロッパに数十万人の難民がやってきました。最初はアフリカ系難民がイタリアに、次は主にシリア難民がギリシャに。いまにも沈みそうなボートで、運よく南ヨーロッパの海岸にたどり着いた人たちは、今度はドイツやスウェーデンを目指して、大移動を始めました。バルカン半島の田舎道に人があふれ、ターミナル駅では通勤客の横で難民が寝起きする姿が日常になりました。ヨーロッパ難民危機のはじまりです。

その頃、日本では、1枚のイラストが議論を巻き起こしていました。荒れ地を背景に、挑戦的な視線の少女が描かれ、「何の苦労もなく／生きたいように生きていきたい／他人の金で。／そうだ／難民しよう！」と書かれたイラストです。人権侵害だ、差別だといった批判が高まる一方で、表現の自由に基づく擁護論や、シリア難民は「なりすまし難民」だから描かれていることは本当だ、という議論が起こりました。

しかし、もし、そのイラストの背景が日本だったら、私たちはどう思ったでしょう。もし、東日本大震災の後、さいたまスーパーアリーナに集団避難してきた福島の少女のイラストに、「そうだ／難民しよう！」という文字がかぶせてあったら、どんな議論が起きたでしょう。おそらく、差別だとか表現の自由だとかいう以前に、多くの人が、「ここに描かれていることは事実と全然違う」と思ったのではないでしょうか。

なぜか。それは、私たち日本人が、あの震災のことを身近な出来事として、よく知っているからです。私たちは、あのとき、あの場所にいた女の子が（もちろん男の子も、そしてほとんどの大人も）、故郷を逃げてくることで精一杯だったのを知っています。「おしゃれがしたい」から「難民になろう！」と思って避難してきた子なんて（そもそもそんな心の余裕があった人なんて）、おそらく、ただの1人もいなかったと想像することができます。

これに対して、外国、とりわけシリアなど中東の人々が経験していることを、日本人が想像するのは容易ではありません。その意味では、シリア難民の少女のイラストが出てきたのは、仕方のないことなのかもしれません。

けれども私たちは、中東に住まなくても、あるいはシリア難民と同じ経験をしなくても、彼らの置かれている状況を想像することができるはずです。それを助けてくれるのが、ジャーナリストの仕事です。

イギリスの若手ジャーナリストのパトリック・キングズレーは、本書『シリア難民　人類に突きつけられた21世紀最悪の難問』で、２０１５年のヨーロッパ難民危機が、私たち日本人にとっても、決して対岸の火事ではないことを教えてくれます。

その軸となるのは、ハーシムという1人のシリア難民です。ダマスカス市水道局に務める37歳のハーシムは、家族思いのマイホームパパ。ところが、ある日突然、情報機関に連行され、数か月にわたり拘禁され、拷問を受け、空爆で家を破壊され、仕事も失ってしまいます。誰も理由を教えてくれないので、ハーシムも、なぜそんなことになったのかわかりません。ただ、空爆はひどくなる一方で、避難先もすぐに危険な状況になってしまう。そこでハーシムは、3人の息子と妻を連れて、エジプトに逃げることにしました。

ところが、逃げた先のエジプトでも政変があり、シリア人はまともな仕事どころか、まともな生活すら送れなくなり、ハーシムは仕方なく、密航船で地中海を渡ってヨーロッパを目指すことを決意します。ただし、お金がないのと危険なのとで、まずは自分だけでチャレンジすることにしました。うまくいけば、ヨーロッパで難民の認定をもらい、家族を呼び寄せられると考えたのです。

本書は、そんなハーシムの旅を追うと同時に、ヨーロッパを目指すほかの国の人々の境遇と、彼らがたどるルート、そして彼らに手を差し伸べるNGOやボランティアの奮闘ぶりを紹介します。また、難民問題をめぐるヨーロッパ諸国の政治的な混乱も冷静に分析しています。さらに興味深いのは、リビア、エジプト、トルコの密航業者の「ビジネスモデル」のレポートでしょう。

どの国でも、密航業は元締めから、客を集めるブローカー、船の所有者、海岸の地主、地元の警察や民兵組織、渡航前の難民が滞在する宿の提供者、バスの運転手など、多種多様な人が関わる巨大ネットワークになっています。そして身分証明書やビザがないために、公共交通機関を使うことができない難民の足元を見て、彼らから法外な料金を要求します。

たとえば、ハーシムがエジプトからイタリアまで船に乗るために払った金額は、約20万円（現在アレクサンドリアからローマまでは飛行機で3万円程度)。トルコ西岸からレスボス島までのゴムボートの運賃は約10万円(フェリーの定期便を使えば5000円程度)。ミラノからマルメまでの白タクの料金は、約10万円(飛行機なら約5万円)。そんな金額を払っても、ゴムボートは定員を5倍もオーバーしていたり、白タクは実は冷凍車だったりと、安全に目的地に到着できる保証はありません。

それでも難民たちが、ヨーロッパを目指すのは、「故郷でのたれ死ぬよりも、ヨーロッパを目指して死ぬ方がましだと思っているからだ。彼らの『必死度』は、ヨーロッパの孤立志向よりもずっと強い」と、キングズレーは言います。したがって難民の流入を食い止めるのは不可能であり、その流れを管理する方法に資源を注いだほうが現実的だと主張します。

現在27歳のキングズレーは、ケンブリッジ大学を卒業後、英ガーディアン紙に就職。2年ほどロンドンで単発記事を書いた後、エジプト特派員としてカイロに駐在し、エジプトに莫大な数のシリア難民がいることを知ります。そして2014年9月に起きた密航船の転覆事故(死者500人)を取材するなかで、この船に乗る予定だったハーシムと出会いました。翌年3月に、ガーディアン紙初の「移民担当記者」に任命されると、1年で100便の飛行機を乗り継ぎ、17か国を行き来して、ヨーロッパ難民危機をレポートしてきました。本書はその集大成といえるでしょう。

最終的に、2015年にヨーロッパにやってきた難民は、100万人を超えました。そんななか国際社会では、日本にも一定の受け入れを求める声が高まっています。あるいは、アジア地域でも大規模な人道危機が起きて、日本の政策とは無関係に、多くの難民が日本に押し寄せてくる可能性がないとは言えません。そのとき、慌てて間違った（あるいは効果のない）判断や、想像力に欠けた対応をしてしまわないためにも、私たちが今、ヨーロッパ難民危機から学べることは多いのではないでしょうか。

なお、本書の9章に、「移民（migrant）」と「難民（refugee）」という言葉の使い方について、著者の考えが述べられていますが、本訳本においては、日本語のニュアンスや一般的用法を勘案し、一部用語の統一を図っていることをご承知おきください。

本書の翻訳にあたっては、かつて国連難民高等弁務官事務所（UNHCR）の刊行物の製作に関わらせていただいたことが、大変役に立ちました。今また、このテーマで、意義深く、情熱あふれる本に出会えたことを、とても嬉しく思います。その翻訳の機会をくださった、ダイヤモンド社の志高き編集者・廣畑達也氏に、心からお礼を申し上げます。最後に、常に励ましてくれる娘と、心優しかったその父親に、感謝の言葉を送ります。

Stability Initiative, 4 October 2015; http://www.esiweb.org/index.php?lang=en&id=156&document_ID=170.

第10章　世界に「居場所」を求めて

1　'Statistics', Migrationsverket; http://www.migrationsverket.se/English/About-the-Migration-Agency/Facts-and-statistics-/Statistics.html [20 November 2015].

2　Mikael Ekman and Daniel Poohl, 'Sverigedemokraterna Och Nazismen', *Expo*, 14 January 2011; http://expo.se/2011/sverigedemokraterna-och-nazismen_3614.html.

8 クロアチアで活動している赤十字の行方不明者担当チームのトップが確認。

9 Jan Culik, 'Meet Miloš Zeman – the Czech Republic's Answer to Donald Trump', *The Conversation*, 9 December 2015; https://theconversation.com/meet-milos-zeman-the-czech-republics-answer-to-donald-trump-52036.

10 'Europe's Response to the Paris Attacks Is Different This Time', *Economist*, 14 November 2015; http://www.economist.com/news/europe/21678514-je-suis-charlie-was-about-free-speech-time-issue-migrants-europe-sees-paris-attacks.

11 Daniel Trilling, 'What to do with the people who do make it across?', *London Review of Books*, 8 October 2015; http://www.lrb.co.uk/v37/n19/daniel-trilling/what-to-do-with-the-people-who-do-make-it-across.

12 R. M. Douglas, 'Europe's Refugee Crisis: The Last Time Round It Was Much, Much Worse', *The Conversation*, 18 September 2015; https://theconversation.com/europes-refugee-crisis-the-last-time-round-it-was-much-much-worse-47621.

13 'The State of the World's Refugees 2000: Fifty Years of Humanitarian Action – Chapter 4: Flight from Indochina', *UNHCR News*, edited by Mark Cutts; http://www.unhcr.org/3ebf9bad0.html. （邦訳:UNHCR編『世界難民白書2000 人道行動の50年史』、時事通信社、2000年）

14 Cathryn Costello, 'The Frontline Club and Monocle 24 Present: Crisis in the Mediterranean', Frontline Club, London, 28 May 2015; https://www.youtube.com/watch?v=8lqpVIM0vsI&feature=youtu.be&t=59m53s.

15 Gabrielle Jackson, 'UN's François Crépeau on the Refugee Crisis: "Instead of Resisting Migration, Let's Organise It"', *Guardian*, 22 April 2015; https://www.theguardian.com/world/2015/apr/22/uns-francois-crepeau-on-the-refugee-crisis-instead-of-resisting-migration-lets-organise-it.

16 'The Merkel Plan – A Proposal for the Syrian Refugee Crisis', European

4　UNHCRから個人的に得た数字。

5　MSFと赤十字の職員のインタビューで明らかにされた数字。

6　Alan Travis, 'Judge Blocks Deportation Flight for Rejected Afghan Asylum-seekers', *Guardian*, 22 April 2015; https://www.theguardian.com/world/2015/apr/22/judge-blocks-deportation-flight-for-rejected-afghan-asylum-seekers.

第9章　「門戸」を閉ざされて

1　*UNHCR Refugees/Migrants Emergency Response* – Mediterranean, UNHCR; http://data.unhcr.org/mediterranean/regional.php［9 December 2015］.

2　Adrian Edwards, 'UNHCR Viewpoint: "Refugee" or "Migrant" – Which Is Right?'; http://www.unhcr.org/55df0e556.html［27 August 2015］.

3　Barry Malone, 'Why Al Jazeera Will Not Say Mediterranean "Migrants"'; http://www.aljazeera.com/blogs/editors-blog/2015/08/al-jazeera-mediterranean-migrants-150820082226309.html［20 August 2015］.

4　Hans Breuer, 'In Dem Geto Fun Traiskirchen WanDeRer In the Ghetto of Traiskirchen'; https://www.youtube.com/watch?v=OSkrMdisXl8［2 September 2015］.

5　Hans Breuer, 'KONVOI WIEN BUDAPEST' Vämosszabadi/ Schienenersatzverkehr Für Flüchtlinge 06 09 15 Hans Breuer'; https://www.youtube.com/watch?v=-k9eyMt711E［10 September 2015］.

6　Nick Thorpe, 'Migrant Crisis: Will Hungarian Clampdown Work?' *BBC News*, 15 September 2015; http://www.bbc.com/news/world-europe-34253983.

7　'More than 400,000 Migrants Pass through Croatia since Start of Crisis', HINA（Croatian News Agency）, 17 November 2015; http://www.hina.hr/#vijest/9072870.

第4章　屈辱からの出航

1 Patrick Kingsley, 'Syrian Refugees Suffer Backlash in Egypt after Mohamed Morsi's Removal', *Guardian*, 23 July 2013; https://www.theguardian.com/world/2013/jul/25/syrian-refugees-suffer-backlash-egypt.

2 'Tenth of Ramadan Victory and Revolution Triumph', *State Information Service: Your Gateway to Egypt*, 10 August 2011; http://www.sis.gov.eg/En/Templates/Articles/tmpArticles.aspx?ArtID=57318#.Vmjr4mR97Zo>.（2016年10月現在、アクセスできない）

第5章　転覆か、救助か

1 'Mediterranean's Worst Migrant Boat Disasters', Sky News, 20 April 2015; http://news.sky.com/story/1468144/mediterraneans-worst-migrant-boat-disasters.

2 電子メールで個人的に提供された数字。

第7章　運命を司る「見えない線」

1 'UNHCR Syria Regional Refugee Response', UNHCR; http://data.unhcr.org/syrianrefugees/asylum.php [10 December 2015].

2 Jack Blanchard, 'Thousands More Syrians Would Flee without British Aid Claims David Cameron on Visit to Refugee Camp', *Daily Mirror*, 14 September 2015; http://www.mirror.co.uk/news/uk-news/thousands-more-syrians-would-flee-6437917.

3 Michael Martinez, 'Syrian Refugees: Which Countries Welcome Them', CNN（Cable News Network）, 10 September 2015; http://edition.cnn.com/2015/09/09/world/welcome-syrian-refugees-countries/.

3 前出。

4 Simon Mee and Peter Spiegel, 'Paris Acted within Schengen over Tunisians', *Financial Times*, 25 July 2011; http://www.ft.com/cms/s/0/98cde586-b6d5-11e0-a8b8-00144feabdc0.html.

5 'Central Mediterranean Route', Frontex; http://frontex.europa.eu/trends-and-routes/central-mediterranean-route/ [9 December 2015].

6 前出。

7 前出。

8 *UNHCR Refugees/Migrants Emergency Response – Mediterranean*, UNHCR; http://data.unhcr.org/mediterranean/regional.php [9 December 2015].

9 'Libya's Migrant Trade: Europe or Die (Full Length)', *Vice News*, 17 September 2015; https://news.vice.com/video/libyas-migrant-trade-europe-or-die-full-length.

10 Jeremy Harding, 'The Uninvited', *London Review of Books*, 3 February 2000; http://www.lrb.co.uk/v22/n03/jeremy-harding/the-uninvited.

11 'EU Anti-migrant Smuggler Operation "needs Libya Access"', Agence France-Presse, *MailOnline*, 27 October 2015; http://www.dailymail.co.uk/wires/afp/article-3292404/EU-anti-migrant-smuggler-operation-needs-Libya-access.html.

12 前出。

13 2015年5月のイタリア沿岸警備隊高官とのインタビューで明らかにされた数字。https://www.theguardian.com/books/2013/oct/29/alaa-al-aswany-egypt-muslim-brotherhood.

第2章　その「荷」は生きている

1　2015年6月にIOMがまとめたデータと2015年8月に筆者が調べたデータに基づき計算。

2　10万人の利用者が1人1万CFAをアガデスの検問所で警官に払ったとして計算。警官は検問所ごとにさらに巨額の通行料を取る。

3　*UNHCR Refugees/Migrants Emergency Response – Mediterranean*, UNHCR; http://data.unhcr.org/mediterranean/regional.php [9 December 2015].

4　前出。

5　*2015 UNHCR Country Operations Profile – Eritrea*, UNHCR; http://www.unhcr.org/pages/49e4838e6.html [9 December 2015].

6　Tom Nuttall, 'Migrants or Refugees?' *Medium*, 6 September 2015; https://medium.com/@tom_nuttall/viktor-orb%C3%A1n-hungary-s-prime-minister-says-the-overwhelming-majority-of-migrants-in-europe-are-69ea2e071f5e#.

7　Alexander Betts, 'Global Issues Don't Live in Separate Boxes. Why No Mention in Paris of Refugees?', *Guardian*, 13 December 2015; https://www.theguardian.com/commentisfree/2015/dec/13/refugee-status-extended-people-displaced-climate-change.

8　Hein de Haas, 'Turning the Tide? Why Development Will Not Stop Migration', *Development and Change*, 38/5 (2007), 819–41.

第3章　魂の取引

1　筆者の取材で明らかになった金額。

2　'Central Mediterranean Route', Frontex; http://frontex.europa.eu/trends-and-routes/central-mediterranean-route/ [9 December 2015].

参考文献

プロローグ

1 以下の二つのソースから得たデータの合計: *Sea Arrivals to Italy 2010–2014*, UNHCR (UN High Commissioner for Refugees), 2015; https://www.unhcr.it/risorse/statistiche/sea-arrivals-to-italy(2016年10月現在、アクセスできない); *UNHCR Refugees/Migrants Emergency Response – Mediterranean*, UNHCR; http://data.unhcr.org/mediterranean/regional.php [9 December 2015].

2 *Sea Arrivals to Italy 2010–2014*, UNHCR, 2015; https://www.unhcr.it/risorse/statistiche/sea-arrivals-to-italy.(2016年10月現在、アクセスできない)

3 *UNHCR Refugees/Migrants Emergency Response – Mediterranean*, UNHCR; http://data.unhcr.org/mediterranean/regional.php [9 December 2015].

4 *Western Balkan Route*, Frontex; http://frontex.europa.eu/trends-and-routes/western-balkan-route/ [9 December 2015].

5 UNHCRと国際移住機関(IOM)のデータに基づき筆者が独自に計算。

6 *2015 UNHCR Country Operations Profile – Lebanon*, UNHCR; http://www.unhcr.org/pages/49e486676.html [9 December 2015].

第1章　祝えなかった誕生日

1 Ian Black, 'Syrian Regime Document Trove Shows Evidence of "Industrial Scale" Killing of Detainees', *Guardian*, 21 January 2014; https://www.theguardian.com/world/2014/jan/20/evidence-industrial-scale-killing-syria-war-crimes.

2 Martin Chulov, 'Why Isis Fight', *Guardian*, 17 September 2015; https://www.theguardian.com/world/2015/sep/17/why-isis-fight-syria-iraq.

［著者］
パトリック・キングズレー (Patrick Kingsley)
英国『ガーディアン』紙初の移民専門ジャーナリスト。2013年には記者に贈られる「フロントライン・クラブ・アワード」を、また2014年にはBritish Press Awards主催の「ヤング・ジャーナリスト・オブ・ザ・イヤー」を受賞するなど、数々の受賞歴を持つ若手ジャーナリスト。同紙エジプト特派員からキャリアをスタートさせ、これまで25か国以上からレポートを発信している。本書でも中心的に取り上げられるシリア難民ハーシム・スーキの旅をドキュメントしたガーディアン紙の連載記事『ザ・ジャーニー』で、2015年英ジャーナリズム賞の外国特派員賞を受賞。
Twitter: @PatrickKingsley

［訳者］
藤原朝子 (ふじわら・ともこ)
学習院女子大学非常勤講師。フォーリン・アフェアーズ日本語版、ロイター通信、ニューズウィーク日本版などで翻訳を担当。訳書に『MAKE SPACE メイク・スペース』、『ハーバードビジネススクールが教えてくれたこと、教えてくれなかったこと』(ともにCCCメディアハウス)、『未来のイノベーターはどう育つのか』(英治出版)、『撤退するアメリカと「無秩序」の世紀』、『シフト』(ともにダイヤモンド社)など。

シリア難民 人類に突きつけられた21世紀最悪の難問

2016年11月25日　第1刷発行

著　者――パトリック・キングズレー
訳　者――藤原朝子
発行所――ダイヤモンド社
〒150-8409　東京都渋谷区神宮前6-12-17
http://www.diamond.co.jp/
電話／03·5778·7232(編集)　03·5778·7240(販売)
装丁・本文レイアウト―松昭教(bookwall)
校正―――鷗来堂
製作進行――ダイヤモンド・グラフィック社
印刷―――勇進印刷(本文)・加藤文明社(カバー)
製本―――ブックアート
編集担当――廣畑達也

ISBN 978-4-478-06885-4